BOOK HILL

नगरकोटी
दोचा

बुकहिल पब्लिकेसन प्रा. लि., काठमाडौं
बुकहिल इन्टरनेशनल, लन्डन

कर्पोरेट तथा सम्पादकीय कार्यालय
सत्य-सदन ५३०/२० कालिका मार्ग,
का.म.न.पा.- २९, कालिकास्थान, काठमाडौं
पोस्ट बक्स नं. : ४९७४,
फोन : +९७७-१-५९०४४०१/२
bookhillp@gmail.com
www.bookhill.com.np

डिजाइन/लेआउट
उमेश काफ्ले

आवरण तस्वीर
सचिन यगोल श्रेष्ठ

पहिलो संस्करण : भदौ, २०७४
दोस्रो संस्करण : भदौ, २०८०

ISBN : 978-9937-9101-6-3

'DOCHA' A KUMAR NAGARKOTI MEMOIR

a
kumar nagarkoti
memoir

I'M NOT SURE THAT I EXIST, ACTUALLY.

I'M ALL THE WRITERS THAT I HAVE READ,

ALL THE PEOPLE THAT I HAVE MET,

ALL THE WOMEN THAT I HAVE LOVED,

ALL THE CITIES I HAVE VISITED.

- Jorge Luis Borges

असार २३, २०७३ । बिहीबार

बालकुमारी, पाटनको यो मकानमा बस्न थालेको १३ वर्ष भएछ । मकान-मालिक राजेन्द्र महर्जन प्रायः मसित हँसिमजाक गर्छन्ः

- कुमार सर ! मलाई तिर्ने घरभाडाले त तपाईं यतिन्जेल आफ्नै कुटी बनाई सक्नुहुन्थ्यो ! यतिका वर्ष यो घरमा बस्नुभयो । अब अर्को डेरा खोज्ने बेला भएन र !

प्रतिक्रियामा आफ्नो श्वैत दाह्री सुमसुम्याउँदै म केवल फिस्स फिस्सिन्छु । यो शर्मनाक शहरमा आफ्नो झोलीतुम्बा ओसार्दै एक ठाउँबाट अर्को ठाउँमा डेरा सर्दै भौंतारी हिंड्नु बडो सकसपूर्ण तथा झ्याउलो कर्म हो । तर, टोल, गल्लीहरूमा डेरा सर्दै हिंड्ने अनेक कर्मवीरहरू दिनहुँजस्तो देखिइन्छन् । ती कर्मवीरहरूको दिक्दारी देख्ता नै मनमा ऐंठनजस्तो केही हुन थाल्छ । कुनै श्रापित सर्पझैं मनै बाउँडिन थाल्छ । कर्मवीरहरूको जय होस् !

ती तमाम फिरन्ता एवम् जिप्सीमयी कर्मवीरहरूको जति नै जयगान गाए पनि -मलाई लाग्छ- कम हुन्छ । म पनि त कुनै दिन त्यस्तै कर्मवीर थिएँ । कहिले यहाँ कहिले त्यहाँ र कहिले कुन्नि कहाँ डेरा खोज्दै हिंडेका ती जिप्सीकालीन दिनहरू सम्झी ल्याउँदा मेरो मन एकतमासको भइजान्छ ।

कहाँ-कहाँ डेरा खौज्दै हिंडिनँ ? भट्किएको कुनै निर्वासित मृतात्माझैं स्वर्ग तथा नर्कका कैयन् तान्त्रिक एवम् पौराणिक गल्लीहरूमा एउटा डेरा खोजी हिंडें । द्वारद्वार, दरबदर दौडिरहें ।

र, १३ वर्षअघि मलामीहरूले कोरेको गल्लीमा यो मकान फेला पारें । यस्तो गल्ली, जहाँ दिन बिराईकन शवयात्रा निस्कन्छ किनभने मन्दिर यहीं छ । घाट यहीं छ । यही गल्लीको मकानमा मेरो डेरा छ । बसेरा छ ।

१३ वर्ष ! उफ् ! १ दर्जन १ वर्ष !

आम नेपालीहरूको राष्ट्रिय सरदर आयुअनुसार यो एक लामो कालखण्ड हो । यति लामो अवधिसम्म त आजपर्यन्त कुनै प्रेयसीको मनमा समेत यसरी डेरा जमाएर बसेको थिइनँ । परन्तु कुनै षोडसी मयजुको मनभित्र सुटुक्क अड्डा जमाउनुजस्तो सुखद आश्चर्यको अनुभूति कुम्लोकुटुरो बोकी गल्ली-उपगल्लीहरू चहार्दै हिंड्नुमा कदापि छैन ।

कहिलेकाहीं त कस्तो लाग्छ भने यो सम्पूर्ण जगत् मनुष्यको डेरा हो । जीवनको अस्थायी रैन बसेरा हो ।

यो मकानका हरेक फ्ल्याटका लगभग जम्मै कोठाचोटाहरूमा बसियो । मकानभित्रै यताउता, तलमाथितिर डेरा सरियो । विवाहपूर्वको ब्याचलर काल ग्राउन्ड फ्लोरमा बिताइयो । विवाहपश्चात् पहिलो तल्लामा । र, गुरू रिम्पोचेको जन्मपछि दोस्रो तल्लामा ।

मैले लेखपढ गर्ने, आर्टिकलसार्टिकल/कथासथा लेख्ने या गुफाचाहिं छ, मकानको माथ्लो तल्लामा । पातालको भुइँतल्लादेखि आकाशको उपरी तल्लामा मेरो १३ वर्षको आयु निमिट्यान्न भएछ । निखिएछ ।

अधिकांश समय आजकल गुफामा बस्छु । मुश्किलले शहर-गमन गर्छु । कविता, आख्यान अनि डायरीहरूमा यसैगरी अक्षर-वमन गर्छु ।

***

असार ३१ । शुक्रबार

यो गुफासितै जोडिएको घरको ढाडपट्टि एउटा सिमेन्टको मजबुत बिम छ, जहाँ अक्सर भङ्गेरा नानीहरू ओत लाग्ने गर्छन् । मैले झ्यालबाट 'थु' गर्दा मेरा थुकका बाछिटाहरू त्यहाँ पर्छन् । खकारहरू लतपतिन्छन् । मैले थुकेका खकारका पाप्राहरूसितै त्यहाँ चराचुरुङ्गीका सेता, पहेंला विष्टाहरू देख्न सकिन्छ ।

त्यहाँ मैले आज एक जोडी परेवा देखें ।

प्रेमाग्निको कोटी-होममा होमिएको प्रेमिल जोडी ! तिनलाई नगरकोटीको कोटीकोटी प्रणाम ! सिग्रेट-ब्रेकमा तिनलाई पटकपटक हेरें, धुआँ उडाउँदै । प्रेमको संसर्ग-अभ्यासमा निमग्न देख्ता मनमा कुतूहल जाग्यो । साँच्ची ! मैले पत्नीलाई प्रेम नजताएको कति भयो ?

भोलिदेखि त सावनको महिना लाग्छ । हरियो महिना । यो ग्रिन महिनामा महिलाहरू पनि ग्रिन हुने गर्छन् । हत्केलामा मेहेन्दी र नाडीभरि हरिया चुरा लगाई नारीहरू देवालय, शिवालयतिर जाने गर्छन् । यो महिनामा नारीहरूलाई म दिव्य एवम् पवित्र देख्ने गर्छु । नारीको यो पवित्रतालाई, दिव्यतालाई सेक्सले किन बिटुल्याउने ? यही सोचेर म सावनमा पत्नीको बिच्छ्यौना खजमजाउँदिनँ । सावनमा सेक्स गर्दिनँ । फेरि पत्नीको नाम पनि कताकता हिन्दू देवीको झल्को आउने खालको छ- सावित्री कार्की ।

सावनमा संसर्ग नगर्ने मेरो कुरा सुनी सावित्री पहिलेपहिले अचम्म मान्थी । आजकल त उसलाई बानी परिसकेको छ । ऊ कहिलेकाहीं सोच्दी हो- *धत्तेरिका ! कस्तो अजीव जोगीलाई लोग्ने बनाइएछ ! एकादशीमा मासु खान्छ । घरभन्दा घाटलाई बढी माया गर्छ । कस्तो कुजातको परेछ ! धर्म, जात केही मान्दैन । उफ्, दैया रे दैया ! सावनमा सेक्स गर्दैन ।*

प्रिय परेवाहरू !

आज मस्तसित प्रेम गर । म पनि आज प्रेममा मस्त हुन्छु । जे गर्नु छ, आजै गर । भोलिलाई नसाँच किनभने भोलिदेखि सावन सुरू हुन्छ ।

***

सावन ११ । मङ्गलबार

चराचुरूङ्गीहरू ओत लाग्ने, घाम ताप्ने, आङ तन्काउने पल्लो घरको ढाडमा तेर्सिएको बिमलाई अबदेखि बरन्डा भन्नुपर्ला ।

हेर्दाहेर्दै त्यो बरन्डामा परेवाको जोडीले गुँड बनायो । कताकताबाट सर्जामहरू जोडेर बडो यत्नका साथ, प्रेमपूर्वक तिनले आफ्नो गुँड बनाए । दुवै हरबखत साथै रहन्छन् । प्रेमले सम्बन्धको रचना गर्छ । घृणाले सम्बन्ध नष्ट गर्छ ।

लेडी परेवा गुँडमा थपक्क बस्छे । प्रेमी परेवाचाहिँ गुँडको आडैमा गुटुरमुटुर गर्दै प्रेमिकाका निम्ति लोकगीत गाउँछ । कहिले भुर्र उड्छ । कुन्नि कता जान्छ । पुनः फर्केर आउँछ । गुटुरगुटुर गर्छ । यसपटकचाहिँ शायद ऊ प्रेमिकालाई लोककथाहरू सुनाउँछ ।

आजकल झ्यालबाट त्यतातिर थुक्न छाडेको छु ।

हाम्रो विवाहपछि यही घरमा सावित्रीले गुँड बनाएकी थिई । मजस्तो अराजक पुरुष -जो चिहान तथा मसानघाटतिर बराली हिँड्छ-लाई सावित्रीले घरको बाटो देखाएकी थिई । कहिलेकाहीँ मलाई के लाग्छ भने घाट पुरुषहरूको आविष्कार हो, जसरी घर स्त्रीहरूको खोज हो ।

स्त्री जन्म हो ।

पुरुष मृत्यु हो ।

स्त्री, मानव सभ्यताकी जननी हो ।

पुरुष, मानव सभ्यताको अन्त्य हो ।

सावित्रीले प्रेमपूर्वक रचना गरेको यो गुँडमा उसले एक दिन एउटा मानवलाई जन्म दिएकी थिई । त्यो मानव हाम्रो पुत्र थियो । सावित्रीहरू परापूर्वकालदेखि यसैगरी यो धर्तीमा मानवहरू जन्माइरहन्छन् । तर, हामी सो-कल्ड पुरुषहरूलाई मानव हुनुभन्दा दानव हुनुमा बढी रूचि छ । धार्मिक दानव, जातीय दानव, राजनैतिक दानव एन्ड थाउजेन्ड्स अफ् हिपोक्रिटकल दानवस् ।

कहिलेकाहीं म सोच्ने गर्छु- मेरी पत्नीले पुत्र नभई म अर्थात् उसैको पतिलाई आफ्नो पवित्र योनिमार्फत् जन्माएकी हो । म नै उसको पाठेघरभित्र नौ महिना बास बसेको हुँ । मलाई नै आफ्नो शरीरभित्र कष्टपूर्वक ग्रहण गर्दै मेरो नवजात अस्तित्वको रचना गरेकी हो ।

हरेक गर्भवती पत्नी आफ्नै पतिलाई -त्यो चाहे जस्तोसुकै पतित होस्- आफ्नो पवित्र पाठेघरमा बोकी हिंड्छन् । त्यो कष्टसाध्य भारको पैंचो पतिहरू कहिले तिर्छन् ?

गुँडमा चुपचाप बसेकी ए लेडी परेवा !

कतै तिमी पनि गर्भवती भएकी त छैनौ ?

***

सावन १७ । मन-डे अर्थात् सोमबार

नयाँ किताब -घाटमान्डु-मा समावेश गर्न एउटा कथा लेखें । पर्पल । 'डेजाभु डेज्' च्याप्टरको अन्तिम कथा । कथा ड्रिमलायक/स्वप्निल तथा सर्रियल खालको हुन गयो । तृप्तानुभूति भयो ।

दिउँसो झुक्किएर एक पित्को खकार थुकें ।

खकार संयोगवश गुँडछेवै पर्न गयो । लेडी परेवाले त्यसलाई ठुँगेर च्याटचुट सिनित्त पारी । खकार उसका निम्ति त भोजन पो भएछ ! आइन्दा खकार त्यतै थुक्नुपर्ला । उसलाई खुवाउन मसित गहुँ, भटमास, मकैहरू छैनन् पनि । भए पनि हुर्‍याएर फ्याँक्नुपर्छ । र, दानाहरू बरन्डामा अड्ने छैनन् । पोखिएर तल झर्नेछन् ।

आजकल ऊ गुँडमै बसिरहन्छे ।

म बेलाबेला उसलाई हेरिबस्छु । झ्यालनेर मेचमा बसी पत्रिकाहरू पढ्छु । आवाज निकालेर । हिलारी क्लिन्टन र डोनाल्ड ट्रम्पबारे पछिल्लो अपडेट्स सुनाउँछु । कहिले फिडेल क्यास्त्रोको -माई लाइफ-बाट केही टेक्स्ट वाचन गर्छु । कहिले जे. कृष्णमूर्तिको -द फर्स्ट एन्ड लास्ट फ्रिडम-बाट केही प्यासेज पढेर सुनाउँछु । अमेरिकी ट्रान्सलेटर कोलम्यान बार्क्सको -रूमीः द बुक अफ् लभ- अनि केही समयअघि मित्र राजन गोदारले इन्टरनेटबाट डाउनलोड गरी मलाई उपहार दिएको गिन्सबर्गको -हाउल एन्ड अदर पोयम्स-का पोयट्री इन्क्यान्टेसन/रिसाइटेसनहरू त छँदै छन् ।

मेरा एकालापहरू ऊ सुनी बस्छे । कसोकसो चरासित एक प्रकारको आत्मीयता जोडिंदै छ। प्रेमी चराचाहिं गुँडछेवै बसिरहन्छ । आफ्नी प्रेयसीको हेरचाह गर्दै। ऊ कतै जाँदैन । म पनि आजकल कतै जाँदिनँ ।

परेवाको यो प्रेमिल जोडी देख्दा प्रायः मातापिताको याद आउँछ ।

बुवा र आमा मिलेर यिनै परेवाका जोडीले झैं गुँड बनाए, अनेक ठाउँमा । तम्घास, सुर्खेत, ढोरपाटन, काठमान्डु, डोल्पा, चौरजहारी, खुर्कोट । उनीहरूको पहिलो बचेरा ढोरपाटनको गुँडमा जन्म्यो । त्यो बचेरा त्यहीं मऱ्यो र त्यसलाई दुवै जना मिली हिउँमुनि पुरे ।

म महाराजगन्ज, काठमान्डुको गुँडमा जन्में । बहिनीको जन्म भयो दुनै, डोल्पाको गुँडमा । र, भाइ जन्म्यो, चौरजहारी, रूकुमको गुँडमा । परदेशमा उनीहरूले गुँड बनाइरहे र हामी बचेराहरूलाई लालनपालन गरे । हुरी, बतास, बर्सातहरूबाट आफ्नो गुँडमा हामीलाई जोगाइरहे । सुखका हाँसो र दुःखका आँसुहरूले हाम्रो आत्मा सिँचिरहे । र, हामी बचेराहरूलाई साथमा लिई माइग्रेटिङ चराहरूझैं कहिले कता, कहिले कताको आकाशमा उडिरहे ।

ए परेवा नानी !

उनीहरू भन्छन्- चराहरूको जरा हुँदैन । कहिलेकाहीं मलाई लाग्छ, म पनि तिमीजस्तै एक चरा हुँ । यो जगत्मा बाटो बिर्सेर आएको शायद एक बञ्जारा हुँ । शुभ-रात्री !

***

सावन २२ । शनिबार

आफ्नो कोठा लथालिङ्ग/अस्तव्यस्त भएको मन पराउँछु ।

पत्रिकाहरू यत्रतत्र असरल्ल फिजिएका हुन्छन् । सिग्रेटका बट्टाहरू यताउता छरिएका हुन्छन् । किताबहरू कुनाकाप्चातिर ढलेकै राम्रो ।

कुचो र डस्टबिन गो टु हेल ! क्यालेन्डरमा पुरानै दिन, महिना, वर्षहरू झुन्डिएकै अति उत्तम ! धार्मिक ग्रन्थहरूमा धुलो जमेकै राम्रो ।

यो कोठा यस्तै लथालिङ्ग, अस्तव्यस्त र भद्रगोल भएको मन पराउँछु । आई लभ दिस स्मल भद्रगोल जगत् । माई गुफा । तर, सावित्री यो सब देखिसहन्न । कुचो र डस्टबिन बोकी मलाई टकटक्याउन, पुछपाछ गर्न आइहाल्छे । गुफालाई सफा, चिटिक्क पार्छे । र, भन्छेः

- यो घरमा म दुइटा बच्चाहरूलाई हुर्काउँदै छु । एउटा छोरा र अर्कोचाहिं छोराको बाउ ।

माते ! किन त्यसो भनी टोपल्छौ ? आफ्नो पतिलाई तिमी नाबालक बच्चो किन ठान्छौ ? ऊसित म यस्तै भनी ठट्टा गर्छु । यो स्त्रीलाई देख्दा कहिलेकाहीं म अनायास द्रविभुत हुन्छु । म चकचके भूतजस्तो हरफनमौला आत्मासित यसले किन विवाह गरी ? मजस्तो मनमौजी जोगीसित किन घरजम गरी ? विवाहको प्रथम रातमा सोधिएका त्यस्ता खुलदुलीजन्य प्रश्नहरूको जवाफमा उसले भनेकी थिईः

- जोगीको अस्तव्यस्त/लथालिङ्ग जीवन सम्हाल्न ।

त्यसरी कुचो र डस्टविन बोकी सावित्री मेरो जीवनमा आई । मलाई सम्हाल्न । मेरो नियतिसित जोडिइन । बेलाबेला घुर्किलो-प्रेरणा दिन्छे- *जोगीजी ! म तपाईंको कुटी सम्हाल्छु । तपाईं आफ्नो साहित्य सम्हाल्नुस् ।*

ऊ मेरो लक्की चार्म हुनुपर्छ । उसले कुटी सम्हाल्न थालेपछि एकपछि अर्को गर्दै किताबहरू प्रकाशित हुन थाले । ऊ आएपछि नै 'मोक्षान्तः काठमान्डु फिभर' आयो । कान्तिपुर कोसेलीको 'कुमारजी उवाच' आयो । ऊ आएपछि नै जीवनमा गुरू रिम्पोचे आयो । 'फोसिल' आयो । 'कोमाः अ पोलिटिकल सेक्स' आयो । 'घाटमान्डु' आयो । ऊ आएपछि नै 'मिस्टिका' आयो ।

सावित्री आएपछि लक्की चार्म आयो । लक्की चार्मसितै डस्ट-विन र कुचो ?

दिउँसोपख यिनै जिनिसका साथ ऊ यो गुफामा आई र बढारकुँडार गरी । बारम्बार म उसलाई भन्छु कि प्रिय स्वास्नी, मेरो कोठा अस्तव्यस्त

नै होस्/लथालिङ्ग नै होस् । तर, ऊ मान्दिन । पटक्कै मान्दिन । परेवा-गुँडको उदाहरण दिँदै उसले मलाई एक डोज् थर्काईः

- हरे लोग्नेजी ! तपाईंसित चराजत्तिको बुद्धिविवेक पनि छैन है ! परेवाको गुँड हेरीकन केही त सिक्नुस् । उनीहरूले आफ्ना गुँड कति राम्रोसित सजाएका छन् । परेवाको गुँड कति उत्तम ! तपाईंको गुँड हेर्नुस् त ! छ्या कति खत्तम !

कुनै भिजिटिङ-गर्लफ्रेन्डले यस्तो आपत्तिजनक कुरा गर्दा हु केयर्स भन्दो हुँ तर हातमा कुचो बोकेकी जहानसित अब भुत्रोको हु केयर्स ? यस्तो बखत भन्नुपर्छ- प्रिय स्वास्नी, आई केयर, डन्ट वरी ! आई विल टेक केयर !

उनीहरू भन्छन्ः नारी-मन न्यानो हुन्छ । कोमल-प्रेमिल हुन्छ । सफासुग्घर हुन्छ ।

नारी-मन सफासुग्घर भएकोले नै हुनुपर्छ उनीहरू आफ्नो गुँड पनि सफासुग्घर राख्न चाहन्छन् । घरलाई आफ्नो आत्माको इन्टेरियर डिजाइनिङजस्तै गरी सजाउन चाहन्छन् । पुरूष-मनचाहिं शायद भुइँमा छरिएको धुलोझैं हुन्छ, जसलाई बढारकुँडार गरेर नारीले डस्टविनमा मिल्काइदिन्छे ।

कुचो र डस्टविन बोकेकी स्वास्नी मजस्तो लोग्नेका लागि ज्यादै हानिकारक हुन्छ ।

***

सावन ३२ । मङ्गलबार

सियस्ताका निम्ति दिउँसो भुइँ-बेडमा ढल्दा मनमा एउटा कुरा खेल्योः मेरो यो गुफाको झ्याल र परेवा गुँडबीचको दूरी कति होला ? झ्यालमा अडेसिएर आँखाले दूरीको अनुमान लगाएँ । गुँड लगभग तीन हात पर रैछ । आफ्नो हातलाई बित्ताले नापें । एक हातमा तीन बित्ता हुँदो रहेछ । १२ तियाँ ३६ बित्ता । झ्यालदेखि गुँडसम्मको दूरी ३६ बित्ता रहेछ ।

मचाहिं कति बित्ताको रहेछु ? गन्नु/नाप्नुपर्ने ठानें ।

भुइँ-बेडमा लम्पसार परें । आफैंलाई औंलाले नापें । म कुल साढे सात बित्ताको मान्छे रहेछु । यसको मतलब साल्भाडोर डाली तथा आन्द्रे ब्रेटनजस्ता सर्रियलिस्ट पेन्टरहरूले मलाई डेजाभु वर्ल्ड या कल्पना लोकमा पार्सल गरी पठाउन चाहेको खण्डमा जम्मा साढे सात बित्ताको किङसाइज्ड खाम भए पुग्ने रहेछ । लियो टोल्सटोयले मेरो डेड बडीलाई गाड्न चाहेको खण्डमा केवल साढे सात बित्ताको जमिन भए पुग्ने रहेछ । यस्तै क्याल्कुलेटिभ-मुड/मुद्रामा रसियन साहित्यकारसित मौन एकालाप गरें-

टोल्स्टोय : हाउ मच ल्यान्ड डज अ म्यान निड ?

नगरकोटी : सिम्प्ली साढे सात बित्ता माई डियर काउन्ट !

केही दिन यता लेडी परेवाका निम्ति एउटा नाम खोजिरहेको थिएँ। यस्तो सुन्दर नाम, जुनमार्फत् म लेडी परेवालाई सम्बोधन गर्न सकूँ । त्यो नाम आज फेला पारें । टर्किश लेडी अथर एलिफ शफकको उपन्यासमा । 'द फोर्टी रूल्स अफ लभ'को पेज् नम्बर वान हन्ड्रेड सिक्स्टी नाइनमा ।

जलालुद्दिन रूमीमाथि लेखिएको यो मेटाफिक्सनल उपन्यास पढिरहँदा मलाई सदा के लागिरहन्छ भने यो किताबको शीर्षक गलत भयो । शीर्षकलाई नेपालीमा उल्था गरी हेर्दा त झनै बीभत्स खालको सुनिन्छः प्रेमका चालीस नियमहरू ! छ्या कस्तो तोर्पे शीर्षक !

प्रेममा अब भुत्रोको नियम ? ह्वाट ननसेन्स ?

खैर ! शीर्षक तोर्पे भए पनि किताबभित्रको इन्टेरियर डिजाइनिङ तथा मेटाफिक्सनल क्वालिटी ज्यादै आकर्षक छ, स्वयम् लेखिकाको अट्राक्टिभ मुहारझैं । यही आकर्षक किताबभित्र लेडी परेवाका निम्ति एउटा नाम भेटेंः किम्या ।

किम्या, जसलाई रूमीले एउटा पहाडमा भेटेको थियो । किम्या अर्थात् रूमीकी धर्म-पुत्री । किम्या आफूवरपर घुमी हिंड्ने मृतात्माहरूलाई देख्न सक्थी । तिनीहरूसित बातचित गर्न सक्थी ।

प्रिय लेडी परेवा !

आजउप्रान्त तिम्रो नाम मैले राखिदिएँः किम्या । है त ! शुभ-रात्री !

***

पुनश्चः

तिम्रो नाम -किम्या- राखिसकेपछि तिम्रो प्रेमीको नाम पनि राखिदिनुपर्ने होला नि ! कि-कसो ? बरू नाम पो के राख्ने ? अब यसो गरूँ क्यारे ! राति हेर्ने फिल्मको डिभिडी टेबलकै एक कुनामा छ । अमेरिकी फिल्म निर्देशक स्टान्ली कुब्रिकको फिल्म- शाइनिङ । आजकल कुब्रिकका सप्पै फिल्महरू हेर्ने ध्याउन्नमा छु । अस्तिको रात दोस्रोपटक 'लोलिटा' हेरें र लगत्तै 'फुल मेटल ज्याकेट' । हिजोको रात कुब्रिकको कन्ट्रोभर्सियल मास्टरपिस- क्लकवर्क ओरेन्ज । आजको रात हेर्दै छुः शाइनिङ ।

डिभिडी-खोलमा ज्याक निकोल्सन हाँसिरहेको छ, एक क्रुर हाँसो । ज्याक निकोल्सनः एक त्यस्तो अभिनेता, जसलाई म अल पचिनो, ड्यानियल डे लेविस र नाना पाटेकरहरूलाई जत्तिकै मन पराउँछु ।

प्रिय लेडी परेवा, किम्या !

तिम्रो प्रेमीको नाम ज्याक निकोल्सन राख्दा कसो होला ?

***

भदौ ४ । शनिबार

परेवाहरू ईश्वरको आत्मा लिई मन्दिरका टुँडाल, पाटीपौवाहरूमा बस्दा हुन् । जहाँजहाँ मन्दिर हुन्छ, त्यहाँत्यहाँ परेवाहरू पनि नत्र किन हुन्छन् ?

यस्तै खालका मेटाफिजिकल कुराहरू सोची एकाबिहानै पाटन सङ्ग्रहालयको बेन्चमा धुमधुम्ती बसेको थिएँ । यति बेलासम्ममा त म प्रातः विचरण सिध्याइवरी लखरलखर -चप्पल घिसार्दै- घर फर्किरहेको हुनुपर्ने थियो । तर, अनायास कृष्णमन्दिर क्षेत्रमा मन अडियो । र, हेर्न थालें, मन्दिरको कोर्टयार्डमा भेला भएका परेवाहरूलाई । अनि ती भद्र महिला र सज्जन पुरुषहरूलाई, जो परेवाहरूलाई ब्रेकफास्ट सर्भ गरिरहेका थिए । दाना डालिरहेका थिए ।

चराहरूका निम्ति चाराको सर्जाम जुगाड गर्ने महिलासित मैले पनि एक माना अन्न किनें र भुइँमा छरिदिएँ । परेवाहरूबीच झ्याम्मिएँ । एउटा

परेवा त हातैमा बस्यो र माझी औंला ठुँग्न थाल्यो । त्यो माझी औंला, जो आफ्ना दुश्मनहरूलाई देखाउँदा मान्छे हाइसञ्चो मान्छ ।

शत्रुलाई देखाउने माझी औंलाहरू त परेवाहरूले ठुँगेर नष्ट गरिदिएकै राम्रो।

सावित्रीले फोनमा भनीः

- लोग्नेजी ! कता हो ? घर आउनुपर्दैन ?
- कृष्णमन्दिरमा छु। परेवाहरूलाई ब्रेकफास्ट खुवाउँदै छु ।- मैले भनें ।
- हामीलेचाहिं ब्रेकफास्ट खानुपर्दैन ? एक प्याकेट दूध र पाउरोटी ल्याउनुस् । जाम र बटर पनि ल्याउनुस् । घरमा सिध्देको छ ।

आदेश बमोजिमको सामान पसलमा किन्नै लाग्दा मोबाइल पुनः थर्किन थाल्यो । उताबाट स्वास्नीजी उवाचः तपाईंका निम्ति गुड न्युज छ । गुँडमा परेवाले फुल पारेको छ । मैले भर्खर देखें ।

फूल कि फुल ?

यो एक तनावको लफडादायी विषय हो । भाषामा हिजोआज फूलको आतङ्क सर्वव्याप्त छ । एउटा विद्ले एउटा फुल लेख् भन्छ । अर्को विद्ले सातो खान्छः होइन, अर्को फूल लेख् । विद्हरूको काइते विवादमा डा. ध्रुवचन्द्र गौतमको उपन्यासको शीर्षक -फूलको आतङ्क-लाई ठूलो पीडा भएको हुनुपर्छ । कसैले अण्डाको आतङ्क भनी बुझ्यो भने त चौपट हुन्छ । कुनै अभागीले -फुलप्रेमी हुँ- भन्यो भने ट्वाँ परेर जिल्ल पर्ने अवस्था छ । अङ्ग्रेजी एफ ओ ओ एल फुल होइजाने बडो फुलिस अवस्था छ ।

कुनै प्रेमीले प्रेमिकालाई जन्मदिनमा फूल उपहार दिन चाहेको खण्डमा बिचरी प्रेमिका ज्यादै हतोत्साही हुने प्रचुर सम्भावना छ ।

मोरो स्वाँठलालले कस्तो फूल दिन चाहेको ?

क्यारेटको फुल कि बगैंचाका फूल ?

पसलमा दूध किनें । पाउरोटी किनें । जाम र बटर किनिनँ । त्यसको सट्टा ब्रेकफास्टका लागि तीनवटा फूल -माफ गर्नुस्- फुल किनें । सावित्रीलाई सामानहरू जिम्मा लगाउँदै भनें:

- स्वास्नीजी ! परेवाको फुललाई तिमी फुल नभन । म कन्फ्युज्ड हुन्छु ।
- फुललाई फुल नभनी अरू के भनूँ ? - उसले सोधी ।

- अण्डा भन ।

पाउरोटी/चियासितै फुलको अमलेट खाइवरी हामी ३ जना बुवा, आमा र छोरा गुफामा आयौं, परेवाले पारेको फुल हेर्न । अण्डा देख्न निकै समय लाग्यो । धेरै बेरपछि मात्र गुँडमा किम्या सऱ्याकसुरुक गर्दा अण्डा देखियो । उसले अण्डालाई बडो जतनका साथ छोपेर राखेकी थिई ।

परेवा-जोडीको मैले राखिदिएको नामबारे सावित्रीलाई भनें । परेवालाई हेर्दै उसले भनी:

- अब यो ओथारो बसेकी छे । एक दिन त्यो फुलबाट चल्ला निस्कन्छ ।
- फुल होइन, अण्डा भन ।
- मम्मी ! अण्डा नै भन्नुस् । - छोराले भन्यो - स्कुलमा मिसले भन्नुभा'को । चराको फुललाई अण्डा भन्नुपर्छ रे !

फुललाई फुल नै भन्ने सावित्रीले हठ गरी । बच्चैदेखि फुल भन्दै आ'को । अहिले आएर काँ अण्डा भन्छु ? तिमी बाउछोराहरू अण्डा भन । म फुल नै भन्छु । उसले फुललाई अण्डा भन्न चाहिन । परेवा-जोडीको मैले राखिदिएको नाम पनि उसलाई मन परेन । भनी:

- किन विदेशी नाम राखेको ?
- तिमी नै राख न त यिनीहरूको स्वदेशी नाम । - मैले भनें ।

सावित्रीले यस्तो नाम फुराई: पोथीको नाम सावित्री कार्की । भालेको नाम कुमार नगरकोटी । र, पोथीले पारेको फुलबाट जन्मने चल्लाको नाम गुरू रिम्पोचे ।

गुरू रिम्पोचेले सोध्यो:

- पापा ! म अण्डाबाट जन्मेको हुँ र ?

बिचरो रिम्पोचे ! ऊ चिन्तित देखियो । सावित्रीले उसलाई मायाले सुम्सुम्याउँदै, आफ्नो काखमा राख्दै फुल्याउन थाली:

- अण्डाबाट मान्छे र बिरालो जन्मने कुरा त तिम्रो पापाको कथाहरूमा मात्र हुन्छ । तिमीलाई त मैले प्रेमपूर्वक जन्माएकी हुँ ।

मलाई आफ्नो उपन्यास -मिस्टिका-को अनायास याद आयो ।

***

काठमान्डुका कुख्यात ट्राफिक जामहरूमा फसें । किस्ताबन्दीमा ।

कोटेश्वरको जाम । बानेश्वरको जाम । माइतीघरको जाम । सिंहदरबारको जाम । पुतलीसडकको जाम । कति धेरै जामैजाम ! अझ चक्काजामको हिसाबकिताब त झन् कस्ले राखोस् । किस्ताबन्दीमा आयु फ्याँक्दै शहर-यात्रा गर्नुपर्छ । तथ्याङ्क विभागले डेटा निकालेको खण्डमा शहरवासीहरूको कति एकमुष्ट आयु जाममा फसेर नष्ट भएको हुँदो हो !

प्रायः यस्तै हुन्छ । शहर पस्यो कि जाममा फस्यो ।

यस्तै सकसको बेला राष्ट्रपति या प्रधानमन्त्रीको राजकीय सवारी आगेपिछे भ्याँपुभ्याँपु बजाउँदै निस्केपछि त झन् त्यो दिनको मुड नै चौपट भइजान्छ । बरू बिरालोले बाटो काटोस् । जस्तोसुकै अपसकुन या भवितव्य पनि सहिन्छ । तर, राष्ट्रपति या प्रधानमन्त्रीले बाटो कहिल्यै नकाटोस् । बाबै ! मरेको दुःख पाइन्छ ।

जमलको एजुकेसनल बुक हाउसमा छिरें । मृदुभाषी रमण मित्रलाई भनें:

- मलाई परेवामाथि लेखिएको किताब दिइयोस् ।

रमण मित्र त एकक्षण अलमलिए ! उनलाई लाग्यो शायदः *नगरकोटी दाइलाई आज के भयो ? परेवाको किताब पो माग्छन् । कतै गाँजा/भाङ/धतुरो खाइवरी आएका त होइनन् ?*

मेरा निम्ति उनले मारवाडी पसलको चिया मगाए । परेवा त होइन, बरू उनले मेरा सामु चराचुरूङ्गीका किताबहरू थुपारिदिए । परेवामाथि लेखिएको सिङ्गो किताब अफसोस त्यहाँ थिएन ।

- ज्याक निकोल्सनको बायोग्राफी छ ? - मैले फ्याट्ट सोधें ।

बायोग्राफी ?

रमण मित्र पुनः अलमलिए ।

उनलाई लाग्यो शायदः *बायोग्राफी कहिल्यै नरूचाउने नगरकोटी दाइलाई आज के भयो ? कहिले परेवा माग्छन् त, कहिले बायोग्राफी ?*

पक्कै कालो पदार्थ खाएर आएछन् क्यारे ! हे दैव ! बुद्ढा पक्कै पनि सठिया गएछन् । रामनाम सत्य है !

मारवाडी चिया पिउँदै फेरि भनें: ज्याक निकोल्सन छ ?

- हाम्रो पसलबाट तपाईंले बायोग्राफी किनेको आजसम्म कुनै रेकर्ड छैन । आज किन खोज्दै हुनुहुन्छ दाइ ?
- ज्याक निकोल्सनको बात अलि बेग्लै छ, रमणजी !
- ज्याक निकोल्सन त होइन, बरू अल पचिनोचाहिँ छ ।
- खोइ ल्याउनुस् । - मैले भनें ।

सिनेमा सेक्सनको बुक-सेल्फबाट रमण मित्रले अल पचिनोलाई थुतेर ल्याए । किताबको नाम: अल पचिनो इन कन्भर्सेसन विथ् लरेन्स ग्रोबेल । भूमिका अल पचिनोले नै लेखेका रहेछन् । अन्तर्वार्ता सङ्ग्रह रहेछ । लिने भएँ । त्यसैगरी लिने भएँ नन-फिक्सन किताबहरू - निगेल कथोर्नको 'माफिया, द हिस्ट्री अफ् द मब' । जेर्ड डाइमन्डको 'गन्स, जर्म्स एन्ड स्टिल' । र, 'द अल्टिमेट इलस्ट्रेड गाइड टु ड्रिम्स, साइन्स एन्ड सिम्बोल्स' नामक सपनाहरूको इन्साइक्लोपिडिया ।

दुई झोला किताब बोकी पसलबाट निस्कें । अब यति भएपछि गुफामा दुईतीन महिना थान्को लाग्न सकिन्छ । न्युरोडमा हिंड्दै गर्दा अकस्मात अँध्यारो भयो । आकाश कालो बादलले ढाक्यो । भदौरे झरीको सङ्केत । भट्टराईको डिभिडी पसलबाट ३५ वटा फिल्महरू किनें ।

आफ्नो डेरा उर्फ बसेरातिर फर्कंदै गर्दा शहरका कुख्यात ट्राफिक जामहरूमा फेरि एक चरण फसियो । तर, यो जाम भने अच्छा नै लाग्यो । काठमान्डुको झरीलाई कहिलेकाहीं ट्याक्सीको झ्यालबाट नियाल्दा रमाइलो लाग्छ । सन्ध्याको चिल्लो सडकमा जब स्ट्रिटलाइटहरूको प्रकाश तथा गाडीहरूको चम्किलो बत्ती छताछुल्ल भई पोखिन्छ, तब बत्ती र रङहरूको कोलाज-दृश्य बडो अद्‌भुत हुन्छ ।

शङ्खमूलमा गाडीबाट ओर्लिएँ ।

बुचर हाउसमा देखा परें । वि.सं. २०६१ सालदेखि खसीको मासु म यही पसलबाट खरिद गर्छु । झरीको बेला मटनको झोलसित पत्नी र पुत्रसँग पलेटी मारी दाल, भात ग्वामग्वाम खाँदा काइदाको हुन्छ ।

मैले मासु किन्ने अड्डाहरू निश्चित छन् । शङ्खमूलको यो बुचर-गृहमा म केवल मटन किन्छु । चिकेन किन्नु परे पिलाछेंको चनमती कोल्ड स्टोरमै पुग्छु । घरमा बफका आइटमहरू (छोयला, कचेला, बफ चिल्ली इत्यादि) बनाउन परे पिन्छेको महर्जन मिट हाउसकै शरणमा जान्छु । पोर्क लगनखेलमा र माछा गाः बहालको सस्तो बजारमा ।

मासु खरिद गर्न मैले आजसम्म सावित्रीलाई पठाएको छैन । आफैं अघि सर्छु । बुचर-मित्रहरूले बडो जतनका साथ मासु काटेको दृश्यलाई म तन्मयका साथ ज्यादै एकाग्रचित्तले हेर्छु । कुनै बेला मौका मिले बुचरगणहरूमाथि एउटा संस्मरण लेख्नुपर्ला । अझ बुचरजनहरूमाथि एउटा म्यानुअल बुक नै लेखे त झन् गज्जब ! झेन एन्ड द आर्ट अफ् कटिङ् मिट शीर्षकमा । या भनूँ, झेन एन्ड द आर्ट अफ कोल्ड स्टोर मेन्टेनन्स । जस्ट लाइक ROBERT M. PIRSIG'S CELEBRATED BOOK : ZEN AND THE ART OF MOTORCYCLE MAINTENANCE!

लेखन पनि एक प्रकारको बुचरिङ कलाजस्तै हो शायद ।

बुचरले बोसो, छाला, हड्डीहरूलाई मासुबाट ब्रशअसाईड गरेझैं हामी लेखकहरू पनि अनावश्यक शब्द, वाक्य र अनुच्छेदहरूलाई आफ्नो टेक्स्टबाट हटाउँछौ/मिल्काउँछौ । विम्ब, प्रतीक र उपमाहरूमा काँटछाँट गर्छौं । आफ्नो रचनालाई भरसक आकर्षक बनाउँछौ या बनाउने प्रयत्न गर्छौं ।

बुचर मित्रले एक झोला खसी दियो । मैले उसलाई दुई झोला किताब दिएँ । र, भनें:

- झरीमा किताबहरू भिज्छन् । तपाईं राख्नुस् । म कुनै दिन लिन आउँला ।

झरीमा नरुझेको युगौं भएको थियो । आज मलाई निथ्रुक्क भिज्न मन लाग्यो । भिज्दै हिंडे सडकमा । पहिलेपहिले बर्सातमा म निकै भिज्ने गर्थे । मुसलधारे पानीमा निस्फिक्री रूझ्दै हिंड्दा मलाई के लाग्थ्यो भने म सडक, गल्ली र घाटहरूमा नुहाउँदै हिंडिरहेको छु । सारा संसार मलाई एउटा खुल्ला बाथरूमझैं लाग्थ्यो । तर, विवाहपश्चात् रूझ्ने क्रम टुट्यो ।

झरीमा रूझेका ती पुराना दिनहरू आजकल पनि म अक्सर सम्झन्छु । उहिल्यै उहिल्यैका ती रूझेका सम्झनाहरू पनि अब त किंवदन्तीझैं प्राचीन भइगए । बिराना भए ।

जब मान्छेलाई आफ्नै जीवनका प्रसङ्ग/घटनाहरू किंवदन्तीझैं बिराना लाग्न थाल्छन् तब ऊ शायद वृद्ध हुन थाल्छ । बूढो हुन्छ । म पनि त दिनप्रतिदिन लोककथाझैं बूढो हुँदै छु ।

बर्सातको दिनमा बाहिर कतै हिंड्दा मैले सदा हातमा झुन्ड्याउने किताबको झोलामा सावित्रीले खुसुक्क अम्ब्रेला राखिदिन्छे । बर्सात स्वास्नीका निम्ति सौता हो, शायद । मेरो बर्सातसित उसले सदा सौतेली व्यवहार गरी । म कतै बाहिर छु र पानी दर्की हाल्यो भने उसको फोन आइहाल्छः झोलामा छाता हालिदिएकी छु, ओढ्नुहोला । पानीमा नभिज्नू । नरूझ्नू । रूघाखोकीले समाउँछ ।

जाबो रूघाखोकीसित पनि डर मान्नुपर्ने कस्तो डरमर्दो दिन आइलाग्यो हजुर !

स्वास्नीको छातालाई मैले कहिल्यै रूचाइनँ । यहाँसम्म कि छाता शब्दप्रति नै घोर अरूचि पैदा भयो । तसर्थ फिक्सनमा मैले छाता शब्द कहिल्यै प्रयोग गरिनँ । अम्ब्रेला नै लेखें । 'आयु चोर' नामक कथामा एउटा शहरलाई छाते शहर होइन अपितुः अम्ब्रेला-टाउन बनाएँ ।

तर पानी पर्दा सावित्रीको छाता मैले ओढ्नै पर्छ । यो शायद एउटा घरेलु-लोग्नेको कर्तव्य हुँदो हो ! त्यसैले कैयौंपटक सावित्रीको बुट्टेदार लेडी-अम्ब्रेला ओढी म घर फर्केको छु । तर, आज मेरो स्वर्णिम दिन थियो । अपवादको । मसित लेडी-अम्ब्रेला थिएन । सावित्रीको बुट्टेछाता ओढ्नुपर्ने मलाई कुनै वाध्यता थिएन ।

- गुरूजी ! रूझ्नु भा'छ । आउनुस् म तपाईंलाई घर पुऱ्याइदिन्छु ।
- कसैले मलाई भन्यो ।

शङ्खमूल-पुलको मुखैमा एउटा बाइक अडिएको थियो । बाइकवाला सज्जनले मलाई लिफ्ट दिन चाहे । मेरो फकिर-पहिरनले उनलाई छल गरेछ

क्यारे ! मरून-वस्त्र, गलामा माला र नाडीमा बाला तथा चिन्डे खप्पर भएको पथिकलाई देखेपछि उनलाई म कुनै भिक्षु भएको भ्रम भएछ शायद ।

मनमा लाग्यो - एक्लै त प्रशस्त भिजिएकै हो । तर, यी अपरिचित मनुवा जो मलाई कुनै मङ्क ठानिरहेछन्, आज यिनैको बाइकमा भिज्दै हिंडे कसो होला ? र, मनले नै तत्काल उत्तर दियो - बच्चु ! गज्जब होला । म बाइकको पछिल्लो सिटमा बसें ।

बाइक भित्री गल्लीहरूमा गुड्यो । मैले अनुहारलाई आकाशतिर फर्काएँ र पानीका बाछिटाहरूलाई - हिर्काउन दिएँ । आनन्दित भएँ । बाइकवाला सज्जनले सोधेः

- गुरूजीलाई कहाँ पुऱ्याइदिऊँ ? कहाँ ड्रप गरिदिऊँ ?
- तपाईं चलाउँदै जानुस् । मेरो बाटो फरक छ । आज म तपाईंकै बाटो जान्छु । - मैले भनें ।

बाइकवाला सज्जनले मलाई लगनखेलको मानसिक अस्पतालनेर ड्रप गरिदिए । अनि उनी आफ्नो बाटो महालक्ष्मीथानतिर लागे । त्यसपछि पाटनका तान्त्रिक गल्लीहरूमा म रूइदै, भिड्दै, चुँहिंदै, छचल्किँदै घर आएँ । सावित्रीलाई बाइकवाला किस्सा सुनाउँदा उसले भनीः

- मानसिक अस्पतालमै भर्ना भएको भए हुन्थ्यो नि ! घर किन आ'को ?

मैले भनें:

- हेर मैयाँ ! त्योभन्दा ठूलो मानसिक अस्पताल त घर हो । घर हुँदाहुँदै ऐरैगैरे मानसिक अस्पतालमा किन बस्ने ? बस्नु नै छ भने ठूलो मानसिक अस्पतालमा बस्ने नि ! अनि ज्याक निकोल्सनहरू आरामै छन् ?

ज्याक निकोल्सनको कुरा गरेपछि ऊ एकाएक खिन्न भई । उसको अनुहार एक्कासि खुम्चियो । के भयो भनी सोध्दा सावित्रीले भनीः

- गुँड भत्क्यो ।

सरासर गुफा छिरें । झ्याल उघारें र बरन्डातिर हेरे । त्यहाँ गुँड थिएन । ज्याक निकोल्सन र लेडी किम्या केही दूरीमा टक्राकटुक्रुक बसेका

थिए । दुवै उजाड, उदास देखिए । परेवा-जोडीको उदासीनता क्रमशः मेरो आत्मामा सर्दै गयो । सिग्रेट सल्काएँ र लाइटरको टर्च पुनः बरन्डातिर सोझ्याएँ । गुँडको ठाउँमा एउटा कहालीलाग्दो रिक्तता थियो । र, थियो एक अपूरणीय एकान्त । घरीघरी मलाई आफ्नो भोटे जुत्ता -दोचा-को याद आयो, जसलाई मैले बचपनमा गुमाएको थिएँ । बुवाको सुटकेससितै ।

***

असोज ५ । बुधबार

दिल्लीबाट -घाटमान्डु-को लेखक-प्रति आयो । किताब सदाझैं गुरू रिम्पोचेलाई उपहार दिएँ । पुत्र प्रसन्न भयो । यो किताबको कुनै प्रचारप्रसार नगरूँ भन्छु । हरेक किताबको आफ्नो यात्रा हुन्छ । आफ्नै खालको गुप्त नियति हुन्छ । त्यसको कदर/सम्मान गरूँ भन्छु । विमोचन/सिमोचन केही नगरूँ भन्छु । समीक्षाका निम्ति कसैलाई पनि पुस्तकको भेटी त चढाउँदै नचढाऊँ भन्छु । मेरो यस्तो खालको अनप्रोफेसनल कुरा सुनी प्रकाशक मित्रहरू पवन आचार्य र भूपेन्द्र खड्का खिन्न छन् ।

दुइटा कथा लेखें ।

१. सुफियाना

२. कोरागाउँका किरियापुत्रीहरू

आज उदय प्रकाशको ज्यादै मर्मस्पर्शी कथा 'अरेबा-परेबा' फेरि पढें । कथा न्यारेटरको बाल्यकालमा घटेको घटना-प्रसङ्गमा आधारित छ । अनुहारभरि मुसैमुसा भएको सेमलिया नाम गरेको एक जना गाउँलेले एक दिन उसलाई दुइटा जङ्गली खरायो ल्याइदिन्छ । सेमलियाबारे न्यारेटर भन्छः सेमलिया मेरे बचपनका जादूगर था !

त्यही जादूगरले ल्याइदिएको खरायोहरूको अनौठो नाम राखिइन्छः अरेबा-परेबा । अरे वाह ! कस्तो गज्जब नाम ! अरेबा-परेबा !

'सुफियाना'मा देखापर्ने वृद्ध कविलाई कुन शहरको सेटिङमा एडजस्ट गर्नेबारे ममा प्रशस्त दुबिधाहरू थिए । त्यो शहरमा मलाई गोथिक थिएटर, मेट्रो स्टेसन, ट्राम, फेरि-बोट, चिहान स्मारकहरू चाहिएको थियो जहाँ मेरी नायिकाले वृद्ध कविका कविताहरू -लभ सङ्स अफ एन इनलाइटन्ड प्रोस्टिच्युट- पालैपालो वाचन गरोस् । कहिले कहाँ, कहिले कहाँ ।

भर्खरै चीन-यात्राबाट फर्केका प्रिय मित्र यज्ञशले मेरो दुबिधालाई शान्त पारिदिए । केही दिनअघिको कुरा हो । शान्तिनगरको एउटा क्याफेमा उनले मलाई भनेः

- कुमार सर ! त्यो वृद्ध कविलाई बार्सिलोनाको एउटा अपार्टमेन्टमा थन्काइदिनुस् । तपाईंले खोजेको मेट्रो-स्टेसन, ट्राम, फेरि-बोट, ग्रेभयार्डहरू बार्सिलोनामा सबै छन् । यी सब मैले युरोप भ्रमणको क्रममा आफ्नै आँखाले देखेको हुँ । बार्सिलोनालाई नै सेटिङ बनाउनुस् । त्यसो गर्दा तपाईं कथामा स्पेनिस शब्दहरूसित पनि खेल्न सक्नुहुन्छ ।

यज्ञशसँगको कफी-सत्सङ्ग फ्रुटफुल भयो । मैले उनको सल्लाहलाई प्रेमपूर्वक ग्रहण गरें । उनी उदय प्रकाशका कथाहरूलाई नेपालीमा उत्था गर्ने सोचमा रहेछन् । यसअघि नै उनले 'मोहनदास'को नेपाली अनुवाद गरेका थिए । 'मोहनदास'लाई मैले नेपालीमै पढेको हुँ । हिन्दीमा पढ्ने आवश्यक नै भएन । ब्युटिफुल ट्रान्सलेसन !

यज्ञशले भनेका थिएः

- उदय प्रकाशको कथा सङ्ग्रहमा तपाईंको मनपसन्द कथा पनि राख्नुपर्‍यो । भन्नुस् कुन कथा अनुवाद गरूँ ।
- तिरिछ । - मैले भनें ।
- त्यो त मेरो पनि मनपर्ने कथा हो । मनोजको पनि पसन्दिदा कथा हो ।
- को मनोज ?
- मनोज बाजपाई । अ फाइन एक्टर फ्रम इन्डिया । अर्को कथा भन्नुस् ।
- अरेबा-परेबा । - मैले भनें ।

त्यही 'अरेबा-परेबा' आज फेरि एकपटक दोहोऱ्याएर पढें । यज्ञशले उल्था गरेको खण्डमा नेपालीमा पनि पढुँला । जङ्गली खरायोहरूको नाम अरेबा-परेबा ! कस्तो अनोठो ! यिनै अनौठा नामहरूले मलाई जोडिदियो, मेरो गुफा छेवैको बरन्डामा बसोबास गर्ने परेवा-जोडीसितै ।

त्यस्तै गज्जबको अनौठो नाम मैले बरन्डाका परेवाहरूको राखिदिएको थिएँ: ज्याक निकोल्सन र लेडी किम्या । खुशीको कुरा । यो बीचमा परेवा जोडीले फेरि अर्को गुँड बनाइसकेको छ । पहिलेको ठाउँमा नभई बरन्डाको अर्कै कापमा सिन्काहरूको कचौराजस्तो कलात्मक घर बनेको छ, जहाँ लेडी किम्या बस्छे ।

ज्याक निकोल्सन गुँडको बगलमै बस्छ । गुटुरगुटुर गर्दै कहिले लोकगीत गाउँछ र कहिले लोककथा सुनाउँछ । गुँडकी प्रेमिकालाई । यति बेला पनि ऊ शायद सुनाइरहेको होलाः

- बुझ्यौ किम्या डार्लिङ ! त्यो गुफामा बस्ने हाम्रो तालुचिन्डे छिमेकी त लेखक पो रहेछ ! डायरीमा ऊ अहिले हाम्रै कथाव्यथा लेखिरा' होला ।

कथाव्यथा !

यो जगत्मा हरेक कथाका आ-आफ्नै व्यथाहरू छन् ।

***

असोज १४ । शुक्रबार ।

॥ हिजो ॥

हिजोआज जिन्दगी केही फिल्मी भएको छ ।

केही दिनअघि बत्तीसपुतलीको एउटा होटलमा चलचित्र निर्माता माधव वाग्लेले प्रेसमिटको आयोजना गरे । यी तिनै वाग्ले हुन्, जसले मलाई एक महिनाअघि ब्याङ्कको चेक हस्तान्तरण गर्दै भनेका थिएः

- कुमार सर ! हाम्रो चलचित्रको संसारमा तपाईंलाई स्वागत छ ।

फिल्ममा अभिनय/अनुबन्धित भएबापत त्यत्रो रकम पाउने मैले कल्पना गरेको थिइनँ । आजसम्म लेखकको हैसियतमा किताबका रोयल्टी पाउने गर्थें । मिस्टर वाग्लेले तेर्साएको अग्रिमेन्ट-पेपरमा कलाकारको हैसियतले दस्तखत गर्दा अचम्मको अनुभूति भयो ।

जम्मै रकम -आफूसित एक सुको नराखी- सावित्रीलाई दिएँ । फुर्किंदै भनें:

- हिजोसम्म तिम्रो लोग्ने लेखक थियो । आजदेखि ऊ कलाकार भयो । एक्टर भयो ।
- अहाऽऽऽ मेरो लोग्ने हिरो भयो । - ऊ पनि फुर्की ।
- हिरो होइन । - मैले सच्याएँ । - कलाकार भन/एक्टर भन ।
- नाइँ ! मेरो लोग्ने हिरो हो । - उसले जिद्दी गरी ।

एक मनले लाग्यो- पैसा दिंदा हरेक लोग्ने स्वास्नीका निम्ति हिरो हुँदो हो ! पैसा नदिंदा जिरो हुँदो हो ! भिलेन हुँदो हो ! त्यो दिन पत्नी र पुत्रलाई 'क्याफे डे पाटन'मा डिनर लगें । पत्नीका निम्ति दामी कुर्ता र पुत्रका निम्ति जुत्ता किनिदिएँ ।

बत्तीसपुतलीको त्यही होटलमा अपकमिङ फिल्म -लालपुर्जा-को घोषणा गरियो । निश्चल बस्नेतद्वारा सञ्चालित कार्यक्रममा फिल्मका कलाकारद्वय सौगात मल्ल र कामेश्वर चौरसियाले चलचित्रको थिमअनुसार मित लाए । उनीहरूलाई मितज्यू बनाइदिए, हरिहर शर्माले ।

फिल्मको एडभर्टाइजिङ फ्लेक्समा लेखिएको थियो- अतिथि लेखक: कुमार नगरकोटी । निर्देशक: निगम श्रेष्ठ । कलाकारहरू: सौगात मल्ल, विपिन कार्की, मिरूना मगर, मेनुका प्रधान, हरिहर शर्मा, कमलमणि नेपाल, कामेश्वर चौरसिया अमङ् अदर्स ।

निगम श्रेष्ठको यो दोस्रो फिल्म हो । यसअघि उनको पहिलो फिल्म -छड्के-ले चलचित्रजगत्मा उत्साहजनक चर्चा कमाएको थियो । प्रायः मौन बस्न रूचाउने यिनले एक वर्षअघि 'लालपुर्जा'को स्क्रिप्ट मलाई दिंदा यो फिल्मको विधा थियो- सोसल ड्रामा । स्क्रिप्टमा मेरो घुसपैठपश्चात् अहिले फिल्मको विधा नै अजीवको भएको छ - मिस्टिक कमेडी ।

यी तिनै निगम श्रेष्ठ हुन्, जसले मलाई एक साँझ ककनीको रिसोर्टमा ट्राउट माछाको परिकार खुवाउन लगेका थिए, कलाकारद्वय विक्रमसिंह थारू र सौगात मल्लसितै। यो त्यही साँझ थियो, जब यी त्रय-मित्रजनहरू मिली मलाई 'लालपुर्जा'मा स्ट्रेन्जरको भूमिकामा अभिनय गराउन कन्भिन्स गरेका थिए। र, यो त्यही रात थियो, जब मैले उनीहरूलाई आफ्नो आगामी नोभेल्ला 'ज्ञ'को मनुस्क्रिप्ट सुनाएको थिएँ।

'ज्ञ'को वाचन मध्यराततिर सकियो।

नोभेल्लामा एउटी वेट्रेसको नाम मैले 'पर्पला' राखेको थिएँ। किनभने ऊ पर्पल स्कर्ट लगाउँथी, पर्पल स्लिभलेस सर्ट लगाउँथी, पर्पल स्टकिङ्स लगाउँथी, पर्पल टीका लगाउँथी, पर्पल लिपस्टिक लगाउँथी। वाचनपश्चात् निगमले एउटा अनौठो एवम् युनिक अनुरोध गरे।

- दाइ ! पर्पला त हाम्रो फिल्म 'लालपुर्जा'मा पो सुट गर्छ। दाइलाई थाहा छँदै छ, फिल्मको कलर-टोन पनि पर्पल हो। पर्पला मलाई दिनुस्। 'ज्ञ'का लागि अर्कै नाम खोज्नुस्।

निगमको कुराले मलाई 'शोले' फिल्मको डाइलगतिर पो लग्यो। गब्बर सिंहलाई ठाकुर भन्छः ये हात मुझे देदे गब्बर ! निगमले पनि मलाई त्यसै गरी भनेझैं लाग्यो - ये 'पर्पला' मुझे देदे फिक्सन डिजाइनर !

अनुरोध गर्ने क्रममा विक्रम र सौगात पनि अघि सरेपछि मैले 'पर्पला' फिल्मलाई दिएँ। फिल्ममा पहिले नायिकाको नाम के राखेको थिएँ, बिर्सें। अब उसको नाम पर्पला हुने भयो।

पर्पला। यो नाम किनबेचको अनौठो संयोग जुरेको छ। फिल्म मात्र होइन, मैले यो नाम एउटा उपन्यासलाई पनि दिनुपर्‍यो। भूपेन्द्र खड्का आफ्नो प्रकाशन-गृह 'बुकहिल'बाट मिलन सङ्ग्रौलाको उपन्यास छाप्दै रहेछन्। पाण्डुलिपि अध्ययनपश्चात् उनलाई उपन्यासकी नायिकाको नाम चित्त बुझिरहेको थिएनछ। उनले पनि 'शोले'कै डाइलग रिपिट गरे- ये 'पर्पला' मुझे देदे !

भूपेन्द्रले बिन्ती बिसाएः

- पर्पला ज्यादै आकर्षक नाम लाग्यो । मिलन सङ्ग्रौलाको उपन्यासको नाम पर्पला राख्छु । नाइँ नभन्नुस् दाइ । तपाईंलाई दश हजार ह्यान्ड क्यास अहिल्यै बुझाएँ । पैसा राख्नुस्, 'पर्पला' दिनुस् । 'ज्ञ'की वेट्रेसका लागि अर्कै नाम खोज्नुस् ।

पैसा चाहिंदैन भन्दा पनि मैले सुख पाइनँ । दश हजार दाइलाई कफी खर्च भनी भूपेन्द्रले हजारका दशवटा नोट मेरो हातमा थमाइदिए । मेरो नोभेल्लाको वेट्रेस 'पर्पला' यसरी फिल्म र उपन्यासमा किनबेच भएकी थिई ।

कस्तो अचम्म !

कथा, उपन्यास लेख्न छाडी पात्रहरूको नाम बेच्ने धन्दा पो चलाउनुपर्ला जस्तो भयो ।

निगम श्रेष्ठका अनुसार 'लालपुर्जा'बाट दुई जनाले डेब्यु गर्दै छन् ।

१. मिरूना मगर

२. कुमार नगरकोटी

मिरूनाको यो पहिलो फिल्म अपियरेन्स हो । यसअघि उनले आशान्त शर्माद्वारा निर्देशित एउटा नाटकमा अभिनय गरेकी थिइन् । अनुप बरालको नाट्य ग्रुप 'एक्टर्स स्टुडियो'की उत्पादन हुन् । अ प्रमिसिङ आर्टिस्ट । फिल्मकी 'पर्पला' यिनी नै हुन् । जहाँसम्म मेरो प्रसङ्ग छ, निगम श्रेष्ठले कास्टिङ ब्यानरमा यस्तो लेख्न लगाएका छन्- इन्ट्रोड्युसिङ निगेटिभ नगरकोटी ।

निगेटिभ नगरकोटी ? क्वाइट इन्ट्रेस्टिङ !

फिल्मको- अतिथि लेखकझैं फिल्मको म एक अतिथि-पात्र मात्र हुँः एक स्ट्रेन्जर ।

हिजो राति यही फिल्मको सुटिङ थियो । सूर्यविनायकको जङ्गलमा । एउटा वृक्षमुनि पर्पल-सोफा थियो । सोफामा म थिएँ । फिल्मको स्वप्न-दृश्य खिचिइँदै थियो । सौगात मल्ल मसामु प्रकट हुन्थे र म नगरकोटियन् अन्दाजमा भन्थें:

- मलाई सलाई दिइयोस् ।

सौगात खल्तीबाट सलाईको बट्टा निकाल्थे । इयार्र कोर्थे र मेरो सिग्रेट सल्काउँथे । म खुक्सको एक पफ धुँआ उडाउँथे र सिग्रेट मल्ललाई नै दिन्थें । दृश्यलाई क्लोज अप सट, मिड सट र लङ सटमा डिफ्रेन्ट एङ्गलबाट खिच्ने क्रममा मिस्टर मल्लको सलाई-काँटी र मेरो खुक्स लगभग सप्पै सकियो ।

'मलाई... सलाई दिइयोस्' भन्ने एक टुक्रे डाइलग सूर्यविनायकको जङ्गलमा यति धेरैपटक गुञ्जियो कि फिल्म-क्रुबीच प्यासिभ भ्वाइसमा कुरा गर्ने एउटा थेगो नै स्थापित हुन गयो ।

थेगोको विस्तारित भर्सन यस्ता थिएः क्यामेरा-पर्सन नरेन्द्र मैनाली भन्थे- कुमार दाइ ! खुक्सको धुँआ अझ मस्तसित उडाइयोस् । ड्रिम-सिक्वेन्सको ब्याकग्राउन्डमा स्मोक फ्याँकिहिंड्ने स्पट-ब्वाईलाई असिस्टेन्ट डिरेक्टर चिच्याउँदै गर्जन्थे -ओ स्मोक-ब्वाई ! फ्रेमबाट बाहिर गइयोस् त ! ध्वनि नियन्त्रक चिच्याउँथे- सबै जना पिन-ड्रप साइलेन्समा बसियोस् । चुइँक्क आवाज ननिकालियोस् । लाइटम्यान उर्दी जारी गर्थे- हलचल नगरियोस् । कसैको छायाँ पनि फ्रेमभित्र नचलमलाओस् । निगम श्रेष्ठ आफूले चाहेको दृश्य पर्फेक्ट भएपछि भन्थे- नगरकोटी दाइ र सौगात दाइलाई तात्तातो कफी दिइयोस् ।

र, यसै बेला विपिन कार्कीको आवाज सुनिन्थ्योः

- मलाई सूर्य चुरोट बिल्कुलै नदिइयोस् । मलाई पनि नगरकोटी दाइकै खुक्स दिइयोस् ।

भोजनमा ग्रेभि-चिकन रहेछ । चिकनको स्वादसितै फिल्म-युनिटमा मांस परिकारसम्बन्धी गफगाफ भए । कसैले मृग-मांसको कुरा गरे त कसैले कालिज-मांसको । कुरा बेइजिङको सर्पदेखि बर्माको गड्यौला हुँदै ताप्लेजुङको चिप्लेकीरासम्म पुग्यो । यस्तैमा कसैले मलाई भन्योः

- नगरकोटी दाइ ! परेवाको मासु तपाईंले खानुभा'छ ? परेवाको मासुमा सेक्स इनर्जी हुन्छ ?

सेक्स इनर्जी ? परेवाको मासु ?

म खङ्ग्रङ्ग भएँ । मलाई ज्याक निकोल्सन र लेडी किम्याको याद आयो । तिनको मासु म कसरी खान सक्थें ?

बाल्यकालमा रूकुमको चौरजहारीमा मैले एक दिन गुलेलीले एउटा ढुक्कुर मारेको थिएँ । आमाले गाली गर्नुभयो । मलाई हकार्दै सम्झाउनुभयो:

- बाबु ! चरा मार्नुहुन्न । पाप लाग्छ । चराचुरूङ्गीको आँसुको श्राप लाग्छ ।

त्यो ढुक्करलाई हामी आमा-छोरा मिली घरपछाडिको करेसाबारीमा माटो खनी पुरिदियौं । पछिसम्म पनि ढुक्कुरको त्यो चिहान देख्दा मेरो बाल-मन एक तमासको हुन्थ्यो । त्यो गुलेली मितज्यू सुकदेव शर्माको थियो । फिर्ता गरिदिएँ । त्यसपछि मैले जीवनमा कहिल्यै पनि गुलेली समाइनँ ।

आफ्नो सेक्स इनर्जी बढाउन म कसरी परेवाको मासु खान सक्छु ? ज्याक निकोल्सन र लेडी किम्याको मासु म कदापि खान सक्दिनँ ।

॥ आज ॥

फिल्मको यातायत विभागले एकाबिहानै मलाई बालकुमारी मन्दिरमा मिल्काइदियो ।

गुरू रिम्पोचेले घरको द्वार खोल्दै भन्यो:

- गुड मर्निङ पापा ! मेरो बर्थ-डे-गिफ्ट खोइ ?

आज पुत्रको जन्म-दिन । उसलाई अङ्गालेर उचालें र निधारमा म्वाइँ खाएँ- अ बर्थ-डे-किस । उसलाई आफूसितै मन्दिर लगें । यही मन्दिरमा मैले सावित्रीको सिउँदोमा सिन्दूर भरेको थिएँ । उसले मलाई वरमाला लगाएकी थिई । विवाह एक मिनेटको चुट्की भरमा समापन भएको थियो ।

पुत्रको हातमा एक माना मकै राखिदिएँ । उसले भुइँमा छरिदियो । परेवाहरूबीच ऊ रमाउन थाल्यो । चराहरूद्धारा ऊ घेरियो । मैले भिडियो खिचें । सावित्री पनि पूजा सामग्रीसहित आई । मन्दिरको द्वारमा बत्ती चढाई । अगरबत्ती/धुप सल्काई र पुत्रको कामना गर्दै ईश्वरसित मौन पुकारा गरी ।

साँझपख बहिनीले बर्थ-डे-केक ल्याई ।

अनेक उपहारहरू पाएर फुच्चे गद्गद भयो । म गुफा छिरें । चुपचाप बसें । अनेक कुराहरू दिमागमा घुम्न थाले । गत वर्ष गाउँको सदरमुकाम गई पुत्रको जन्मदर्ता गर्दा नाम लेखाएँ- ग्रिश्मिल श्रेष्ठ ।

मलाई अनेकले प्रश्न सोध्ने गर्छन्- नगरकोटी भनेको कुन जात हो ? नगरकोटी तपाईंको उपनाम हो ? साहित्यिक थर हो ? तपाईं नगरकोटमा जन्मेको हो ?

दाजुभाउजू/आफन्तहरू सबैले भने- हाम्रो वंशमै नभएको नगरकोटी तँ काँबाट पैदा भइस् ? हामी त श्रेष्ठ नेवार हौं । नगरकोटी हटाइहाल् । नगरकोटी हामी श्रेष्ठहरूभन्दा कमसल जात हो ।

तर मैले नगरकोटीलाई छाडिनँ ।

मेरा निम्ति बुवासित जोडिइने मसिनो धर्सा नै यो 'नगरकोटी' हो । रगत र वीर्य त हरेक पिताले दानमा पुत्रलाई दिन्छ । तर, सम्झना र स्मृतिहरू दानमा कदापि पाइँदैनन् । 'नगरकोटी' बुवाले दानमा दिनुभएको त्यही स्मृति हो, जो मसितै कुनै दिन चितामा जलेर धुँआमा विलीन होइजानेछ ।

आफ्नो गरिबी, अभाव तथा सङ्घर्षपूर्ण दिनहरूमा बुवालाई 'नगरकोटी'ले नै साथ दिएको थियो । इतिहासको कुनै कालखण्डमा कुनै बखत यस्तो व्यवस्था थियो, जहाँ श्रेष्ठ-नेवारहरूलाई देशको सुरक्षा प्रणालीमा संलग्न हुन (जागिर खान) पूर्ण वर्जित/निषेध थियो । त्यो चाहे सेनामा होस् या प्रहरी सेवामा । श्रेष्ठहरूलाई भर्ती लिइँदैनथ्यो । प्रहरीमा भर्ती हुँदा बुवाले आफूलाई 'नगरकोटी' बनाउनुभयो । भवितव्य तथा बाध्यताले रत्नबहादुर 'नगरकोटी' हुनु पर्‍यो । 'नगरकोटी'ले नै उहाँको उद्धार/कल्याण गर्‍यो । त्यही आफूले बाध्यतापूर्वक छनौट गरेको 'नगरकोटी'सितै २७ वर्ष प्रहरी सेवामा समर्पित हुनुभयो । देश/प्रदेश डुल्नुभयो । र, मर्ने बखत त्यही 'नगरकोटी'सितै चिताको खरानीमा भष्मस्त हुनुभयो ।

मेरा दाइहरू तथा भाइ/बहिनीलाई 'नगरकोटी' झुन्ड्याउनु पर्ने कुनै बाध्यता थिएन । उनीहरू सबै श्रेष्ठ भए । वंशमा ममात्र एक अपवाद रहें । परिवारमा

आउटसाइडर भएँ । जसरी साहित्य, यावत दर्शन, धर्म तथा संस्कृति, परम्परा एवम् भाषालगायत सामाजिक अवधारणाहरूमा आउटसाइडर भएँ ।

'नगरकोटी' मेरा निम्ति कुनै जात/थर होइन । बुवाको स्मृति हो । बुवाबाट मैले दानमा पाएको याद हो । सम्झना हो । मानिसलाई मानिससित जोड्ने भनेको याद/सम्झनाले नै हो । सम्बन्ध त केवल एक वैकल्पिक बाध्यता न हो । हिजो थिएन । आज छ र भोलि छैन । बुवासित जोडिएको यो याद यति व्यक्तिगत अनुभूतिहरूले भरिएको छ, त्यसलाई म आफ्नै पुत्रमा समेत हस्तान्तरण गर्न सक्दिनँ ।

र, मलाई लाग्छ पुत्रका निम्ति पिताले झैं मैले पनि केही यस्ता यादहरूको जुगाड/रचना गर्नुपर्छ, जसलाई उसले आफूभित्र जोगाएर राख्न सकोस् । त्यसैगरी जसरी समुन्द्री सिपीले शरीरभित्र मोती जोगाएर राख्ने गर्छ ।

मैले आज बिहान पुत्रको बर्थ-डेमा उसको हातमा राखिदिएको एक माना मकै त्यही यादको बीज थियो, जो उसको मनमा कुनै दिन अङ्कुरण हुनेछ । समयक्रममा मसित उसका पनि आफ्नै यादहरू जोडिंदै जानेछन् । त्यो यादहरूको बिरूवा उसको मनमा झ्याङ्गिंदै जानेछ ।

तसर्थ गत वर्ष जन्म-दर्तामा नामसितै पुत्रको पुर्ख्यौली थर दर्ता गराइदिएँ - ग्रिश्मिल श्रेष्ठ ।

कसैले भविष्यमा उसलाई पनि मलाई झैं केरकार गरी सोध्नेछन्- तेरो पिता नगरकोटी ! तँचाहिं कसरी श्रेष्ठ भइस् ? त्यसको जवाफ सम्भवतः उसले यसरी दिनेछः

- 'नगरकोटी' त मेरो पितालाई बाजेले दानमा दिनुभएको स्मृति थियो, जो पितासितै धुँआमा विलीन भयो । मेरो अफिसियल नाम ग्रिश्मिल श्रेष्ठ भए पनि म त पिताको गुरू रिम्पोचे पो हुँ त । र, मेरा निम्ति गुरू रिम्पोचे पिताले रचना गर्नुभएको त्यो स्मृति हो, जसलाई मैले जन्मदिनको उपहारमा पाएको थिएँ । तपाईंलाई पत्यार लागेन ? मेरो पिताको डायरी-संस्मरण 'दोचा' पढ्नुस् न ! पत्यार लाग्नेछ ।

केही बेरअघि गुरू रिम्पोचे गुफामा आएको थियो । उसको हातमा केक-प्लेट थियो । उसको गालामा पनि केक नै लतपतिएको थियो । मलाई केकको प्लेट दियो । तर, मेरो अडबाङ्गे आदत ! केक, मिठाई, फलफूल र ग्रिन भेजिटेबल्स मैले कहिल्यै रूचाइनँ । तैपनि पुत्रले प्रेमपूर्वक दिएको केकको प्लेट समातें । जन्मदिनमा बर्थ-डे-चाइल्डको मनलाई किन खिन्न पार्ने ! तर, उसले अनौठो कुरा गर्‍योः

- पापा ! केक तपाईंलाई होइन नि ! नखानुस् ।

- कसलाई हो त ?

- परेवाहरूलाई हो । - उसले भन्यो ।

प्रिय ज्याक निकोल्सन !

एक टुक्रा केक झ्यालमा राखिदिएको छु । मोज गर ।

***

॥ भोलि ॥

अन्ततः किताब विमोचनको क्रियाकर्म गर्नुपर्ने नै भयो । प्रकाशक मित्रहरूको मन दुखाएर गमक्क फुलेर बस्नुको औचित्य पनि के ? मित्रहरूको मन किन रूवाउने ? कार्यक्रमको चाजोपाँजो मिलाएँ ।

भोलि तीन बजे शिल्पी थिएटरमा 'घाटमान्डु उत्सव' छ । पर्सि बिहानै फिल्म सुटिङमा लमजुङ गइहाल्नुपर्नेछ । सुटिङलगत्तै न्यु दिल्लीको फ्लाइट समात्नु छ । टाइट सेड्युल छ । घरको न घाटको हुँदै छु । ए साँच्ची ! भोलि 'घाटमान्डु उत्सव' छ ।

प्रियजनहरूमाझ 'सुफियाना' अन्दाजमा उत्सव मनाउने कार्यक्रम छ । कवि विप्लव प्रतीकलाई 'घाटमान्डु' भित्रको हिन्दी कविता सेलिब्रेट गरिदिन आग्रह गरेको छु । मित्र राजन गोदारले 'प्रिय मृत्यु' कविता वाचन गर्नेछन् । पोयट चन्द्रवीर तुम्बापोलाई 'आमा, म जन्मूँ कि नजन्मूँ' पोयट्री रिसाइटेसन गर्न भोलि नै आग्रह गर्नुपर्ला ।

पत्रकार मित्र वसन्त बस्नेत मञ्चमा मसितै हुनेछन् । उनीसित म केही अन्तरङ्ग कुराहरू गर्नेछु शायद । उनले किताबको 'अदर एडिक्सन' च्याप्टर्सबाट केही रचनापाठ पनि गर्नेछन् कि !

कलाका विभिन्न क्षेत्रमा साधनारत साधुज् एन्ड साध्वीज्का हातबाट -घाटमान्डु-को लोकार्पण हुनेछ । चलचित्रबाट नवीन सुब्बा । सङ्गीतबाट आभास । अभिनयबाट सरिता गिरी । फोटोग्राफीबाट कुमार आले । पेन्टिङबाट एरिना ताम्राकार । एक फोन कलमा प्रेमपूर्वक गरिएको आग्रहलाई सबै गुणीजनहरूले स्वीकारिदिए । कस्तो खुशीको कुरो !

भोलिको -घाटमान्डु उत्सव- कलाका विभिन्न क्षेत्रमा तपस्या गर्ने तपस्वीहरूप्रति मेरो सम्मान/प्रेम हुनेछ । ती तपस्वीहरूमार्फत् कलाका विभिन्न क्षेत्रलाई साहित्यले सम्बोधन गर्ने प्रेमपत्र हुनेछ । अ लभलेटर टु दोज् आर्ट्स फ्रम लिट्रेचर ।

करिब एक साताअघि घरको गेट खोल्नै लाग्दा एउटी स्त्रैण आवाजले मलाई पुकारेको थियो- "कुमारजी, नमस्कार !" पल्लो घरको द्वारबाट निस्केकी युवती एरिना ताम्राकार थिइन् । सुरुमा मैले चिनिनँ । तिनले भनिन्ः

- तपाईंको कथाका लागि पेन्टिङ बनाएकी छु ।

मोबाइलमा तिनले पेन्टिङका मिनियचरहरू देखाइन् ।

ती मिनियचर पेन्टिङ्स- सुफियाना कथाका निम्ति कोरिएका थिए, जो भोलि शनिबारको 'फुर्सद'मा छापिइँदै छ । मित्र दीपक सापकोटाले लेडी ताम्राकारलाई चित्रका निम्ति अनुरोध गरेका रहेछन् । ती चित्र कथाका निम्ति मैले कल्पना गरेको भिजुअल्सझैं सुन्दर थिए । सोधें- चित्रहरू ब्युटिफुल छन् । तर, तपाईं त्यो घरबाट पो निस्कनुभयो ? किन निस्कनुभयो ?

मेरो प्रश्न लेडी ताम्राकारलाई केही असान्दर्भिक लागेछ क्यारे ! क्षणभर तिनी अलमलिइन् । अनि सहजताका साथ् भनिन्ः

- यो मेरो बुवाको घर हो । मेरो माइती !

अच्छा ! कुरो यस्तो पो रहेछ ? मेरो गुफासितै जोडिएको यो घर यस्तै ७/८ वर्षअघि बनेको हो । यो घरका मालिक -एरिनाका पिता-सित मैले

कैयौंपटक कुरा गरेको छु । गत वर्षको भुइँचालोमा चौरमा एउटै पालमुनि गुजारा पनि गरेको हुँ । अखबारमा छापिने मेरा क्याजुअल लेखहरू उनी रूचिपूर्वक पढ्छन् र पढेको कुरा मलाई बताउँछन् पनि । त्यही घरमा डेरा सर्ने कुरा सावित्रीले कैयौंपटक गरेकी पनि हो । तर, आजसम्म थाहा थिएन कि यो घर लेडी ताम्राकार, द पेन्टरको माइती हो ।

त्यसको अर्को बिहान मैले ती वृद्ध सज्जनलाई सोधें:

- तपाईं चित्रकार एरिना ताम्राकारलाई चिन्नहुन्छ ?
- मेरी छोरी हो । - उनले भने ।

मैले उनीसित लेडी ताम्राकारका चित्रकारिताबारे लामो चर्चा गरे । कहिलेकाही पिताहरूलाई आफ्ना सन्तानका पवित्र कर्मबारे त्यत्ति थाहा हुँदैन या त्यो कर्मको महानताबारे जानकारी हुँदैन । नजिकको देउता हेला भन्ने त चलनचल्तीको सामाजिक उखान नै छ । आफ्ना सन्तान तिनलाई अझै पनि गुँडका ससाना बचेराझैं लाग्छन् । त्यस्ता पिताहरूलाई तिनका सन्तानको कर्मशीलताबारे बताइदिन कहिलेकाहीं मजस्तै आउटसाइडरहरू चाहिन्छ ।

आफ्नो सन्तानको सफलता, सत्चर्चा र सम्मान सुनेर/देखेर कुन पिताको मन हर्षोल्लासले नभरिएला र ? लेडी ताम्राकारबारे मेरो मुखबाट प्रशंसा सुनेर उनी आफ्नो छोरीप्रति गर्विलो भए । मैले अन्त्यमा भनें:

- तपाईंकी छोरीले यो जगत्लाई सुन्दर रचना/सिर्जना उपहार दिएकी छन् ।

वृद्ध सज्जनका आँखा टिलपिल गर्दै रसाए । कामेको स्वरमा भने:

- कुमार सर ! एरिना मेरी छोरी हो । मेरो काखमा बसी उसले पेन्टिङ सिकेकी हो ।

प्रिय ज्याक निकोल्सन !

तिमीहरू धन्य छौ । तिमीहरूले लेडी चित्रकारको माइतीघरमा गुँड बनाएका छौ ।

***

असोज २० । बिहीबार

काउलेपानी, लमजुङ

शालिक चोक सुनसान थियो ।

वातावरणमा सर्वत्र रहस्यमय सन्नाटा छाएको थियो । शालिक चोकका मूर्ति-मानवहरू पनि म्यानिक्विनझैं स्तब्ध, स्थिर थिए । समयको चलमलाहट कतै थिएन । बतास पनि नजिकैको च्याउली वनको ओढारमा निदाउन गएझैं प्रतीत हुन्थ्यो । वृक्षका काप तथा हाँगाहरूबाट मधुरो प्रकाश भुइँमा चुहिरहेको थियो ।

त्यही वृक्षमुनि म किताब पढिरहेको थिएँ । काया क्लान्त थियो र मन म्लान्त ।

यस्तैमा आउट-अफ्-नोह्वेर एक जना मदिरा-मानव कतैबाट लड्खडाउँदै शालिक चोकमा आइपुग्यो । मूर्ति-मानवहरूसित लर्बरिएको आवाजमा केही बेर बर्बरायो ।

उक्त मदिरा-मानव को थियो ? कहाँबाट आएको थियो ? मैले पहिल्याउन सकिनँ । टोपी र जिन्स लगाएको थियो । मदिराको सुरमा मूर्ति-मानवहरूसामु ऊ एक सुरमा सुरबेसुर एकालाप गरिरहेथ्यो । आत्म-मन्थन गरिरहेथ्यो । उसका शब्दहरू म केही पनि ठम्याउन सकिरहेको थिइनँ ।

बोल्दाबोल्दै मदिरा-मानव गल्र्यामगुर्लुम ढल्यो ।

हेर्दाहेर्दै क्षणभरमा ऊ कक्रक्क पऱ्यो । शब्दहरू निःशब्द भए । किताब बन्द गरी म उसको बगलमा गई उभिएँ । मदिरा-मानव मरिसकेको थियो । कस्तो निःशब्द मृत्यु !

मैले भनें:

- हेलो डेड म्यान ! डेथ, इज अ टोटल वेस्ट अफ टाइम । मृत्यु समयको बर्बादी मात्र हो । शब्दम् शरणम् गच्छामी/मौनम् शरणम् गच्छामी ।

त्यसपछि आफ्नो छायाँलाई डेड-म्यानको बगलमै छाडी म रातको गुप्त नेपथ्य/रहस्यभित्र बिलाएँ ।

***

- कट् ! ओके ! दामी सट दिनुभयो कुमार दाइ । - निगम श्रेष्ठ चिच्याएको सुनें ।

फिल्मको यो एक महत्त्वपूर्ण दृश्य थियो । वान अफ् द मोस्ट इम्पोर्टेन्ट दृश्यज् । यही एउटा दृश्य खिच्नका खातिर हामीले -अ डे बिफोर यस्टर्डे- एक सिङ्गो रात बर्बाद गरेका थियौं । घण्टौं परिश्रम गरी बनाइएको फिल्म सेट बैगुनी झरीका कारण भताभुङ्ग भईकन आँखैअगाडि नष्ट भयाको थियो । हामीकन भयङ्कर कष्ट भयाको थियो ।

वान अफ् द 'लालपुर्जा' प्रोड्युसर्स विक्रमसिंह थारूले मकन भनेका थिए:

- कुमार दाइ ! यही दृश्य खिच्न छुट्याएको सारा बजेट चौपट भयो । साढे सात लाख झरीले बगायो। साढे सातको दशा लाग्या रैछ !

विक्रमसिंह थारूलाई सेटमा सबैले प्रेमपूर्वक -विक्कु दादा- भनी बोलाउँछन् । यी विक्रमसिंह थारू दादा त अवश्य पनि हुन् तर त्यस्तो दादा कदाचित् होइनन्, जो हिन्दी फिल्मका अँधेरा गल्लीहरूमा रामपुरी चाकु र भोजपुरी पिस्तोल बोकी सन् असीको दशकतिर जुल्फी लर्काउँदै सान-ओ-सौकतका साथ हिंड्ने गर्थ्यो ।

यी विक्कु दादा त सबैका असल मित्र हुन् । सेटमा सबैको हेरचाह गर्छन् । स्वयम् एक असल कलाकार हुन् । थिएटर पृष्ठभूमिका । प्रशस्त नाटक तथा फिल्महरूमा आफ्नो अभिनय कौशल देखाएका छन् । साढे दुई वर्षअघि शिल्पी थिएटरमा मञ्चित नर्वेजियन नाटककार हेनरिक इब्सेनको -हेड्डा ग्याब्लर- नाटकमा यिनले लेखकको भूमिकामा गरेको अभिनयले म निकै प्रभावित भएको थिएँ ।

विक्रमसिंह थारूसित पहिलो परिचय घिमिरे युवराज निर्देशित नाटक -कोमाः अ पोलिटिकल सेक्स-को रिहर्सलमा भएको थियो। यिनले नाटकमा मैले ज्यादै रूचाएको पात्र ह्विलचेयर मानवको भूमिकामा अभिनय गरेका थिए ।

उडिसाको इन्टरनेसनल थिएटर फेस्टिभलमा -कोमाः अ पोलिटिकल सेक्स- मञ्चन गर्दा हामीले आत्मीयता साटासाट गरेका थियौं । घिमिरे युवराज, गुरूङ सुशान्त, दीपक सापकोटा, विक्रमसिंह थारूहरूसित गरिएको त्यो थिएटर यात्रा मेरो जीवनको एक अविस्मरणीय पल, क्षण, समय थियो । कोलकाताका हाउडा ब्रिज आसपासका कमसल ढावा तथा धर्मशालामा हामीले यादका फुटप्रिन्टहरू छाडेका थियौं ।

विक्रमसिंह थारूले नाटकमा -गज्जब, बडो गज्जब- भन्ने थेगो उच्चारण गर्दा मेरो मन गज्जबले पुलकित हुन्थ्यो । यिनी मान्छे बडो प्रेमिल छन् । मप्रति यिनको प्रेमभाव देखेर म कहिलेकाहीं नतमस्तक हुन्छु । मेरा कथाहरूमा यिनी फिल्म बनाउन चाहन्छन् । भन्छन्- *कुमार दाइ ! अब फिल्महरूको स्क्रिप्ट लेख्न थाल्नुस् । हामी फिल्म बनाउँछौं । नगरकोटीयन् फिल्म !*

हालसालै यिनले निगम श्रेष्ठसित मिलेर आफ्नै फिल्म ब्यानर पनि खोलिसकेका छन्- निगेटिभ बुद्ध । निगेटिभ नरकोटीझैं निगेटिभ बुद्ध । र, निगेटिभ बुद्ध -लालपुर्जा-को वान अफ् द को-प्रोड्युसर्स पनि हो ।

यिनै विक्कु दादा गत वर्ष निगम श्रेष्ठसित मकहाँ आएका थिए । दुवै मिली भनेः

- कुमार दाइ ! 'लालपुर्जा'को स्क्रिप्टलाई डेकोरेट गरिदिनुपर्‍यो । फिल्मको फिक्सन-डिजाइन गरिदिनुपर्‍यो, नगरकोटीयन् स्टाइलमा ।

माथि उल्लेखित गरिएको दृश्यमा मदिरा-मानवको भूमिका निभाउने कलाकार अनिल पाण्डे हुन् । फिल्ममा उनको नामः ऋग्वेद । सौगात र विपिनका बुवा । सौगात र विपिनका नाम क्रमशः तान्त्रिक र ॐ नरसिंह । पिता उर्फ ऋग्वेदको रोल पहिले सुनील पोखरेल गर्दै थिए । फिल्म खेल्न उनी निकै उत्साहित थिए । मलाई भनेका पनि थिएः

- तिमीसँग स्क्रिन शेयर गर्ने कुरा क्या गज्जब ! लु कुमार, मेरो भागमा चाहिं केही दार्शनिक डाइलगहरू राखिदेऊ ल !

तर यही समय सुनील पोखरेल आफ्नो कार्यक्रम लिई अमेरिका जानुपर्ने भयो । समय जुध्यो । अ क्ल्यास् अफ् टाइम । नो हार्ड फिलिङ्स, एट अल् ।

रातको लगभग ३ बजे सुटिङ सकियो । प्याक-अप भएपछि निगमले मलाई फुर्क्याए- दाइ, बबाल सट दिनुभयो । इम्प्रेसिभ ! आई एम टोटल्ली स्याटिस्फाइड । अब तपाईंको खुक्स चियर्स गरियोस् ।

यो हिजोको कुरा ! आजको कुरा भने बेग्लै छ ।

बिहान हरिहर शर्मासित समय बिताउन मन लागेर उहाँ बस्नुभएको होमस्टेमा गएँ । सञ्चो बिसञ्चो सोधें । काठमान्डुबाट ल्याएको -घाटमान्डु- एक प्रति हस्ताक्षर गरेर उपहार दिएँ । उहाँलाई देख्दा/भेट्दा मलाई सदा 'वासुदेव' फिल्मको याद आउँछ । उनको अनुहारमा ३५ वर्षअगाडिको त्यही कट्टेल सरको झल्को खोज्न थाल्छु । उनको वरपर ब्याकग्राउन्डमा महाकवि देवकोटाको -कुन मन्दिरमा जान्छौ यात्री- कतै गुञ्जि पो हाल्छ कि जस्तो लाग्छ । कुरैकुरामा उहाँले भन्नुभयो:

- कुमार बाबु ! तपाईं अनौठा कथाहरू लेख्नुहुन्छ । त्यस्ता अनौठा फिक्सनका प्लटहरू काँबाट ल्याउनुहुन्छ ?

मैले भनें:

- कल्पनाको जगत्मा फिक्सन हन्टिङ गर्न म प्रायः गइरहन्छु दाइ । त्यहींबाट ल्याउँछु ।
- त्यस्तो फिक्सन हन्टिङमा कहिलेकाहीं मजस्तो बूढो कलाकारलाई पनि लिएर जानुस् न ! त्यसो गर्न मिल्दैन ?

साँच्ची ! त्यसो गर्न मिल्छ कि मिल्दैन ?

यस विषयमा मैले त आजसम्म सोचेकै रहेनछु ।

दिउँसो लमजुङ-दरबारको परिसरमा सौगात मल्ल एउटा जोगीलाई लखेटिरहेका थिए । करिब एक घण्टासम्म -सट ओके नहुन्जेल- पटकपटक लखेटिरहे । रूखमुनि एक्लै बसी त्यो चेजिङ दृश्यको छायाङ्कन हेरिरहेको थिएँ । कफी ब्रेकमा विपिन कार्कीसितै उनी रूखमुनि आए र भने:

- तपाईं रूखमुनि नै किन बस्नुहुन्छ कुमार दाइ ? ध्यानीझैं ? तपाईंलाई प्रायः जसो रूखमुनि बसेको देख्छु । मलाई अस्तिदेखि नै सोध्न मन लागेको थियो ।

यो कुरा मैले त्यति याद गरेको रहेनछु । त्यस्तै संजोग पऱ्यो होला । उनले आफ्नो बाजेको कुरा गरे, जो गृहत्याग गरी जङ्गल पसेका थिए । रूखमुनि ध्यान गरेका थिए । जङ्गलमै कुटी बनाएका थिए । आफ्नो जङ्गली बाजेलाई उनी प्रेम गर्दा रहेछन् । 'छड्के' फिल्ममा अभिनय गर्दा उनले आफ्नै बाजेको मृतात्मालाई आफूभित्र साँचेका/सिँचेका रहेछन् । उनले प्रसङ्ग बदल्दै भनेः

- तपाईंलाई देख्दा कताकता मिस्टिकजस्तो लाग्छ । 'मिस्टिका'जस्तो उपन्यास लेख्नुहुन्छ । पूर्वजन्ममा तपाईं पक्कै पनि कुनै मिस्टिक हुनुपर्छ ।

त्यस्तो सिरियस एक्टरले गैर-सिरियस कुरा गरेजस्तो लाग्यो । म हाँसें । र, भनें:

- आई एम नट अ मिस्टिक मिस्टर मल्ल । आई एम अ मिस्टेकन म्यान हु टुक बर्थ मिस्टेकनली इन दिस मिस्टेकन जगत् ।

त्यसपछि हाँसोको सेसन चल्यो । यही बेला सावित्रीको फोन आयो । उसले सुखद समाचार सुनाउँदै भनी- परेवाले अर्को फुल पारी ।

फुल कि फूल ?

पुनः त्यही धारावाहिक कन्फ्युजन । मलाई जिस्काउने हेतु नै सावित्री अण्डा नभनी फुल भन्दी हो । खैर ! ऊ खुशी थिई । म पनि खुशी भएँ । यो खुशी भन्ने चिज पनि बडो मायावी लीला जस्तो ! जति खोज्यो मृगतृष्णाझैं टाढाटाढा अलप भइजाने । नखोज्दा भने कानैमा साउतीको भाषामा खुसुक्क, सुटुक्क, टुप्लुक्क आई जाने । सावित्रीलाई भनें:

- लेडी किम्या गुँडमा छे ?
- गुँडमै छे । अघि ऊ यताउति चल्दा मैले गुँडमा फुल देखें ।
- ज्याक निकोल्सन नि ! कहाँ छ ?
- त्यो पनि सँगसँगै छ ।

ये हुई न बात !

यो घरको आँगनमा रातो भाले अर्थात् एउटा लाल रूस्टर थियो, शिरमा कल्की जडेको, बिहानसम्म । पोथीहरूमाझ त्यही एउटा लाल

रूस्टर थियो । अ रेड-कक । बीउ-भाले । त्यसलाई कमलमणि नेपालले काटिदिए । काटे मात्र होइन कि भकभक उम्लिरहेको पानीमा भालेलाई चोपलेर हेर्दाहेर्दै भुत्लाहरू खल्यातखुलुत पारे । अचानोमा रूस्टरलाई क्षणभरमै ससाना चोक्टा पारी रामनाम सत्य बनाइदिए । होमस्टेका गुरूङ साहुजीलाई कसरी फकाएछन् कुन्नि ! घरकी मालिक्नीलाई तेल झ्वाइँ पार्न लगाए र साहुजीलाई चाहिं ढिंडो बनाउन लगाए ।

कोदोको ढिंडोलाई म्याच गर्ने कोदोकै दिव्य-जल पनि आफैंले जुगाड गरे ।

कमलमणि नेपाल निकै रमाइला इन्सान रहेछन् । सधैं हँसाइरहन्छन् । यो होमस्टेको ३ वटा कोठामा हामी पाँच भाइको बास छ । महाभारतका पाँच वनवासी पात्रहरूझैं । एउटा कोठामा विपन कार्की र म । एउटामा सौगात मल्ल र कामेश्वर चौरसिया मितज्यूहरू । अनि एउटा सिङ्गो कोठामा चाहिं कमलमणि एक्लै । यिनलाई सिङ्गो राजकीय कक्ष किन प्राप्त भएको रहेछ भने यिनको घुराइ अर्थात् खर्राटा उच्च डेसिबलको रहेछ । कुनै माइकालालले नभेट्ने खालको ।

म बिहान हरिहर शर्मालाई भेट्न जानै लाग्दा यिनले मलाई लाल रूस्टर देखाउँदै भनेका थिए:

- कुमार दाइ ! यो भालेलाई काटेर खाइहाल्नुपर्छ । यसले पोथीहरूलाई धेरै फूर्ति देखायो ।

साँझ त भाले चट् ।

पाँच वनवासी भाइहरूको जाम-ए-मेहफिल गजबले जम्यो । अनेक किस्सा-कहानीहरूलाई गिलाससितै चियर्स गरियो । विपिन कार्कीले रोचक प्रसङ्ग सुनाए ।

मिस्टर कार्कीले कुनै समय बाँदर पालेका रहेछन् । भाले बाँदर । अ मेल-मङ्की । बच्चैदेखि मायाले हुर्काएको । हर्लक्क बढेपछि बाँदरलाई बैंसको काउकुतीले छोयो । संसर्ग-सिजनमा हैरान पार्न थालेछ । कुनै युवती देख्नै नहुने । अश्लील हर्कत थालिहाल्ने । छिमेकीहरूले धारे हात लगाउन थाले । स्याहार्नै आत्थुआत्थु ।

मेटिङ-पिरियड्समा कुनै 'सुन्दरी' फेला नपर्दा बाँदरले ज्याद्रो दुःख दिंदै उपद्रो मच्चाउन थालेपछि मिस्टर कार्कीले निज कामुक जन्तुलाई बोरामा प्याक गरेछन् र मध्यरातमा सिंहदरबारको पर्खालभित्र मिल्काइदिएछन् । अन्त्यमा उनले सुनाए:

- त्यसरी बाँदरको यौन-आतङ्कबाट मैले मुक्ति पाएँ । कुमार दाइ ! बाँदर पाल्न निकै गाह्रो !

मिस्टर कार्कीको वानर-प्रकरण मलाई निकै रोचक लाग्यो । तर, सिंहदरबार ? बडो खुल्दुली भयो । जिज्ञासापूर्वक उनलाई मैले सोधें:

- विपिनजी ! बाँदरलाई सिंहदरबारमै लगेर चाहिं किन छाड्नुभएको ?

जवाफमा भष्मे डनले यसो भने:

- सिंहदरबारमा उसले अरू पोलिटिकल बाँदरहरूसित सङ्गत गर्न पाउँछ नि त कुमार दाइ ! मेरो बाँदरले सांसद, मन्त्री हुन नपाउने ?

भष्मे डन अब त पल्लो बेडमा निदाएको छ । मुख आँ गरेर । के यो कम बोल्न रूचाउन विनोदप्रिय मान्छे त्यही हो जसले 'छड्के' र 'पशुपतिप्रसाद'जस्ता फिल्महरूमा अभिनयको जादू देखाएको थियो ? मेरो मन यो रातमा एकतमासले हल्ला गरिरा'छ ।

प्रिय मन !

चुप् । हल्ला नगर् । भष्मे डन निदाएको छ ।

अब एउटा अन्तिम सिग्रेट सल्काउँछु । बाहिर पानी परिरहेको छ । हरेक रातजस्तो पानी पर्छ । हिजो परेन र त सुटिङ भयो । उहिल्यै हेरेको ज्याक निकोल्सन अभिनीत फिल्म -वान फ्लु ओभर द कुकुज नेस्ट-को टाइटल किन यसरी याद आइरहेको छ ? नेस्ट र ज्याक निकोल्सन ! परेवाको नाम ज्याक निकोल्सन राखेर ठीकै गरिएछ त !

दिउँसो सावित्री भन्थी:

- ज्याक निकोल्सन लेडी किम्यासँगै छ । गुँडको आसपास ।

म अब एक डोज निदाउँछु र सपना देख्न थालिहाल्नेछु । सपनामा शायद म कुक्कु चरा बन्नेछु र लेडी किम्याले पारेको अण्डा हेर्न

गुफा नजिकको गुँडमा/नेस्टमा उड्दैउड्दै पुग्नेछु, जस्ट लाइक ज्याक निकोल्सन फ्लु ओभर द कुक्कुज नेस्ट । आमिन !

***

असोज २३ । आइतबार

गुफा । बालकुमारी

गुरू रिम्पोचे र उसकी -वान एन्ड द अन्ली- मम्मी दशैं मनाउन गाउँ खुर्कोट गइसकेका छन् । केही दिनअघि नै । म लमजुङमा हुँदा नै । मचाहिं भोलि जाँदै छु । गोविन्द पराजुलीको बाइकमा ।

गोविन्द नाट्यकर्मी हुन् ।

यिनले -कोमाः अ पोलिटिकल सेक्स-मा अम्ब्रेला-मानवको भूमिकामा अच्छा अभिनय गरेका थिए । केही समयअघि- १२/१३ माहिनाअघि हो कि ! मण्डला थिएटरमा शङ्कर लामिछानेको एउटा साइन्स फिक्सनलाई नाट्य रूपान्तरण गरी मञ्चन गरिएको थियो । गोविन्द त्यो नाटकका निर्माता थिए । प्रहरी अधिकृतको भूमिका पनि निभाएका थिए । विशुद्ध शाकाहारी हुन् तर गाँजाका शौकिन ।

म पनि कुनै समय गँजडी थिएँ ।

गाँजाका पातहरूलाई कसौडी/डेक्चीहरूमा फ्राई गरेर कक्रक्क पारिन्थ्यो । खुकुरी चुरोटका सूर्तीमा बडो फूर्तिका साथ फ्राइड पातहरूलाई मोलिन्थ्यो र जय शम्भो गरिन्थ्यो । खुकुरी-चुरोट वास्तवमा गँजडीहरूलाई ध्यानमा राखी बनाइएको हुनुपर्छ ।

ती गँजडी-दिनहरू युवाकालका भग्नावशेष खण्डहरहरूतिर गाँजाका धुँआहरूसितै कतै विलीन भइगए ।

अहिले त रात छ ।

दिउँसो लेडी किम्याको गुँडमा एउटा अण्डा देखेको थिएँ । ज्याक निकोल्सन र लेडी किम्याको प्रेमको निसानी । एक पित्को वीर्यको

विस्तारलाई संसारभरिका प्रेमी-प्रेमिकाहरू प्रेमको नासो/निसानी भन्न मरिहत्ते गर्छन् । तर, बरण्डाको गुँडमा प्रेमको निसानी ह्याच हुन अझै केही समय लाग्नेछ ।

फोनमा सावित्रीले बताएकी थिईः

- १७/१८ दिनभित्र यिनीहरूले चल्ला कोरल्छन् ।

कोरल्छन् ?

कि कोरल्छे ?

मेरो कन्फ्युजन नष्ट गर्दै उसले भनेकी थिईः

- यिनीहरू भालेपोथी दुवै मिली पालैपालो ओथारो बस्छन् ।

यस्तो कुरो मलाई थाहै थिएन । मेरा निम्ति यो नौलो जानकारी थियो । संसारका धेरै कुराहरू मलाई थाहा छैन । तर, साथी/सङ्गातीहरूमाझ थाहा भएको ढोङ मैले नै रच्नुपर्छ । स्वाङ पार्नुपर्छ । घमण्ड गर्नुपर्छ । ज्ञानगुनका कुराहरू फलाक्नु पर्छ ।

मान्छेको मस्तिष्क शायद सूचना र जानकारीहरूको सङ्ग्रहालय हो ।

सूचना र जानकारीहरू सङ्ग्रह गरी मान्छे ज्युँछ र मर्छ । तिनै सूचना र जानकारीहरूलाई आफूले प्राप्त गरेको ज्ञान ठान्ने भ्रममा बाँच्छ । मलाई मार्क्सवादको थोडा कुछ जानकारी भए पुग्छ । बुद्धत्वबारे केही सूचना भए पर्याप्त हुन्छ । पूर्वीय तथा पाश्चात्य दर्शन-प्रणालीबारे टिपनटापन टिप्सहरू टिपेर म धन्य भएँ । उत्तरआधुनिक कला/साहित्यबारे केही सन्दर्भ सामग्री हेरे मलाई पुग्छ । भई त गयो !

खैर !

लेट्स ब्रस असाइड दिज् गन्थन अफ् सूचनाज् एन्ड जानकारीज् ।

भालेपोथी दुवै ओथारो बस्ने कुरा मलाई रोचक लाग्यो । किन पनि रोचक लाग्यो भने कुखुराको भालेलाई मैले ओथारो बसेको कहिल्यै देखेको छैन । सन् २००५ तिर मलाई मन पर्ने अमेरिकी अभिनेता मोर्गन फ्रिम्यानले न्यारेट गरेको डकुमेन्ट्री -मार्च अफ् द पेन्गुइन्स्- मैले डिभिडीमा हेरेको थिएँ । फिल्म अद्‌भुत लागेको थियो ।

पृथ्वीको दक्षिण-ध्रुवको अन्टार्टिकामा भर्खरै समर सिजनको आगमन भएको छ । प्रेमको वासन्ती मौसम । प्रेमिल ऋतुमा सम्पूर्ण एम्परर-पेन्गुइनहरूले एकेक वटा गर्लफ्रेन्ड्स पाएका छन् । प्रकृतिले पेन्गुइनहरूका निम्ति सामूहिक रासलीलाको आयोजना रचिदिएको छ ।

चराहरूको साम्राज्यमा प्रेमको कुम्भ मेला भएको छ ।

कुम्भ-मेलाको रासलीलापश्चात् लेडी पेन्गुइनहरूले अण्डा पार्छन् । प्रेमको नासोलाई ह्याच् गर्न लेडी चराहरूले अण्डा आफ्ना प्रेमीहरूलाई प्रेमपूर्वक सुम्पन्छन् । एम्परर पेन्गुइनहरू ओथारो बस्छन् र लेडी चराहरू भोजनको खोजमा लामो कष्टकर यात्रातर्फ जान्छन्- मार्च अफ द लेडी पेन्गुइन्स् ।

यो डकुमेन्ट्री पछि हिन्दीमा पनि डब भएर आयो, मोर्गन फ्रिम्यानको सट्टा अर्का लेजेन्डरी अभिनेता अमिताभ बच्चनको माचो भ्वाइसमा । *रिश्तेमे तो हम तुम्हारे बाप लगते है, लेकिन नाम है एम्परर पेन्गुइन उर्फ शहंशाह, हाय !*

इन्डियन टाइटलचाहिँ बहोत् बेहुदा और घटिया टाइपको थियो- पेन्गुइन्सकी प्रेम कहानी । त्यसलाई पनि हेरें । धेरै मित्रजनहरूलाई हेर्न सिफारिस पनि गरें । डा. तीर्थबहादुर श्रेष्ठलाई यो डकुमेन्ट्री उपहारमा दिंदो हुँ । तर, उनीसित मेरो जानपहिचान छैन । यिनका चराचुरुङ्गी, फूल तथा वनस्पतिसम्बन्धी लेखहरू म निकै रूचिपूर्वक, आनन्दका साथ पढ्छु । लेखमा छन्द कविताहरू बडो गज्जबसित यिनी राख्छन् र ती लेख स्वयम् छन्दोबद्ध कविताझैं काव्यिक भइजान्छन् ।

डा. तीर्थबहादुर श्रेष्ठले -मार्च अफ् द पेन्गुइन्स- हेर्दा हुन् त पेन्गुइन्सको मेटिङ-सिजनमाथि लेख्ने आफ्नो आर्टिकललाई प्रेमपूर्वक छन्द कविताले आर्टिकुलेट गर्दा हुन् ।

खैर ! त्यही डकुमेन्ट्री हेर्दा थाहा पाएको थिएँ- भाले पेन्गुइनहरू ओथारो बस्दा रहेछन् । तर, सावित्रीको कथनअनुसार ओथारो त भाले परेवा पनि बस्दो रहेछ त !

लेडी किम्या गुँडमा ओथारो बसेकी छे । यदि मैले यस्तो लेखें भने यो स्टेटमेन्ट लैङ्गिकरूपले त्रुटिपूर्ण होइजाने सम्भावना ५० प्रतिशत हुने

भयो । गुँडमा ओथारो लेडी किम्या नभई ज्याक निकोल्सन बसेको पनि त हुन सक्छ ! धत्तेरिका !

ज्याक निकोल्सन ओथारो बसेको छ । अहिले गुँडमा । गुडनाइट !

***

असोज २६ । बुधबार

प्रिय ज्याक निकोल्सन !

३२-पुतलीको एउटा क्याफेमा अमेरिकानो डबल सटको चुस्की लिँदै किशोर नेपालले भनेः

- ल ! तिमीलाई बधाई छ कुमार !
- केको बधाई दाइ ?
- 'मिस्टिका'ले प्राइज् नपाएकोले । - उनले भने र हाँसे ।

यो वर्ष पद्मश्री तथा मदन पुरस्कारवालाहरूले किताबको सर्ट लिस्ट निकाल्दै नोमिनेसन प्रथा लागू गरेको कुरा तिमीलाई थाहा छँदै छ । यो शायद एक स्तुत्य खबर हो, नेपाली साहित्य संसारका लागि । हप्तैपिच्छेजस्तो किताब विमोचन हुने यो कोलाहल महानगरमा पाठकहरूलाई किताब चयन गर्न झिनो नै सही केही आधार यो नयाँ प्रथाले इजाद गरेको छ ।

यसले कम्तीमा पुस्तक समीक्षकहरूको अन्टसन्टको बकवास पढ्नुपर्ने दिक्दारीबाट मुक्ति प्रदान गरेको छ । पाठकहरूको कल्याण गरेको छ ।

जस्तो कि तिमीलाई अवगत छ । 'मिस्टिका' पद्मश्रीको नोमिनेसनमा परेको थियो । मेरा निम्ति यो बडो उदेकलाग्दो तथा अप्रत्याशित प्रसङ्ग थियो । अप्रासाङ्गिक । केके नै हलचल भएझैं गरी -मिस्टिका-का प्रकाशक भूपेन्द्र खड्काले उत्साहपूर्वक नोमिनेसनको खबर सुनाउँदा मैले फोनमा भनेको थिएँ- कागलाई बेल पाक्यो/हर्ष न विस्मात... !

पद्मश्री 'चीरहरण'ले पायो । आऊ ज्याक निकोल्सन ! हामी दुवै उपन्यासकी लेखिका नीलम कार्की 'निहारिका'लाई बधाई दिऔं । कामना

गरौं, उनले अरू सुन्दर कृतिहरू नेपाली साहित्यलाई दिऊन् । उनको सिर्जना साहित्यको बगैंचामा फलोस्/फुलोस् ।

बिहान ३२-पुतलीको क्याफेमा किशोर नेपालले कोट्याएको 'मिस्टिका' प्रसङ्ग त्यही थियो । नेपालका शास्त्रीय बुढाहरूको तुलनामा यी मनुवा मलाई अभि सुवेदी, नारायण ढकाल, खगेन्द्र सङ्ग्रौलाजस्तै सदा युवा लाग्छ । यी सेताम्मे फुलेका बूढाहरू यस्ता सक्रिय युवा हुन्, जो मेरो पुस्ताका लेखकहरूको -क्रियटिभ लिबिडो-लाई च्यालेन्ज गर्न हरदम मैदानमा उत्रन तम्तयार हुन्छन् । यिनीहरूको लिङ्ग बेग्लै धातुले बनेको प्रतीत हुन्छ । लिङ्ग, बोले तो कलम !

अलि बढी नै भने कि के हो ?

खैर ! यी किशोर नेपाल तिनै हुन्, जसले गत वर्ष पोखरामा भएको लिट्रेचर फेस्टिभलमा -साँझको ड्रिङ्क्स सेसनको बेला- यज्ञश, अनुप बराल, उपेन्द्र सुब्बाहरूसामु मलाई इङ्गित गर्दै भनेका थिएः

- यो कुमारको कुरा तिमीहरू नपत्याउनू । यो मान्छे फिक्सन डिजाइनर होइन । यो फगत एक तान्त्रिक जादुगर हो- शब्दको जादू गर्ने । फिक्सन होइन, यो शब्दको जादुगर हो । कुमार नगरकोटी भन्ने यसको नाम नै त्रुटिपूर्ण छ । यसको नाम कुमालकोटी हो ।

कुमालकोटी ?

यस्, कुमालकोटी । यिनी मलाई प्रायः यही नामले बोलाउँछन् ।

हेलो कुमालकोटी ! विप्लव प्रतीक र म ह्विस्की अन द रक्स गर्दै छौं । ज्वाइन गर्दैनौ ? हेलो कुमालकोटी ! दरबारमार्गको कफी सपमा भेटौं । के छ हालचाल, कुमालकोटी ? कुमालकोटीको पर्समा आजकल कन्डोम भेटिंदैन ? कान्तिपुरको कोसेलीमा हिजोआज कुमालकोटीको -कुमारजी उवाच- किन आउँदैन ? आदि/इत्यादि ।

३/४ वर्षअघि मैले यो शब्द प्रथमपटक उनको मुखबाट सुन्दा म जिल परेको थिएँ । यस्तो शब्द पनि अस्तित्वमा छ भन्ने चाल पाएर चित परेको थिएँ । प्रसङ्ग थियो, फाइन प्रिन्टले निकालेको -फर्स्ट लभ- किताबको डिस्कसन प्रोग्राम । झम्सिखेलको मोक्ष क्याफेमा ।

उक्त किताबमा विभिन्न लेखकद्वारा लेखिएका प्रथम-प्रेम माथिका संस्मरणात्मक अनुभूतिहरू थिए । त्यसमा मेरो संस्मरण -ऋतुको चिया पसल- परेको थियो । किशोर नेपालसित मेरो प्रथम भेट त्यही थियो । प्रथम भेटमै यिनले भनेः

- तिमी कुमालकोटी हौ ।

पक्क परी मैले सोधेको थिएँ:

- किशोर दाइ ! ह्वाट द फक् इज दिस कुमालकोटी ?

दिस इज अ फकिङ गुड वर्ड भन्दै उनले कुमालकोटीबारे सविस्तार बताए । त्यो कीरोबारे जो माटोमा आफ्नो गुँड खोज्छ, बनाउँछ । अति मिहिनेतका साथ काँचो माटोलाई खेलाउँदैखेलाउँदै आफ्नो निम्ति घर बनाउँछ । उनले भनेः

- तिमी पनि काँचा शब्दहरूलाई खेलाउँदैखेलाउँदै शब्दहरूको सुन्दर गुँड बनाउँछौ ।

अरे वाह ! ह्वाट अ नाइस कम्प्लिमेन्ट ! कुमालकोटी !

यी बुढा आफ्नो नाम अनुरूप उस्तै किशोर छन् । सेक्सी छन् । जीवन्त छन् । यिनलाई देख्दा घरीघरी मलाई खुशवन्त सिंहको याद आउँछ । खुशवन्तझैं ढुक्कैले बडो सहजताका साथ यिनी आफ्ना क्याजुअल लेखहरूमा सेक्सका तामसिक चर्चाहरू गर्छन् । कति सेक्सी छन् भने पत्रिकाका ब्यानर न्युजहरूको शीर्षकलाई समेत सेक्सिलो बनाउने खुबी राख्छन् । ब्ल्याक कफी, मार्लबोरो र ह्विस्कीका पारखी । दालभात कम र औषधि ज्यादा सेवन गर्छन् । तर, पनि यिनको क्रियटिभ लिबिडो त्यसरी चलमलाएको देख्दा तौबातौबा खैर करे भन्ने मन हुन्छ ।

लमजुङको बेसीशहरमा -केही दिन अघिको एक साँझ- यिनको बतासे मेसेज नौडाँडापारि घुम्दैफिर्दै मेरो सेलफोनमा आइपुगेको थियो- *कुमालकोटी ! तिम्रो 'घाटमान्डु' मैले आजसम्म किन गिफ्ट नपाएको होला ? तिम्रो किताब मैले किनेरै पढ्नुपर्ने यो कस्तो जमाना आयो ?*

त्यही त ! यो कस्तो जमाना आयो ?

प्रिय ज्याक निकोल्सन !

एक जमाना थियो, जब लेखकहरू घरजग्गा धितो राखी, श्रीमतीका ढुङ्ग्री/बुलाकी बन्धकी राखी किताब निकाल्थे ।

प्रकाशकका नामहरू हुन्थे, लेखककै प्राण पियारी जहान, पुत्री तथा मातापिता । किताबको पछाडि गातामा लेखकको पासपोर्ट साइजको फोटो हुन्थ्यो, जसको मुनि निजको विवरण उल्लेख गरिएको हुन्थ्यो- जन्म मिति, जन्मस्थान, मातापिताका नाम, शिक्षा, विदेश भ्रमण, पुरस्कार/पदक या सके प्रबल गोरखा दक्षिणबाहुको मेन्सन, पूर्वप्रकाशित कृतिहरू तथा आफू संलग्न विभिन्न सङ्घसंस्थाहरू ।

आफूले चिनेजानेको कुनै घाघडान विद्वान्का शुभकामना, वक्तव्यलगायत भूमिका त जरूर हुन्थ्यो नै, प्रकाशकीय र लेखकका तर्फबाट भावपूर्ण 'दुई शब्द' पनि बकाइदाका साथ टङ्कन गरिन्थ्यो ।

कहाँसम्म भने आफ्नो किताब कसलाई समर्पण गरिएको हो, तिनको नामसमेत पाठकले बिनसित्ति पढिदिनुपर्थ्यो- मेरी पूजनीय माताश्रीलाई जसले मलाई यस असार संसारमा जन्माइन् / समर्पण ती अज्ञात शहीदहरूलाई, जसले यो किताब पढ्न पाउनुहुनेछैन / समर्पण ती अनाम पाठकहरूलाई, जसले मलाई विश्वास छ, यो किताब मन पराइदिनुहुनेछ र समर्पण मेरा प्रिय टम, डिक एन्ड ह्यारीलाई, जसले मलाई पिता हुनुको गर्वबोध दिलाए, इत्यादि ।

प्रिय ज्याक निकोल्सन !

मलाई सधैं के लाग्ने गर्थ्यो भने लेखक महोदयले आफ्नी प्राण-पियारी -दुलहीलाई समर्पित गरेको किताब मैले पढ्नुमा के तुक छ ? अज्ञात शहीदहरू जसले -लेखकका अनुसार- किताब पढ्ने नै छैनन् भने त्यो किताब पढी म आफैं शहीद हुनुको के अर्थ छ ?

समर्पण भाव -कसमेकम मेरा निम्ति चेतनाको विराट अभिव्यक्ति हो । यावत अहङ्कार, द्वेष तथा रागहरूको विलीनतापश्चात् प्राप्त हुने भाव हो- समर्पण भाव । यस्तो समर्पण भाव किताबको पानामा औपचारिकतावश किन नष्ट हुन्छ ? किन फर्मालिटिजमा मात्रै सीमित भइदिन्छ ?

औपचारिकता ठूलो डिजिज हो । रोग हो ।

कुनै लेडी अथरले कुनै औपचारिकताबिना ड्याम्मै यस्तो 'समर्पण' लेखिदिए क्या दामी हुन्थ्यो- *आई डेडिकेट दिस बुक टु माई एक्स् हज्बन्ड, द फकिङ बास्टर्ड हु डिस्ट्रोयड माई लाइफ !*

साहित्यमा केको औपचारिकता ?

औपचारिकता लेख्नु नै छ भने कुनै स्वाँठ मन्त्रीको भाषण लेखे भइगयो नि ! कुनै एनजिओ/आइएनजिओको वार्षिक प्रतिवेदन लेखे भइगयो नि ! अथवा विवाहको निमन्त्रणा पत्र नै लेख्नु बरू ! प्रिय ज्याक ! यो पनि अलि बढी नै भनियो कि ! मलाई सचेत गराऊ, ल !

खैर ! किशोर नेपाललाई -घाटमान्डु- उपहार लगिदिएको थिएँ । बिहान । शहरमा केही सीमित मानिसहरू छन्, जसलाई आफ्नो किताब उपहार दिन पाउँदा मन प्रसन्न हुन्छ । मेरो उपहार उनीहरू प्रेमपूर्वक स्वीकार गर्छन् । तर, रोशन शेरचनमात्र एक टिपिकल अपवाद हुन्, जो भन्छन्:

- यार कुमार ! कति उपहार लिनु ! अब त किन्छु, डोन्ट माइन्ड ।

रोशन शेरचनजस्ता टिपिकल फ्रेन्डहरू जीवनका टिपिकल अपवाद हुन् । यो प्राणी-जगत्मा हरेक मनुष्यसित एउटा टिपिकल फ्रेन्ड हुनु अति आवश्यक छ । र, शेरचन यस्ता एकसेप्सनल दोस्त हुन्, जोसित म नो-माइन्ड-स्टेटमा रहन रूचाउँछु । 'मस्तिष्कहरूको मृत्यु' लेख्ने लेखकसित मस्तिष्क लिएर बस्नुजस्तो तुच्छ काम दुनियाँमा अरू के होला ?

३२-पुतलीको एउटा गल्लीमा विलीन हुनुअघि किशोर नेपालले भने:

- कुमालकोटी ! किताबका लागि नो धन्यवाद । थ्याङ्स भन्दिनँ । थ्याङ्स त त्यस बेला भन्दो हुँ, जब तिमी र म कफी होइन, ह्विस्की पिउने थियौं । यो जुनीमा तिमीसित ह्विस्की चियर्स गर्ने कुरा पनि किंवदन्तीझैं भयो । तिमीले गलत समयमा पिउन छाड्यौ । एनि वे ! तिम्रो भोलिको दिल्ली-यात्रा शुभ रहोस् कुमालकोटी ! सी यु सुन् कुमालकोटी ! बाई कुमालकोटी !

प्रिय ज्याक निकोल्सन !

त्यसपछि निर्मल थापाले क्याफेको पार्किङ लटमा थन्किएको लक्जरी बाइक -ब्ल्याक एभेन्जर- स्टार्ट गरे । उनी मलाई कतै लिएर जान चाहन्थे ।

घाम केही बैंसालु थियो । वार्म एन्ड सेक्सी !

दशैं-याम अझै नसमाप्तिएकोले सडक लगभग सुनसान/सुनसान थियो । गर्लफ्रेन्ड टिपेर हुइँकिने एक्कादुक्का बाइकर्स सडक हुँदी फुत्तफुत्त देखापर्थे र कतै विलुप्त हुन्थे । मौसम कुनै लेजि-कल-गर्लको ओच्छ्यानझैं खजमजिएको थिएन । सफा थियो ।

महानगरको आकाशलाई बादलका चोक्टाहरूले दाग लगाएको थिएन ।

हिजो दशैंको टीका । गाउँमा आमाको हातबाट टीका ग्रहण गरीवरी हिजै शहर फिरेको थिएँ- दिवा बसमा । निधारमा अक्षता र कानमा जमरा सिउरेर । सावित्री र गुरू रिम्पोचे गाउँमै छन् । भोलि न्यु दिल्लीको फ्लाइट छ बिहानै । ८:४५ बजे । सार्प । तर, नेपाल वायु सेवाको विमान हो । अवश्य पनि फ्लाइट ढिलो हुने नै छ ।

ट्राफिक-लेस सडकमा -ब्ल्याक एभेन्जर- आफ्नै एकनासको गतिमा गुडिरह्यो । बाइक कुदाउने यी मानिसलाई मैले सन् २०१३ मा -अप्रिलको एक साँझ- पुतली सडकको जेब्राक्रसिङमा भेटेको थिएँ । कतैबाट नगरकोटीको मोबाइल नम्बर -९८४१४७०८५८- पत्ता लगाएर यिनले मलाई फोन गर्दै भनेका थिए- भन्नुस् कुमारजी ! हामी काँ भेटौं ?

- जेब्रा क्रसिङमा । -मैले भनेको थिएँ- लेट्स मिट एट् जेब्राक्रसिङ ।
- कुन जेब्रा क्रसिङ ? - उनको जिज्ञासा ।
- शहरमा यति धेरै जेब्रा क्रसिङहरू छन् । च्वाइस् इज् अल् योर्स ।

मलाई पछाडिको सिटमा राखी ब्ल्याक एभेन्जर कुदाइरहेका यी मनुवा आजकल पनि त्यो जेब्राक्रसिङको पहिलो भेट स्मरण गर्छन् । र, मलाई लाग्छ, आफ्नो जीवनसित जोडिइन आउने प्रेमिल मानिसहरूसितको पहिलो भेट अवश्य पनि -जरूर/जरूर- अविस्मरणीय हुनुपर्छ ।

जस्तो कि मोमिला -*जिन्दगीसे तुझे क्या मिला*-लाई मैले पहिलोपटक भेटेको थिएँ, सात दोबाटोको घुम्ती पान पसलमा । कालो वस्त्रमा ।

अ वुमन इन ब्ल्याक । कसैलाई लाग्दो हो- पान पसलमा डेटिङ ? ह्वाट ननसेन्स !

जस्तो कि अविनाश श्रेष्ठलाई मैले पहिलोपटक भेटेको थिएँ, प्रज्ञा प्रतिष्ठानको एडिटोरियल च्याम्बरमा । राजकुमार बानियाँ -द प्रिन्स-लाई पाटन ढोकामा । गोविन्द श्रेष्ठ- मतलब, द पासा-लाई रत्न पुस्तक भण्डारको गेष्ट रूममा । नारायण वाग्ले -गुड गुड/भेरी गुड म्यान- लाई कमलादीको फुटपाथमा । यज्ञशलाई कान्तिपुर कम्प्लेक्सको क्याफटेरियामा । दीपक सापकोटालाई नुवाकोट दरबारको प्राङ्गणमा । भूपेन्द्र खड्कासित कृष्णमन्दिर ब्याकयार्डको क्याफेमा । मेरो मनको तान्त्रिक गल्लीमा भेटिएका यी मनुष्यहरू यस्ता प्रियजनहरू थिए, जसले वैरीहरूका अनेकौं हप्की/दप्की, लान्छना तथा आरोपहरू सहेरै पनि नगरकोटीका तथाकथित लेखरचना तथा कथा कविताहरूलाई विश्वास गरे र तिनलाई पब्लिस गर्ने धृष्टता गरे ।

जस्तो कि पहिलो गर्लफ्रेन्ड निर्मलालाई मैले पहिलोपटक भेटेको थिएँ नेपालगन्ज, राँझा एयरपोर्टको एउटा रेडियो पसलमा । जसरी मैले भेटेको थिएँ, भूतपूर्व पत्नी ऋतुलाई चाकुपाटको चियापसलमा । त्यही चाकुपाट जहाँ भेटेको थिएँ, एक विवाहित प्रेमिका मीरा भट्टराईलाई, जो मेरा निम्ति पहेंलो स्वेटर बनाउँथी कुरुसले । भलै त्यो कुरुसले बुनेको प्रेमिल सम्बन्ध नमज्जासित उध्रियो !

त्यसरी नै भेट भएको थियो, गुरू रिम्पोचेसित पहिलोपटक । थापाथली प्रसूति-गृहको करिडोरमा । र, सावित्रीलाई इनोभेटिभ इङ्लिस स्कुल -जहाँ पढाउन म नियुक्त भएको थिएँ- को लेडिज टोइलेटमा जहाँ झुक्किएर छिरेको थिएँ, मुत्र त्याग गर्न । मुत्न । पिसाब फेर्न ।

त्यसरी -फ्युचर वाइफ- लेडिज् टोइलेटमा भेटिएला ! कसलाई पो थाहा थियो र ?

प्रिय ज्याक निकोल्सन !

सो-कल्ड नगरकोटीका तथाकथित टेक्स्ट-रचनाहरूमा फिदा हुने ज्ञात/अज्ञात शुभचिन्तकहरू प्रायः मसित घाटमा भेट-घाट गर्न रूचाउँछन् ।

तर, तिनका निम्ति घाटलाई डेटिङ स्पट बनाउने रूचि मलाई कहिल्यै भएन । कताकता मनमा लाग्छ, घाटजस्तो मोक्षस्थलमा तिनले त मलाई नभई मेरो डेड-बडीलाई पो भेट्ने हो ! कुनै दिन । त्यो 'कुनै दिन' कसैलाई किन जहिले पायो तहिले बोँड्दै हिंड्ने भन्छु । तरै पनि कहिलेकाहीं कस्तो हुन्छ भने 'कुनै दिन' एकाबिहानै घाटमा -आउट अफ ब्लुज- अजित बराल भेटिइन्छन् र भन्छन्ः

- गुड मर्निङ कुमारजी ! तपाईं घाटमा ? त्यो पनि ज्युँदै !

'फाइन प्रिन्ट' पब्लिकेसनका वान अफ् द प्रकाशक्सलाई घाटमा भेट्दा- इट सक्स् । त्यो दिन एकाबिहानै अग्नि, जल र धुआँका तस्वीर खिचिरहेथें । फ्रेमभित्र धुआँसितै अजित बराल सुटुक्क छिरे र क्यामेरामा क्याप्चर्ड भए । खिचिक्क गरें । म प्रायः मनुष्यजनको फोटो खिच्दिनँ । तर, अजित बराल अपवाद भए । मानिस अपवाद भएकै राम्रो । खिचिक्क ।

ब्ल्याक एभेन्जर न्युरोड हुँदै ठमेल गल्लीभित्र छिऱ्यो । बाइक-मानव मलाई कुनै दामी होटलमा भोजन गराउन इच्छुक रहेछन् । दशैं-यामको छेक परेकोले राम्रा होटलहरू हाम्रा भइदिएनन् । अलमोस्ट सबै होटल बन्द । दशैंताका यस्तै हुन्छ । काठमान्डुका रेस्टुरॉं, भोजनालयहरूले आतिथ्य प्रदान गर्दैनन् ।

त्यसपछि ब्ल्याक एभेन्जर गुड्न थाल्यो, एकनासले लाजिम्पाट, नारायणगोपाल चोक, बाँसबारी, बूढानीलकण्ठ हुँदै नागार्जुन राष्ट्रिय निकुञ्जको वन-मार्गतिर । शिवपुरीको डाँडागाउँतिर । ग्रिन भ्याली रिसोर्टतिर ।

प्रिय ज्याक निकोल्सन !

पुतलीसडकको जेब्रा क्रसिङमा निर्मल थापाले एउटा प्रिन्टेड पाण्डुलिपि मेरो हातमा थमाउँदै उहिल्यै भनेका थिएः

- मलाई लाग्छ, तपाईंले मेरो किताबमा भूमिका लेख्नुहुनेछ ।

- म भूमिका लेख्दिनँ । - भनेको थिएँ ।

- तर यसमा लेख्नुहुनेछ ।

मानिस मलाई बडो अजीव लागे । अनुहारमा दाह्री जुँगा लम्बेतान । जटाधारी केश । दुब्ला पातला । म्याक्सिमम् आत्मविश्वासका साथ भन्दै थिए- मेरो किताबमा तपाईंले भूमिका लेख्नुहुनेछ ।

यिनको अनौठो खाले अप्रोच देखी मनमा कताकता लाग्यो- दुईचार शब्द लेख्नुपर्ला जस्तो छ । घरमा ल्याएर मनुस्क्रिप्ट पढें । कथासङ्ग्रह रहेछ । शीर्षक -एकादेशमा । बेग्लै काँटका कथाहरू । र, किताबका निम्ति प्रेमपूर्वक लेखें- *निर्मलसित निर्मल गन्थन...*

मानिस ओशोप्रेमी रहेछन् ।

ओशो-प्रेमीहरूको सन्दर्भमा मलाई एउटा कुरा सधैं खड्किरहन्छ । त्यो हो, व्यक्तित्वको डिस्टिलेसन । सम्भावनाले भरिपूर्ण एउटा कलाकार त्यो ओशोरूपी ओसनमा जान्छ र बिलाउँछ । कलाकारको कला कतै छुट्छ । नृत्याङ्गना त्यहाँ जान्छे र नृत्य हराउँछ । डिजोल्भ हुन्छे । पेन्टर जान्छ र डिजल्भ हुन्छ । ती जो जो गए, फर्केर आएनन् ।

कैयन् ब्रिलियन्ट मस्तिष्क भएका अर्थशास्त्री, पोलिटिसियन, स्कल्प्टर्स, शिक्षक, इन्डस्ट्रियलिस्ट, सम्पादक, फिल्म मेकर्स, सङ्गीतज्ञहरू कुण्डलिनी, मिस्टिक रोज्, डाइनामिक मेडिटेसन तथा ओशो-माला/रोबहरूमा विलीन भए । मोक्ष, इन्लाइटनमेन्ट, निर्वाणहरूको मायावी चक्रव्यूहहरूमा डिजोल्भ भए । ओशो-चेतना लिई प्राक्टिकल संसारमा फर्केर आएनन् ।

स्पिरिचुआलिटीमै ती सब क्रिस्टलाइज्ड भए ।

कति जाती हुन्थ्यो, यदि कुनै अर्थशास्त्री ओशोको मेडिटेसन 'चोरेर' देशको -पञ्चवर्षे योजना-मा फर्केको भए ! करूणाको एक थुङ्गा -मिस्टिक रोज- बोकी कुनै इन्डस्ट्रियालिस्ट कुनै मजदुरको झोपडीमा पुगेको भए !

डाइनामिक-मेडिटेसनको मन्त्र लिई प्रधानमन्त्रीको कुर्सीमा कुनै डाइनामिक पोलिटिसियन बसेको भए ! सङ्गीतज्ञ, पेन्टर्स, स्कल्प्चर्स, फिल्म मेकर्स, पोयटहरूले आ-आफ्नो कलामा मिस्टिक एलिमेन्ट एवम् एलिगेन्टको सुवास छरेका भए !

आफ्नो व्यक्तित्वको बीज तिनले आनन्दको ओसनमा त फ्याँके तर त्यो बीजबाट क्रिपर्स प्लान्टको बिरूवाझैं उम्रन तथा अङ्कुरण हुनै बिर्सिदिए ।

प्रिय ज्याक निकोल्सन !

कथासङ्ग्रह -एकादेशमा-का निम्ति मैले कोरेका अक्षरहरू लिई निर्मल थापा वर्षौं हराए । शायद ओशोको बगैंचामा आफूले छरेको बीज खोज्न उनी त्यसरी अलप भए ! मैले खोजिनिधी केही गरिनँ ।

तीन महिनाअघि यिनले फोनमा भने:

- कुमारजी ! तपाईंलाई नसोधी म तपाईंलाई लिएर जाँदै छु ।
- कता ? - मैले सोधें । - मलाई कता लाँदै हुनुहुन्छ ?
- जयपुरको सुफी फेस्टिभलमा । मेरो सदीच्छा छ, सुफीहरूमाझ तपाईं आफ्नो कविता वाचन गर्नुहोस् । आतेजाते प्लेनको टिकट मैले व्यवस्था गरिसकेको छु ।

भोलि निर्मलसित त्यतै जाँदै छु ।

प्रिय ज्याक निकोल्सन !

तिम्रो निम्ति त म फगत एक स्ट्रेन्ज-समवान मात्र हुँ । एक स्ट्रेन्जर हुँ । अल्बेयर कामुको -स्ट्रेन्जर- उपन्यास म कुनै दिन तिमीलाई पढेर सुनाउँला, ओके ? किनभने अहिले त्यो किताब मसित छैन ।

साँच्ची, त्यो किताब मैले कतिपटक किनें ? र, कति जनालाई उपहार दिएँ ?

गड नोज् ।

पछिल्लोपटक किनेको -स्ट्रेन्जर- मैले लुना भट्टराईलाई उपहार दिएको थिएँ । नाकमा नत्थी लगाउने यी युवती आफ्ना पति घिमिरे युवराजजस्तै विश्व-साहित्यकी एक गुनी/असल पाठक हुन् । र, असल/गुनी मानिसहरूलाई म आफ्नो बुँताले भ्याएसम्म किताब बाँडी नै रहुँला ।

केही समयअघि यो गुफामा आउँदा लुनालाई -भेजिटेरियन- उपन्यास गिफ्ट गरेर दम्पतीको स्वागत/सत्कार गरेको थिएँ । कारण ? तिमी कारण जान्न चाहन्छौ ?

कारण ज्यादै सिम्पल छ ज्याक, माई फ्रेन्ड !

कुरा के भने नि ! घिमिरे युवराज अफिसियल्ली भेगान, द भेजिटेरियन हुन् । र, लुना नन-भेज-युवती । पति भेज् र पत्नी नन-भेज ! ह्वाट अ ब्युटिफुल कन्ट्रास्ट, इजन्ट इट ? मेरो आसुरी-कल्पनाले के लख काट्यो भने उपन्यासको पतिले झैं एक दिन किचेनको रेफ्रिजिरेटर खोल्दा घिमिरे युवराज चकित-ओ-चकित परून् । लुनाले सबै मांस-पदार्थहरूलाई फ्रिजबाट निकालेर प्लास्टिकको झोलामा प्याक गरेकी होऊन् र ती झोलालाई पछि उनले फोहोर थुपार्ने गार्बेजमा मिल्काइदिऊन् ।

उपन्यासकी नायिकाझैं लुना पनि एकाएक भेजिटेरियन होऊन् ।

यो मेरो मनोकामना त होइन, बरू एक आसुरी-कल्पना मात्र थियो, जो वास्तविक जीवनमा मेल नखान पनि सक्छ । फेरि जीवन -भेजिटेरियन-जस्तो सर्रियल उपन्यास पनि त होइन । साउथ कोरियन लेडी अथर हान काङको उक्त -भेजिटेरियन- उपन्यास पढेर लुना भट्टराई पनि घिमिरे युवराजझैं भेगान, द भेजिटेरियन् भइन् कि भइनन् भन्ने कुरा हालसम्म अज्ञात छ ।

खैर ! म -स्ट्रेन्जर-बारे केही भन्दै थिए क्यारे !

प्रिय ज्याक निकोल्सन !

वास्तवमा हरेक मान्छे स्वयम्‌मा एक स्ट्रेन्जर हो । यो जागतिक अस्तित्वमा आफैंलाई खोज्न आएको स्ट्रेन्जर ! आफैंलाई खोज्नु थियो शायद तर खोजी हिंड्यौ बजारमा ईश्वर, परमात्मा र कन्डोमका प्याकेटहरू ।

र, भन्नु परोइन कि बजार यस्तो मायावी मृगतृष्णा प्लस सुषुप्त वासनाको मरीचिका-अड्डा हो, जहाँ सबैको प्राइस-ट्याग झुन्डिएको हुन्छ । त्यो चाहे परमात्मा होस् या कन्डोमको प्याकेट ।

रामदेवको पतञ्जली आयुर्वेदिक प्रोडक्ट्स होस् या कुनै कामदेवको भियाग्रा । सबैको प्राइस-ट्याग हुन्छ ।

यद्यपि तिमीले सेक्सका निम्ति कुनै दिन मेरो उपन्यासको कुनै प्रोस्टिच्युटलाई -ह्वाट इज योर गड् ड्याम प्राइस- भनी सोध्यौ भने उसको जवाफ यस्तो हुनेछः

- मिस्टर निकोल्सन ! आई एम प्राइसलेस् ।

- प्राइसलेस प्रोस्टिच्युट ! -तिमी आश्चर्यचकित पर्दै भन्नेछौ- हाउ कम यु आर प्राइसलेस ?

त्यसपछि प्रोस्टिच्युटको मुखारविन्दबाट तिमीले यस्तो वाणी सुन्नेछौः

- मिस्टर निकोल्सन ! यु क्यान बाई माई बडी/माई फ्लेश । बट् यु कान्ट बाई माई सोल/माई आत्मा विथ् योर फकिङ मनी । अ बास्टर्ड लाइक यु क्यान् अन्ली पर्चेज् माई बडी एन्ड फ्लेस । बट् यु कान्ट पर्चेज मी/माई सोल एन्ड माई पवित्र आत्मा । द्याट्स वाई आइ एम् प्राइसलेस् ।

र, हरेक मान्छेभित्र त्यो प्राइसलेस् आत्माको बास हुन्छ ।

हामी त्यही प्राइसलेस-आत्माको खोजमा भड्किएका मुसाफिरहरू हौं । फरक के मात्र हो भने प्रोस्टिच्युटले त्यो आत्मा चाँडै फेला पार्छे र प्रिस्टहरूलाई चाहिं युगौं लाग्न सक्छ ।

खैर ! प्रिस्ट र प्रोस्टिच्युटको कुरा यस्तै हो !

संसारका प्रिस्टहरूको प्रोस्टिच्युसन-गाथा कुनै अर्को सन्दर्भ/प्रसङ्गमा अवश्य पनि सुनाउँला । अहिलेलाई भने मेरो मन म्लान्त र काया क्लान्त भएजस्तो छ । अब निद्रा-भोग गर्नुपर्ला जस्तो छ । भोलि बिहानै उठ्नु छ । उड्नु छ । यो मुसाफिरलाई यात्रा गर्नु छ ।

मुसाफिर ! डिड् आई से मुसाफिर ?

प्रिय ज्याक निकोल्सन !

म त एक मुसाफिर न हुँ । कहिले यहाँ/कहिले त्यहाँ/कहिले कुन्नि कहाँ । टाढाटाढा जानु छ साथी -बच्चु कैलाश भन्छ- एक फेर हाँसिदेऊ । तिमी पनि हाँस ।

जयपुरको सुफी फेस्टिभलमा जम्मा हुने अनेक देशका सुफी पोयट्स एन्ड दरविसहरूसित सत्सङ्ग गर्दै केही दिन बिताउनेछु । यो गुफाको झ्याल केही दिन खुल्ने छैन र झ्यालबाट मैले ओकल्ने सिग्रेट्यौली धुआँ पनि बतासमा हतास/हतास उड्नेछैन । मैले छाडी जाने एकान्तको ख्याल गर्नु । ए ! त्यो खयालताको पनि ख्याल गर्नु । बुझ्यौ नि !

आफ्नो गुँड र अण्डाको राम्रो हेरचाह गर्नू । लेडी किम्याको मन नदुखाउनू । उसको उचित स्याहारसुसार गर्नू । उसलाई लोक-कथा/लोक-गीतहरू सुनाउनू । यदि फुर्सद मिले यो मुसाफिरका निम्ति पनि -दया गरी- गुलजारको मुखडामात्र होइन, अन्तरासहितको पूरै गाना गुनगुनाउनू- *मुसाफिर हुँ यारो न घर है न ठिकाना/मुझे चलते जाना है, बस चलते जानाः*

एक राह रूक गई, तो और जुड गई
मै मुडा तो साथ-साथ राह मुड गई

हवा के परो पर
मेरा आशियाना
मुसाफिर हुँ यारो...

दिन ने हात थामकर इधर बिठा लिया
रात ने इसारे से उधर बुला लिया
सुबह से, शाम से
मेरा दोस्ताना
मुसाफिर हुँ यारो...

न घर है न ठिकाना/मुझे चलते जाना है, बस चलते जाना । त्यही त भन्या- चलते जाना है !

शुभरात्री !

***

१५ अक्टोबर । २०१६ । शनिबार
जयपुर । राजस्थान

॥ स्माइली चेहेराहरू ! स्माइल प्लिज, खिचिक्क ! ॥

युवतीहरू बतासका झोक्काझैं आउँछन् । मुस्कुराउँदै मलाई अभिवादन गर्छन् । र, गुज्रँदै जान्छन्, गुलमोहर-वृक्षको आडैबाट । क्यान आई टेक अ सेल्फी विथ् यु भन्दै एउटी अफगान स्त्री मसित गुजारिस गर्छे ।

'यस् अफकोर्स' भन्छु र ऊसितै टाँस्सिन्छु । सेलफोन सोझ्याउँछे र भन्छे- स्माइल प्लिज्, खिचिक्क !

ऊ भन्छे:

- आई लभ्ड योर पोयट्री रिसाइटेसन !

भर्खरै रिसाइटेसन गरेको अङ्ग्रेजी कविता -ECHOES OF SILENCE- का कागजहरूलाई उसको जिम्मा लगाउँदै भन्छु:- TAKE THIS AS A GIFT FROM A NOMADIC SOUL.

कागजहरूलाई ऊ आफ्नो ह्यान्ड-ब्यागभित्र राख्छे र मुस्कुराउँछे । उसको स्माइली चेहेरालाई चाहिं म मनभित्र राख्छु । किनभने मसित उसको झैं कालो ह्यान्ड-ब्याग छैन ।

स्त्रीका स्माइली चेहेराहरू हिप्नोटिक/अद्‌भुत हुन्छन् । त्यो स्माइली चेहेरा चाहे अफगानी होस्, इजिप्सेली/फ्रान्सेली/कम्बोडियाली होस् या नेपाली होस् या होस् राजस्थानी । इट सिम्प्ली डजन्ट म्याटर ।

स्त्रीका स्माइली चेहेराहरू -इन्क्रेडिबल्ली- हिप्नोटिक/अद्‌भुत हुन्छन् । बस् ।

मेरो कुरा नपत्याए संसारभरका स्त्रीहरूले आफ्नो स्माइली चेहेरा ऐनामा हेरून् । अनि थाहा पाउन् कि कस्तो बहुमूल्य खजाना ओठका कापहरूमा लुकेर बसेको छ ।

राजस्थानको यो पिङ्क-सिटीमा म त्यही खजाना ग्रेभ-डिगिङ गरिरहेको छु ।

सावित्री ! माई डियर वाइफ -हेर न ! म अरू नै आइमाईहरूको क्लोज अप्- स्माइल्समा/हाँसोमा/मुस्कानमा/मुस्कुराहटमा फिदा भइरहेको छु । मलाई तिमीले -किसि भि हालत मे- माफ नगर्नू । आफ्नो प्राइभेट लोग्ने यसरी पथभ्रष्ट तथा पतित भएकोमा अफसोस मान्नू । ओके !

प्रिय पत्नी !

के गर्नु ! पतिहरू प्रायः पतित नै हुने गर्छन् ।

तर म त प्रेमी हुँ । काव्यको । शब्द र मौनताको । शब्दम् शरणम् गच्छामी/मौनम् शरणम् गच्छामी । म प्रेमी हुँ अस्तित्व र मृत्युको । क्रियसन

र इनोभेसनको । प्रिय पत्नी ! म तिम्रो पुत्र हुँ/पति हुँ र पिता हुँ । किनभने म तिम्रो प्रेमी हुँ ।

तर पति हुन मैले कहिल्यै जानिनँ । प्रेमी जब पति बन्छ, ऊ शायद नष्ट हुन्छ ।

पतिहरू त नष्ट भएकै राम्रो ! संसार प्रेमीहरूले भरिइनुपर्छ । कि कसो ?

अनि म प्रेमी हुँ, स्त्रीका स्माइली चेहेराहरूको, जसलाई आत्माभित्र खिचिक्क गर्न सकिन्छ । साँच्ची भन्या हुँ के ! स्त्रीका स्माइली चेहेराहरू -इन्क्रेडिबल्ली- हिप्नोटिक/अद्भुत हुन्छन् । नपत्याए ऐना हेर । र, कसैले भनेको यो वाणी-बोध गरः

- A SMILE IS THE MOST BEAUTIFUL CURVE ON A WOMAN'S BODY

***

॥ पोयट्री & पोर्नोग्राफी ॥

All I can do is be me, whoever that is.

– Bob Dylan.

होटल क्यालिफोर्निया -गलत शब्द पर्न गएकोमा माफ गरियोस्/होटल डिग्गी प्यालेस पढियोस्-को बगैंचामा एउटा मयूर डुलिरहेको थियो । एकाबिहानै । कफी-मग च्यापीवरी एक्लै त्यो -नेसनल बर्ड अफ् भारत-लाई चुपचाप हेरिबस्दा मलाई घरीघरी आफ्नो देशको राष्ट्रिय पक्षी डाँफेको याद आइरहेको थियो । साथसाथै मेरो परेवाहरूको पनि याद आइरहेको थियो । पोयट्री एन्ड पोर्नोग्राफी । ज्याक निकोल्सन र लेडी किम्याको याद आइरहेको थियो ।

- गज्जब भएछ नि कुमारजी ! थाहा पाउनुभयो ? - कसैले मेरो एकाग्रता भङ्ग गऱ्यो ।

पछाडि फर्केर हेर्छु । एकाग्रता नष्ट गर्ने -*उज्यालो अन्धकार*- निबन्ध सङ्ग्रहको कुनै पेजबाट फुत्त निस्केकी कुमारी लामा रहिछन् । त्यो

कामुक बाँदर, जसलाई विपिन कार्की उर्फ भष्मे डन उर्फ विन्दू माझीले सिंहदरबारको पर्खालभित्र मिल्काइदिएका थिए, त्यसको नाम उनले 'मान्छे' राखेका थिए । पोयट्री एन्ड पोर्नोग्राफी । मयूर भारतको नेसनल बर्ड । ज्याक निकोल्सन । डाँफे । नेपालको राष्ट्रिय पक्षी परेवा ! लेडी किम्या । बाँदरको नाम- मान्छे । कुमारजी ओ, कुमारजी ! के सोचिबस्नु भएको ? गज्जब भएछ नि ! थाहा पाउनुभयो ?

- के गज्जब भएछ ?

- बब डिलनले नोबल प्राइज पड्काएछन् ।

नोबल प्राइज तोप हो र पड्काउनुपर्ने ? या नोबल प्राइज जनयुद्धको बेला लाल आर्मी र नेपाल आर्मीले पड्काउने बन्दुक हो ? विपिन कार्कीले त्यो कामुक बाँदरको नाम 'मान्छे' नै किन राखेका थिए ? भन्थे, सिंहदरबारका पोलिटिकल बाँदरहरूसित सङ्गत गरेपछि त्यो बाँदर एक दिन सांसद/मन्त्री हुनेछ । त्यो बाँदर अहिलेसम्म मन्त्री भइसकेको पो हो कि ? विपिन कार्कीकै बाँदरहरू मिली संविधान लेखेका पो हुन् कि ? पोयट्री एन्ड पोर्नोग्राफी ! यी दुई शब्द बिहानैदेखि कुनै गीतको मुखडाझैं गरी किन मेरो मनमा झुन्डिरहेका छन् ?

बरू बब डिलनकै गीतको मुखडा र अन्तराहरू झुन्डिनु नि ! अमेरिकी गायक -जो कुमारी लामाको शब्दमा 'नोबल लरेट' भएका छन्-कै प्रख्यात गीत ओठमा झुन्डिनु नि ! कसो कुमारी ! त्यो गीत जसलाई प्रियजनहरू अभि सुवेदी र रोशन शेरचन आफ्ना लेखहरूमा चर्चा गरिबस्छन् । त्यो गीत जसलाई 'मिस्टिका' लेख्दा नगरकोटको -द फोर्ट रिसोर्ट-को एकान्त रातमा मैले निकै याद गरेको थिएँ र जसलाई उपन्यासकै 'युफोरिया & euphoria' च्याप्टरमा प्रेमपूर्वक उल्लेख गरेको थिएँः

How many roads must a man walk down
before you call him a man
The answer my friend is blowin' in the wind
The answer is blowin' in the wind.

***

॥ मार्लबोरो, खुक्स र सञ्जीव उप्रेतीको हेयरस्टाइल ॥

अ डे बिफोर टुडे -यस्टर्डे-को कुरा ।

कार्यपत्र प्रस्तुतिको सेसन । अच्छा अच्छा, अनि प्रस्तुतकर्ताहरू को-को थिए ? ती थिए, डा. सञ्जीव उप्रेती फ्रम नेपाल/पि यस बावा फ्रम भारत । को बाबा ? सन्जु बाबा ? या जोगी, साधु ? नो नो, नट एट अल् । बावा नट बाबा । पि यस बावा । अच्छा अच्छा, अरू को थियो ? अर्को विद्वान् को थियो ?

अर्को विद्वान् श्रीलङ्कन थिइन् । यु मिन लेडी विद्वान् ?

यस् अफकोर्स । बट फर योर काइन्ड इन्फर्मेसन लेट मी से द्याट इन्टेलक्च्युलिटी ह्याज नथिङ टु डु विथ् सेक्स । ओके ओके । तपाईं सेक्सुअल इन्टेलक्च्युआलिटीमाथि कुरा गर्न चाहनुहुन्छ, होइन त ? नो वे माई फ्रेन्ड । म त सिम्प्ली यति मात्र भन्दै छु कि बौद्धिकता केवल पुरूषहरूले अभ्यास गर्ने मानसिक लक्जरी होइन । लेडी विद्वान्को नामचाहिँ के नि ? कि नाम थिएन ?

थियो, थियो ।

यो दुनियाँमा नामै नहुने मान्छे त को पो होला र ? विपिन कार्कीको बाँदरको नामसमेत 'मान्छे' थियो भने विद्वान्हरूको नाम नहुने त झन् कुरै भएन । ती श्रीलङ्कन विदुषीको नाम थियो, मिस कमला विजेरत्ने । बोल्नका निम्ति सबैलाई बाह्र मिनेट छुट्याइएको थियो ।

ट्वाल्भ मिनेट्स इच् ।

बट् ह्वाई ट्वाल्भ मिनेटस् ? ह्वाई नट थर्टिन या सेभेन्टिन ?

खै, कुन्नि ! मलाई थाहा भएन । यो कुरा त डा. सोनलमान सिंहलाई थाहा थियो कि ? को सोनल ? अरे यार, तपाईं सोनल चिन्नुहुन्न ? माई गड ! त्यही त को सोनल ? इज सि अ गड ? नट गड माई फ्रेन्ड । सि इज् द गडेस् अफ् इन्डियन क्लासिकल डान्स । अ ग्रेट शास्त्रीय डान्सर । चिन्नुहुन्न ?

चिन्ने रे ! मैले त आजसम्म नामै पो सुनेको रहेनछु । हाउ स्याड ! डान्सर भनेपछि त मलाई जर्मन ब्याले डान्सर एन्ड कोरियोग्राफर पिना बउसको नाममात्र याद आउँछ । खैर भैगो ! सोनलचाहिँ त्यो कार्यक्रमको सेसनमा के गर्दै थिइन् ?

सानो घण्टी बजाउँदै थिइन् ।

घण्टी ! ह्वाट ननसेन्स ?

बनारसी सारी र निधारमा बाटुलो मखमली टीका लगाएकी सोनल त्यस कार्यक्रमकी चेयरपर्सन थिइन् । वक्ताहरूलाई समयको सङ्केत दिन उनी घण्टी बजाउँथिन्, टिङ टिङ टिङ टिङ ! त्यो घण्टी सुनसान मन्दिरमा बज्ने पवित्र ध्वनिझैं गुञ्जिन्थ्यो- टिङटिङ टिङटिङ !

त्यही टिङटिङ टिङटिङले सञ्जीव उप्रेतीलाई डाक्यो ।

वास्तवमा सञ्जीव उप्रेती -द घनचक्कर-बाबा-ले कमाल गरे । प्रोफेसरजीको प्रस्तुति गज्जब बडो गज्जब त थियो नै तर त्योभन्दा गज्जब त आफ्नो कार्यपत्र पेश गर्नुअघि उनले बाँधेको भूमिका थियो । त्यो भूमिका अद्‌भुत थियो । कुनै औपचारिक कार्यक्रम -त्यो पनि अन्तर्राष्ट्रिय-मा त्यस्तो चिरस्मरणीय भूमिका कहाँ सुन्न सकिन्छ ?

घनचक्कर-बाबाले यस्तो भनेः

> यो शहरमा मेरा मातापिताका प्रेमिल यादहरू जोडिएका छन् । एउटा त्यस्तो याद जो मेरो अस्तित्वसित गाँसिएको छ ।
>
> यो त्यही शहर हो, जहाँ मेरा पिताले मेरी स्वीट मदरलाई पहिलोपटक भेटेका थिए । यो त्यही शहर हो, जहाँ उनीहरू प्रेमी/प्रेमिका बने ।
>
> पिता मानसिंह मेडिकल कलेजमा पढ्नुहुन्थ्यो र आफ्नी गर्लफ्रेन्डलाई भेट्न गर्ल्स होस्टलको चक्कर काट्नुहुन्थ्यो । यो पिङ्क-सिटीमा उहाँहरूको पवित्र प्रेमको माला गाँसिएको थियो ।
>
> र, त्यो माला विश्वास, श्रद्धा र करूणाको धागोले उनिएको थियो । त्यसरी यो पिङ्क सिटीमा ती दुई नेपाली प्रेमी-प्रेमिकाको

भेट नहुँदो हो त तपाईंहरूसमक्ष आज म यहाँ गर्वका साथ त्यो प्रेमकथाको दास्ताँ-ए-बयाँ सुनाउन यसरी उभिन नपाउँदो हुँ ।

यो त्यही गुलाबी शहर हो जहाँ मेरा पिताले प्रेमको बीज फेला पारेका थिए ।

र, म त्यही प्रेमको बीज हुँ ।

डिग्गी प्यालेसको दरबार-हल तालीले गुन्जियो ।

घनचक्कर-बाबाका ती प्रेमिल-वाणीहरू हृदयस्पर्शी कदापि थिएनन् । ती त बरू आत्मस्पर्शी थिए । ती वाणी एउटा पुत्रको आफ्ना मातापिताप्रति समर्पित आत्म-वाणी थिए ।

त्यो एक पुत्रको आत्म-प्रार्थना थियो ।

म दर्शक-दीर्घाको पहिलो लहरमा बसेको थिएँ । घनचक्कर-बाबाप्रति मेरो सुफी-मनभित्र असीम प्रेमभाव जागृत भइरहेको थियो । ताली बजिरहेको थियो । यस्तैमा पछिल्तिरको सिटमा चुहिएको एक कोकिल स्त्रैण वाणी मेरो कानमा पऱ्योः

- ये नेपाली स्कलरकी बाते त बहोत अद्‍भुत है ! आई एम इम्प्रेस्ड । लेकिन इससे भि अद्‍भुत तो इस इन्सानकी हेयरस्टाइल है । क्या कर्ली है !

पछाडि फर्केर स्त्रीलाई हेरिनँ । तर, उसको कमेन्ट मलाई निकै प्रितिकर लाग्यो ।

एक मनले सोचें पनि घनचक्कर-बाबाको हेयरस्टाइलको चर्चा पिङ्क सिटीमा नहुनु पक्कै पनि नाइन्साफी हुन्थ्यो शायद । पछिल्तिरकी देवीले कर्ली बाललाई इन्साफ दिलाइदिई । मान्छेले केवल धैर्यधारण गरी समयको प्रतीक्षा गर्नुमात्र पर्छ । इन्साफ जरूर हुन्छ ।

लोग्नेमान्छेको कर्ली हेयर तथा स्वास्नीमान्छेको कर्भि-स्माइललाई कुनै न कुनै दिन इन्साफ जरूर मिल्छ । ईश्वरके घरमे देर है/अँधेर नही !

तो देरी किस बात की !

लेट्स टक अबाउट खुक्स एन्ड मार्लबोरो ।

काठमान्डुबाट यता आउँदा मैले १३ प्याकेट खुक्स ल्याएको थिएँ । प्रायः त्यही सल्काउँछु । फेस्टिभलको सुफी सेलिब्रेसनमा रमाउने सबै विदेशी डेलिगेट्सले पनि मैले झैं आफ्नै देशका सिग्रेट ल्याएका रहेछन् । भुटानी, अफगानी, श्रीलङ्कन, बङ्गलादेशी तथा माल्दिभ्सका कवि, गायक, सङ्गीतकारहरूको औंला/ओठबीच साँझको मदिरा उत्सव - वाइन/ह्विस्की/वियर बार आठ बजे खुल्छ-मा आ-आफ्नै देशको सिग्रेट च्यापिएका हुन्छन् र चुरोटबाट तत्तत् देशको सिग्रेट्यौली धुआँको राष्ट्रियता उडिरहेको हुन्छ । घिमिरे युवराजलाई पहिलोपल्ट भेट्दा मेरो कोटको माथ्लो खल्तीमा तीनवटा -रातो/कालो/नीलो- कलमहरू थिए । तिनै सिग्रेटको धुआँ उडाउँदै कविहरू दारू चियर्स गर्छन् । विभिन्न भाषाका गीत, कविता, साहित्य चर्चा गर्छन् ।

तर म त परें, मदिरा डिभोर्सी ।

जुसको गिलास समाती तिनका मदिरामय गुफ्तगुहरू ध्यानपूर्वक सुन्छु । यस्तैमा कतैबाट सञ्जीव उप्रेती टुप्लुक्क आउँछन् प्यालासित र मेरो कानमा खुसुक्क भन्छन्ः

- कुमारजी ! खुक्स छ ?

पटकपटक यिनी मसित त्यस्तै आवाजमा खुक्स माग्छन् -त्यो मूला काइते सूर्य टोबाको कम्पनीले मलाई आजसम्म खुक्सको ब्रान्ड एम्बेसडर किन नबनाएको ? मुफतमा त्यसको विज्ञापन भइरहेको छ । आइन्दा त्यो ब्रान्डको कतै उल्लेख गर्ने छैन- र म यिनलाई पटकपटक चुरोट दिन्छु । केही बेर कतै हराउँछन् । फेरि टुप्लुक्क आउँछन् र खुसुक्क कानमा भन्छन्- कुमारजी ! खुक्स छ ?

घनचक्कर-बाबाको माया लाग्छ । यो तीतो चुरोट खाँदा खाँदा यिनको मन पनि मेरो जस्तै तीतो भइदियो भने त बर्बादै हुन्छ । तसर्थ आज बिहान एउटा पानपसलबाट एक बट्टा मार्लबोरो किनें । एउटा चाखी हेरें । ब्ल्याक गोल्ड मार्लबोरो मैले खाने काइते चुरोटजस्तो तीतो रहेनछ । घनचक्कर-बाबालाई यसले आनन्दै देला भन्ने लख काटें ।

पान पसलमा मार्लबोरो किनिरहँदा यिनले मलाई होटलको लबी, बगैंचा, टोइलेट जोनहरूमा धुइपत्ताल खोजेछन् । मलाई नभेटी दिक्दार भएका रहेछन् । मलाई देख्नासाथ भनिहाले - कुमारजी ! मलाई दुइटा खुक्स दिनुस् न !

उल्लेख गर्दिनँ भन्दाभन्दै पनि खुक्स आई त हाल्यो । मलाई पढ्ने प्रियजनहरूलाई लाग्दो हो, खुक्स नगरकोटीको मौलिक पहिचान हो । नगरकोटीलाई नेपाली साहित्यमा स्थापित हुन अझै पनि कम्तीमा १७ वर्ष लाग्ला तर उसको खुक्सचाहिं यसरी स्थापित भइदियो, जसरी किस्तोभ किस्लोभ्स्कीका फिल्महरूमा मार्लबोरो भयो । गत वर्ष खगेन्द्र सङ्ग्रौलालाई पोखरामा एक बट्टा 'सूर्य' चुरोट उपहार दिएको थिएँ । चकित पर्दै उनले भने- *अरे यार बिरलाकोटी ! यो के गरेको ? उपहार त खुक्स पो सुहाउँथ्यो ।*

त्यही चुरोटको धुआँ उडाउँदै चियापसलमा सङ्ग्रौला मान्यवरले साथीहरूमाझ भनेः

- यो चुरोटलाई चानचुने कदापि नठानियोस् । यो बिरलाकोटी ब्रोको खुक्स पो हो !

एकदिन 'कर्नाली ब्लुज'का साथी बुद्धिसागरले सम्झाउँदै भनेका थिए- *कुमार सर ! केही समयअघि अक्षयकुमार 'बेबी' फिल्मको सुटिङ गर्न नेपाल आउँदा मिडियासामु उनले मिनरल वाटरको पानी खाए । तर, तिनले त्यो पेयको ब्रान्डलाई हातले छोपेका थिए, ताकि कम्पनीको विज्ञापन नहोस् । यस्ता कुराहरूको हामीले ख्याल गर्नुपर्छ । तर तपाईं खुक्सखुक्स भनी आफ्ना रचनाहरूमा खुल्लमखुल्ला लेखिदिनुहुन्छ । कम्तीमा तपाईंजस्तो सचेत लेखकले चुरोट कम्पनीको मुफतमा प्रचार नगर्नुस् । सोकल्ड बुर्जुवा कम्पनीहरूको हामीले सित्तैंमा किन विज्ञापन गर्ने ? यही खुक्सको कारण तपाईंलाई क्यान्सर हुँदा खुक्स कम्पनीले सुको झार्ने होइन क्यारे !*

बुद्धिसागरजस्तो हितैषीको सल्लाह मान्दा त बुद्धिमानी नै हुन्थ्यो । तर, हरे ! मेरो बुद्धि ! छिः छिः !

जे होस् । घनचक्कर-बाबाले भनेः

- कुमारजी ! मलाई दुइटा खुक्स दिनुस् ।

मैले पानपसलमा भर्खरै किनेको मार्लबोरो ब्ल्याक गोल्डको बट्टा खल्तीबाट बकाइदाका साथ निकालें र उनलाई उपहार दिंदै भनें: *खुक्स होइन । मार्लबोरो खानुस् । तपाईंलाई प्रेमपूर्वक ल्याइदिएको ।*

उपहारलाई ब्रस-असाइड गर्दै यिनले त यसो पो भनेः

- मार्लबोरो होइन कुमारजी ! मलाई तपाईंकै खुक्स दिनुस् । मलाई किनकिन तपाईंकै खुक्स प्रिय लाग्छ ।

दुई स्टिक खुक्स लिई घनचक्कर-बाबा अलप भए ।

म भने मार्लबोरोको परित्यक्त, अछुत बट्टा समाती मौन अलाप-विलाप गर्न थालें ।

***

॥ सोहबत ॥

प्रिय किम्या !

डिग्गी प्यालेसका होटल मालिक विनम्र मिजासका रहेछन् । यस्तो भव्य सुफी सम्मेलनका सह-पार्टनर । अतिथि-सत्कारका निम्ति आफैं खट्छन्/यताउति कुदिरहेका भेटिन्छन् । पाहुनाहरूको सुख, सुविधाहरूबारे चिन्ता गरिबस्छन् । यो वार्षिक सम्मेलनमात्र नभई हरेक साल आयोजना हुने -जयपुर लिट्रेचर फेस्टिभल-का निम्ति पनि आफ्नो होटल उपलब्ध गराउँछन् ।

जयपुर लिट्रेचर फेस्टिभलको चार्म, चर्चा र ख्याति कतिसम्म छ भने विश्वभरका लेखक/कविहरू यसमा भाग लिन लालायित हुने गर्छन् । काठमान्डुका अधिकांश कवि/लेखक/पत्रकार मित्रहरू हरेक साल यता आउने सिजनल-योजना आफ्ना भित्ते क्यालेन्डरमा बनाउँछन् । आजकल

त यस्तो फेस्टिभल आफ्नै देशमा पनि हुन थालेको छ । विगत पाँच वर्षदेखि । 'बुक-वर्म'ले आयोजना गर्ने साहित्य महोत्सव गत वर्ष पोखरामा भयो । यो साल पनि त्यही सरोवर-शहरको लेकसाइडमा सम्पन्न हुने कार्यक्रम सुन्छु । साहित्य, कला अब घरको चार दिवारभित्र मात्रै सीमित हुने जमानां रहेन ।

काठमान्डुलाई वास्तवमा कला र कल्चरको साउथ एसियन हब बनाउन सकिन्थ्यो । थिएटर, म्युजिक, पेन्टिङ, फिल्मको कला-केन्द्र बनाउन सकिन्थ्यो, त्यो कल्चरल शहरलाई । तर, खेदको कुरा के भने अव्यवस्थित कस्मोपलिटन कुरूपताका गिद्धे सरकारी भिजनका कारण काठमान्डु कल्चरल शहर नभई भल्चरल शहर भइसकेको छ ।

जुन शहरमा लाइब्रेरी र आर्ट ग्यालरीहरूको सट्टा पार्टी प्यालेस र थाउजेन्ड्स अफ् पोलिटिकल पार्टिज्का कार्यालयहरू खोलिन्छन्, त्यो एक मृत शहर हो । अ डेड सिटी । जुन शहरमा चिडियाखानाको तुलनामा झ्यालखानाहरू बढी हुन्छन्, त्यो एक भल्चरल शहर हो । पासविक शहर हो । आफू जन्मेको प्रिय जन्मस्थललाई भल्चरल सिटी भन्नुपर्दा कस्तो दुःख लाग्छ !

खैर !

म ती मनुवाबारे कुरा गर्दै थिएँ, जो विश्वभरका स्रष्टाहरूलाई आफ्नो होटलमा न्यानो आतिथ्य प्रदान गर्छन् । शाही खानदानसित तालुक राख्ने यिनी सदा श्वैत वस्त्रमा देखिइन्छन् । सामान्य सेतो कपडा र पैन्टमा । हिजोको उद्‌घाटन-सत्रमा बिहानीपख बडेबडे मनुष्यहरूले यिनको तारिफ गरे- *रोयल फेमिलीको भईकन पनि यति दिल्दार इन्सान !*

एउटा रोयल फ्यामिली यस्तो छ ! जो कला, साहित्यको परियोजना चलाउँछ । आफ्नो देशको रोयल फ्यामिली सम्झन्छु, जो सिग्रेट फ्याक्ट्री चलाउँछ । कस्तो विडम्बना !

आफ्नो बोल्ने पालो आउँदा यिनै दिलदार इन्सानले आफ्नो छोटो मन्तव्यमा यसो भनेः

– I'm not from the Royal family. I'm from the Soil family.

... एन्ड द्याट वज् द्याट ! अ टाइम्ली स्पोकन ब्युटिफुल स्टेटमेन्ट...

यही कुरा लन्च-ब्रेकमा मैले यिनलाई भनें । प्रशंसा गरें । यिनी मुसुक्क मुस्कुराए । मलाई धन्यवाद दिए । त्यतिका सार्क-अतिथिहरूमाझ म कुन देशबाट आएको हुँ भन्ने आशयका साथ यिनले मलाई सोधे- *स्वामीजी ! आप कहाँ से आए है ?*

मैले भनें:

- शून्य से !

मेरो जवाफ सुनी उनी केवल मुस्कुराए । केही बोलेनन् । उनलाई लाग्यो शायद- *अब् शून्य से भला कौन बात करें ! क्या बात करें ! क्युँ बात करें ।*

प्रिय किम्या !

यदाकदा यस्तै मसान वैराग्यले मलाई समाउँछ । छोप्छ । घेर्छ ।

नीना सिंहद्वारा लिखित एवम् सोहाइला कपुरद्वारा निर्देशित साँझको नाट्य प्रस्तुति -सोहबत- हेर्दा मलाई घरीघरी -ए चरी- तिम्रो याद आइरह्यो । उक्त अङ्ग्रेजी नाटक रूमी र उनका गुरुमित्र शाम्स्बीच भएको आध्यात्मिक वार्ताहरूमा केन्द्रित थियो । 'सोहबत'को शाब्दिक अर्थ हो- मित्रता तथा वार्तालाप । म पनि त तिमीसित यसरी मौन वार्तालाप गरिरहेछु ।

तिम्रो नाम मैले रूमीकै धर्मपुत्रीबाट राखिदिएको थिएँ । तिमी टर्कीको शहरमा -तेह्रौं शताब्दीमा मरेकी थियौ- र एक्काईसौं शताब्दीमा तिम्रो जन्म भएको थियो, चरा योनिमा । परेवामा । ज्याक निकोल्सनसित मिली तिमीले मेरो गुफा छेउको बरन्डामा गुँड बनाएकी छौ । त्यो गुँडमा एउटा अण्डा छ । त्यो अण्डाभित्र शायद मेरो आत्मा छ ।

प्रिय किम्या !

तिम्रो अण्डाबाट मेरो आत्मा कहिले ह्याच हुन्छ ?

॥ नोट्स अफ् अ म्याडम्यान ॥

पिङ्क सिटीका पिङ्की पिङ्की लेडिज् विथ् जेन्टलमेन साँझपख हूल बाँधेर डिग्गी प्यालेसको प्रवेशद्वारबाट छिरिरहेका थिए । होटल परिसरमा दीपावली-माहोल व्याप्त थियो । रङ्गीचङ्गी/झकिझकाउ । शहरका ख्यातिप्राप्त भिआइपिज् विथ् स्वास्नीज् एन्ड चिल्ड्रेन अनि सरकारी प्रतिनिधिहरू कार्यक्रममा चार चाँद लगाउन लस्करै आइरहेका थिए ।

त्यही लस्कर-ए-अतिथिज्मा एक जना मानिस पनि मिसिएको थियो।

त्यो मानिसको हातमा एउटा किताब थियो । त्यति धेरै मानिसमाझ त्यही एउटा मान्छेको हातमा मात्र किताब झुन्डिएको थियो । त्यो किताबको गाता पिङ्क थियो । पिङ्क सिटीको साँझमा पिङ्क किताब बोकेको त्यो मानिसको मफलर पनि पिङ्क थियो ।

अफगान क्लासिकल सिङ्गर शाह रसुल एन्ड फ्रेन्ड्सको सुफी गायन सुरू हुनै लागेको थियो । होटलको ब्याकयार्ड-लन दर्शकहरूको भीडले खचाखच भरिँदै थियो । हरेक साँझ यो ठाउँ गुलजार हुन्छ । सङ्गीत, गाना बजानाको महफिल जम्छ । कहिले कब्बाली, कहिले कबीर-गायन त कहिले मीराका भजन, जसलाई रेडियो मिर्चीले प्रत्यक्ष प्रसारण गर्छ । आजको पालो थियो, शाह रसुलको सुफी-गायन ।

यी रसुल तिनै गायक हुन्, जसले दिल्लीदेखि जयपुरसम्मको बस-यात्रामा हामीलाई अनेक गीत सुनाएका थिए । गीत सुनेपछि मलाई धुआँको तलतल लाग्थ्यो र म सुटुक्क बसको ड्राइभर्स क्याबिनमा छिर्थें र खुसुक्क खुक्स सल्काउँथे । रसुल मियाँ पनि त्यसपछि अरू दुई पास्तोभाषी लेखक पर्ताव नादेरी र नजिबुल्लाह आजादसितै क्याबिन प्रवेश गर्थे र मसित भन्थे:

- जनाब ! आपकी लाइटर हमें दे दे ।

रसुल मिया गाउन तम्तयार थिए ।

यता बगैंचाको कुर्सीमा बसी म त्यो पिङ्क मानिसलाई हेरिरहेथें । त्यो मफलर-मानव भीडमा कसैलाई खोजिरहेको थियो । बेलाबेला खल्तीबाट

मोबाइल फोन निकाल्थ्यो र फोन गर्थ्यो । फेरि खल्तीमै राख्थ्यो । यताउति एक छिन डुल्थ्यो । ऊ भित्रभित्रै छटपटाइरहेको प्रतीत हुन्थ्यो । उसको बडी ल्याङ्‌वेजमा एक किसिमको सकसपूर्ण सकसकी व्याप्त थियो । मेरो आँखा उसको चञ्चल चालढाललाई पछ्याइरहेको थियो र मलाई घरीघरी के लागिरहेको थियो भने ऊ यता आउनेछ र मेरो बगलको खाली कुर्सीमा बस्नेछ । अरू कुनै उपाय नै छैन । यस्तो विचारको आवेग मेरो मनमा यति तीव्ररूपमा चलमलाइरहेको थियो कि त्यो मफलर-मानव मेरो सामु नआई सुखै थिएन ।

नभन्दै ऊ आयो र कुर्सीमा बस्यो ।

मेरो आवेगपूर्ण सोचको अदृश्य धागोले उसलाई अन्ततः खिचेरै ल्यायो । यस्तो सोचलाई उनीहरू टेलिसाइकिक इक्स्पिरियन्स भन्छन् । किताबलाई उसले टेबलमा राख्यो । ऊ केही होचो कदको थियो । कालो वर्ण तथा ओठमाथिको मोटो जुङ्‌गाले गर्दा ऊ साउथ इन्डियन हो कि, हो कि जस्तो लाग्थ्यो । भूमिकाको कुनै औपचारिकता नराखी मैले उसलाई भनें:

- आप जिसे ढुँड रहे है वो शायद मै हुँ। आपको ऐसा नहीं लगता ?

उसले मलाई एक छिन विस्मयी भावले हेऱ्यो । भन्यो:

- आप कौन है ?
- मै कौन हुँ ये कोइ दिलचस्पीकी बात नही है । -मैले भनें- लेकिन ये बुक आपने मेरे लिए लाए है ।

मेरो कुरा समाप्तिएकै क्षण टुप्लुक्क निर्मल थापा आइपुगे । उनले ती मफलर-मानवसित हात मिलाउँदै अङ्‌कमाल गरे । दुवै जना जानपहिचानका मानिस रहेछन् । निर्मलले हाम्रो एकापसमा परिचय गराइदिए । मफलर मानव ओशो-सन्यासी रहेछन् । निर्मलले उनीसित भनेः

- मैने आपको एक किताब लाने की रिक्वेस्ट की थी । वो किताब कुमारजी के लिए ही है। स्वामीजी, क्या आपने वो किताब लाए ?

त्यो त्यही पिङ्क किताब थियो। ओशोको - नोट्स अफ् अ म्याडम्यान ।

***

१७ अक्टोबर । सोमबार

१. अस्तिका बन्च-अफ्-यादहरू । जो अस्ति नै लेखिइनुपर्थ्यो, लेखिइएन...

॥ कुमारी लामाका राजस्थानी चप्पलहरू ॥

१:३० बजे

लन्च ब्रेकमा कुमारी लामालाई भन्या थें:

- कुमार र कुमारी मिली दिउँसोको प्रोग्राम बङ्क गर्दा कसो होला ? पिङ्क सिटी सर्फिङ् गर्दा कसो होला ?

- दामी होला । - उनले भनेकी थिइन् ।

निर्मल थापा अघि सरे । - तपाईंहरूसित म पनि ज्वाइन् गर्दा कसो होला ?

- ट्रिपल दामी होला । - मैले भनें ।

- ट्रिपल दामी । - कुमारी लामा ।

- यस, माई लेडी ! ट्रिपल दामी । तपाईं पहिलो दामी । म दोस्रो दामी । निर्मलजी तेस्रो दामी । अलटुगेदर ट्रिपल दामी । - मैले भन्नुपर्‍यो ।

कुमारी लामासित मेरो एकल परिचय भएको थियो, करिब ७/८ वर्षअघि । एकल चिनजान किन भनिएको हो भने म उनलाई एकतर्फी चिन्थें । राजकुमार बानियाँ, द प्रिन्सले तिनताका 'नेपाल' म्यागजिनमा एउटा स्तम्भ सुरु गरेका थिए - किताब वार्ता या चर्चा । यस्तै केही । त्यो स्तम्भ चलाउन थाल्दा प्रिन्सले मलाई भनेका थिए:

- मैले चिनेजानेको बदनाम किताबी कीरो त तपाईं नै हो कुमारजी ! तर, तपाईं त्यति चर्चित हुनुहुन्न । कुनै चर्चित किताबी कीरोबाटै सुरू गरूँ भन्छु । त्यस्तो मान्छे को होला ?

- यु क्यान स्टार्ट योर कोलम फ्रम डिपी भण्डारी । - मैले भन्या थें ।

प्रिन्सले त्यसै गरे । डिपी भण्डारीको किताब-वार्ता छापे । स्तम्भको दोस्रो भिक्टिमचाहिं उनले मलाई बनाए । त्यही वार्तामा मैले भनेको थिएँ- *सञ्जीव उप्रेतीको 'घनचक्कर' एक तान्त्रिक उपन्यास हो ।*

'घनचक्कर'ले मलाई बडो उत्साहित पारेको थियो । नेपाली साहित्यमा यस्ता खालका उपन्यासहरू पनि अब प्रकाशित हुन थाल्नेछन् भन्ने स्वर्णिम सम्भावनाले मलाई खुशी प्रदान गरेको थियो । नभन्दै खुशीको स्वर्णिम सम्भावनालाई बुद्धिसागरको -कर्नाली ब्लुज- र नयनराज पाण्डेको -लू-ले पूर्ति गरिदियो । तर, 'लू'भन्दा बढी उत्साहित मलाई नयनराजको -घामकिरी-ले पारेको थियो ।

नयनराज पाण्डे । मलाई मनपर्ने आख्यानकार । यिनका कथाहरूको म दिवाना । पाठक तथा समीक्षकहरूमाझ यिनको -उलार- प्रशंसित एवम् चर्चित छ । 'लू'ले पनि धेरैको मनमा 'लू' चलाएको हो । धेरैले रूचाएको किताब । ५/७ महिनाअघि चलचित्र निर्माता माधव वाग्लेलाई मैले सोधेको थिएँः

- युरोप/हलिवुडतिर उपन्यासमा आधारित फिल्महरू धेरै निर्माण हुने गर्छन् । तपाईं त देशको अच्छाखासा फिल्म प्रोड्युसर । खाली 'लुट'का सिक्वेलहरूमात्र बनाइरहने कि यसो नेपाली साहित्यतिर पनि आँखा लगाउने ? नेपाली उपन्यासहरूमाथि फिल्म नबनाउने ?

माधव वाग्लेले भनेका थिएः

- म नयनराज पाण्डेको 'लू'माथि फिल्म बनाउन चाहन्छु । कस्तो बबाल कथा छ !

म कामना गर्छु- माधव वाग्लेले 'लू'माथि फिल्म बनाऊन् । मिस्टर पाण्डेका -सर्ट स्टोरिज्-मा पनि सर्ट फिल्महरू बनाउन सकिन्छ । खैर ! म 'घामकिरी'को कुरा गर्दै थिइनँ र ?

'घामकिरी' मेरो पर्सनल फेभरेट ।

यो उपन्यासलाई मैले मध्यरातमा पढी सिध्याएको थिएँ । त्यही रात मैले मिस्टर पाण्डेलाई एउटा लामो एसएमएस टेक्स्ट पठाएको थिएँ । त्यति लामो टेक्स्ट त मैले आजसम्म कुनै प्रेमिकालाई समेत पठाएको छैन । यो उपन्यासलाई प्रेम गर्नका निम्ति मसित केही आधार थिए ।

तर प्रेममा आधार ! कस्तो बकम्फुस कुरो हो यो ?

यो उपन्यास सर्वप्रथम त लेखकको एउटा लेखकीय डिपार्चर थियो । कथा भन्ने, टिप्ने र त्यसलाई एक्जिक्युट् गर्ने मिस्टर पाण्डेको एउटा खास शैली/शिल्प छ । आफ्नै परम्परागत स्टाइलबाट यिनी यो उपन्यासबाट मुक्त थिए । आफैंले निर्माण गरेको भूतपूर्व परिचयलाई यिनले यो किताब मार्फत् डिस्ट्रोय गर्ने प्रयास गरेका थिए । प्रयत्न गरेका थिए । र, त्यो प्रयत्न बडो सह्रानीय थियो । स्तुत्य थियो ।

मिस्टर पाण्डेले यो किताबमार्फत् आफ्नै आर्किटिपिकल लेखन शैली, कथ्य, भाषा तथा विषय प्रसङ्गहरूलाई निस्फिक्री लात मार्दै नयाँ प्रयोग गरेका थिए । लेखकको यो ठूलो आँट र जोखिम थियो ।

तर, नेपाली साहित्यको दुर्भाग्य के हो भने यसले कुनै जोखिम चिन्दैन ।

नयनराज पाण्डेजस्ता लेखकहरूलाई त बरू नेपाली साहित्यले उर्दी जारी गर्छः

- खबरदार ! तैंले प्रयोग गर्न पाउँदैनस् । तँ जे होस् 'उलार, लू र सल्लीपिर'मात्रै होस् । आफ्नो लेखकीय परम्पराबाट तँ एक इन्च यताउता सर्न पाउँदैनस् । तैंले स्वयम् क्रियट गरेको फर्म्याटमा बन्दी/कैदी हुन तँ अभिशप्त छस् ।

र, यो त्यही नेपाली साहित्य हो जसले नेपाली साहित्यकारलाई नै ध्वस्त पारिरहेछ । किनभने ऊ नवीनता, प्रयोग र जोखिमता चिन्दैन । ऊ लेखकलाई बरफको पत्थर भएको मन पराउँछ । आफ्नो स्पेस खोज्दै विविधतातर्फ उन्मुख हुने जललाई ऊ तिरस्कार गर्छ । ऊ ठान्छ, लेखक पत्थर भएकै राम्रो । जल बनेर विश्वसाहित्यको समुद्रतर्फ जान थाल्यो भने नेपाली साहित्यको सत्यानास गर्छ ।

त्यसैले ऊ नारायण ढकालको कानमा भन्छः

- तँ पोलिटिकल फिक्सन लेख्न अभिशप्त छस् । फिक्सनमा हिस्ट्री मिसाउने तेरो *प्रेतकल्प*लाई किन पुरस्कार दिने ?

नारायण वाग्लेलाई ऊ जिन्दगीभर 'पल्पसा क्याफे'को सिरियल लेखोस् भनी ठान्छ । बुद्धिसागरलाई 'कर्नाली ब्लुज'मै थान्को लगाउन चाहन्छ ।

अमर न्यौपानेको कानमा ऊ भन्छ- तँ त 'सेतो धरती'को लेखक पो होस् ! तैंले कालो बिरालोको पछि लागी सेक्स-कथा लेख्न काँ सुहाउँछ ?

मलाई कहिलेकाहीं अनौठो कल्पनाले डस्ने गर्छ । कति खलिल जिब्रानको 'म्याड म्यान' र 'द प्रोफेट'मात्र पढी बस्नु ! हाम्रै खगेन्द्र सङ्ग्रौलाले कम्युनिज्मको स्पिरिचुअल अवेकनिङ माथि लेखिएको संस्मरणात्मक उपन्यास पनि कुनै प्रकाशकले छाप्नु नि ! अगाथा क्रिस्टी होइन, आन्विका गिरीको डिटेक्टिभ नोभल पढ्दा कति मज्जा आउने थियो ! उपेन्द्र सुब्बाको क्राइम थ्रिलर नोभल पढ्न पाउँदा म कति फुरूङ्ग पर्थे हुँला !

त्यसपछि हामी तीन जना कलेज-बङ्कर्स-युवा बन्यौं र जयपुर शहर सर्फिङ गर्ने भयौं । हामी तीन जना -*हम तो चले परदेश हम परदेशी हो गए, छुटा अपना देश हम परदेशी हो गएँ*- भन्ने गीतलाई पछ्याउँदै पिङ्क सिटीका फुटपाथहरूमा हिंड्न थाल्यौं । मध्याह्नदेखि साँझसम्मको गुलाबी यात्रा । गुलाबी शहरमा ।

मौसम निर्मल थियो ।

कुमार र कुमारी निर्मल थापासित हिंडिरहेका थिए ।

प्रिन्सको स्तम्भमा एक दिन मैले एउटी युवती देखें । किताब-वार्तासितै युवतीको मुहार चित्र छापिएको थियो । युवतीले लिएका किताबका नाम तथा लेखकहरू मैले रूचिका साथ पढें । ती नाम थिए- निर्मल वर्मा, गुलजार अनि होर्हे लुई बोर्हेस् ।

होर्हे लुई बोर्हेस् ?

निर्मल वर्मा र गुलजार त तैबिसेक ठीकै नाम थिए । मलाई प्रिय लाग्ने लेखकहरू । तर, अर्जेन्टिनी लेखक होर्हे लुई बोर्हेस् ? नेपाली युवतीले त्यस्ता अद्‌भुत लेखकका नाम कसरी लिन सक्थिन् ? म चकित परें । मैले चिनेजानेका नेपाली साहित्यिक चेलीले बोर्हेसको नाम उच्चारण गरेको मैले त्यसअघि कहिल्यै सुनेजानेको थिइनँ ।

एक त बोर्हेसको किताब काठमान्डुमा दुर्लभ ! त्यसमाथि यी मिस्टिक लेखकलाई पढ्न आलोकाँचो दिमागले नभ्याउने । नामको उच्चारणमा पनि

सधैं गडबड भइरहने । JORGE LUIS BORGES लाई नेपाली जिब्रो बटार्दै कोई जर्ज लुइस बोर्गेस भनिदिन्छन् । कोई जर्ज लुइस् बोर्गेज् भन्छन् । कोई त होर्खे लुई बोर्हेस पनि भनिदिन्छन् ।

कुनै समय म म्याजिकल रियालिज्म खुबै पढ्ने गर्थें । क्यारिबियन हावापानीमा त्यो खुब सुहाउँथ्यो पनि । लेटिन अमेरिकन लिट्रेचरको अध्ययन गर्दा म्याजिकल रियालिज्मले मलाई धेरै काल कैद पनि गरेको थियो । कुनै समय त यस्तो थियो कि हरबखत गाब्रियल गार्सिया मार्खेजको भूतले सताउँथ्यो । यो भूत यति भयङ्कर थियो कि यस्तो लाग्थ्यो, त्यसलाई मेरो आत्माबाट मन्साउनका निम्ति कुनै वैद्य, धामी, झाँक्रीहरूको यस जगत्मा जन्म नै भएको छैन । हुँदाहुँदा काँसम्म भने यो मार्खेज-मन्त्र जप्दाजप्दा गाब्रियलका नेपाली ब्रान्ड एम्बेसेडर नारायण ढकाललाई समेत मात खुवाइदिने पो हुँ कि भन्ने किसिमको आसुरी-डर पैदा हुन थाल्यो ।

तर यो भूतलाई मन्साउन एक दिन होर्हे लुई बोर्हेसको आत्मा मभित्र प्रवेश गऱ्यो ।

मार्खेज त्यसपछि कहाँ, कता कुन गल्लीमा छुट्यो थाहै भएन । कामु, काफ्का, गोर्की, सार्त्रहरू छुटेझैं मार्खेज पनि कतै छुट्यो । बोर्हेसले सबैको अभाव एकसाथ पूर्ति गरिदियो ।

र, त्यही बोर्हेसको नाम एउटी अज्ञात युवतीले चर्चा गरेको देख्दा म चकित परें । प्रिन्सले ती युवतीलाई कहाँबाट फेला पारेछन् ? त्यही साँझ प्रिन्ससित ती युवतीबारे सोधपुछ गरें । प्रिन्सले भनेका थिए:

- फोन नम्बर दिन्छु, कुमारी लामासित आफैं कुरा गर्नुस् । कुमारीसित कुमारले कुरा गरेको सुहाउँछ पनि । बोर्हेसप्रेमी लामासित कुमारी वार्ता गर्नुस् । अ भर्जिन कन्भर्सेसन ।

अ भर्जिन कन्भर्सेसन !

अरे वाह ! कस्तो काइदाको दामी फ्रेज् !

र, त्यही साँझ कुमारी लामासित फोनमा पहिलोपल्ट कुरा भयो । गुलजार र निर्मल वर्मा रूचाउने युवतीलाई कसरी बाइपास गर्न सकिन्छ

र ? कसरी इग्नोर गर्न सकिन्छ ? यो त सरासर निर्मल वर्मा र गुलजारलाई अपमान गर्नु सरहको अपराध पो हुन्छ। उनीहरूको सम्मानका खातिर पनि कुमारी लामाजस्ता युवतीहरूसित कुराकानी गर्नुपर्दछ । कानमा खासखुस भन्नुपर्दछ ।

यो शहर -जो प्रगतिशील साहित्य तथा तथाकथित सामाजिक यथार्थवादका पौराणिक ग्रन्थहरूको ह्याङओभरमा बाँचेको छ- यस्तो शहरमा होर्हे लुई बोर्हेस् पढ्ने दुर्लभ प्रजातिका युवती पनि हुँदा रहेछन् भनी मैले कुमारी लामालाई ये तो बहोत् खुशीकी बात हो गई भन्दा तिनले भनिन्- थ्याङ्क यु !

र, थपिन् पनिः

- प्रकाश सायमीले नगरकोटीको अजीबोगरिब साहित्य पनि पढ्नु भनी मलाई सिफारिस गर्नुभएको छ। म चाँडै नै तपाईंको किताब पढिहाल्ने विचारमा छु। बरू भन्नुस्, तपाईंको किताब कता पाइन्छ ?
- कतै पनि पाइन्न। - मैले भनेको थिएँ।
- किन र ?

त्यो 'किन र'को उचित उत्तर मसित थिएन । किनभने मेरो किताब छापिनै बाँकी थियो । किनभने मोमिला मेरो जीवनमा आउनै बाँकी थियो। किनभने मोमिलाले -मोक्षान्तः काठमान्डु फिभर- नामक किताबको कन्सेप्ट र आइडिया आफ्नो मनमस्तिष्कमा क्रियट गर्नै बाँकी थियो । किनभने मोमिलाले मेरा कथाहरूको पाण्डुलिपि जम्मा गर्नै बाँकी थियो । किनभने आफ्नै एकल बलबुतामा बडो दुःख गरीवरी खोजखाज गर्दै मोमिलाले तयार गरेको त्यो पाण्डुलिपिलाई उनले रत्न पुस्तक भण्डारका गोविन्द श्रेष्ठ उर्फ पासालाई हस्तान्तरण गर्नै बाँकी थियो ।

कुमारी लामा -त्यसपछि राजकुमार बानियाँ उर्फ द प्रिन्सका अनुसार महारानी क्विन एलिजावेथ द्वितीयाको देश बेलायततिर अङ्ग्रेजी साहित्यको उच्च अध्ययन गर्न- बरालिइन् ।

निर्मलले एउटा अटो रोके र चालकसित भनेः

- जनाब ! हमे तुम अपनी शहरकी सैर करा दो !

चालक जनाबले हाम्रो गाइडको पनि काम गरिदियो । ऊ भन्दै गयो- ये है सिटी प्यालेस, ये जन्तरमन्तर, वो जो बडी इमारत देखाई दे रही है वो हवा महल और लिजिए हम आ गए जल महल । अब ओर्लनुस् र भाडा दिनुस् ।

जलमहल वज् फ्लोटिङ इन दे लेक ।

अठारौं शताब्दीमा निर्माण सम्पन्न भएको यो फ्लोटिङ प्यालेस तालको बीच-ओ-बीचमा अवस्थित छ । निर्मल थापाका अनुसार यो महल पाँच तल्लाको छ, जसको अधिकांश भाग पानीमुनि छ । यो झीलमा महाराजाहरू हाँसको शिकार खेल्न रूचाउँथे ।

फुटाहरू खिचिए । तर, फुटाहरू त कहिलेकाहीं डिलिट भइजान्छन् । जलमहलको स्मृतिलाई हृदयको डार्क रूममा सेभ गर्न त्यस्तो अविस्मरणीय यादहरूको जुगाड कसरी गर्ने ? यादका फुटप्रिन्टहरूलाई झीलको किनारमा कसरी स्केच गर्ने ? यो यादलाई मनमा साँच्न के, के र के गर्ने ?

कुमारी : म राजस्थानी चप्पल किन्ने ।

निर्मल : म तपाईंहरूलाई यहाँको नरिवल पानी खुवाउने ।

कुमार : ओके देन् गायज् ! म तपाईंहरूलाई सक्दो सहयोग गर्ने ।

निर्मल नरिवल पानी बेच्ने अड्डातिर गए । कुमारी राजस्थानी चप्पल किन्न झीलको फुटपाथतिर असरल्ल फिँजिइन् । उनैको आग्रहमा म उनैको पाल्तु कुकुरझैं उनैको पछिपछि लागें । पसलेसित प्राइस बार्गेनिङ गर्न । मैले बार्गेन गर्ने ? हे दैव ! कस्तो अचम्म !

कुमारीलाई कुन गोज्याङ्ग्रे वज्रस्वाँठले भन्दिएछ कुन्नि- इन्डियामा इङ्लिस बोल्नुपर्छ । उनी फुटपाथेहरूसित बेलायती मेमझैं अङ्ग्रेजीमा चप्पलको मोलतोल गर्न थालिन्- नो नो, आई डोन्ट लाइक दिस् । व्हाई डोन्ट यु सो मी सम् ब्युटिफुल स्टफ ! नो नो, दिस इज् क्वाइट् स्मलर । दिस डजन्ट फिट् माई फीट । सो मी द्याट चप्पल । यस् यस्... द्याट वान विथ् अ फ्लावर प्रिन्टेड अन इट्...

कुमारीको मन राजस्थानी चप्पलहरूमा अल्झिरह्यो ।

अनेक पसल चहार्दै हिंड्नुपर्‍यो । एउटा पसलमा कुरा मिल्ला कि जस्तो भयो । तर, धोती र स्यान्डो बनियान मात्र लगाएको पातलो ज्यानको बिचरो पसलेलाई बेलायती मेम साहिबाको अङ्ग्रेजी भाषा बुझ्न धौधौ पर्‍यो ।

भुसतिघ्रे मोरोलाई हामी दुई मियाँ और बिबी लागेछ क्यारे ! एक जोर कलात्मक चप्पल देखाउँदै मसित भन्न थाल्यो:

- सर ! आपकी बिबीको ये जरूर पसन्द आएगी । बिबीजीको सम्झाइए न !

'बिबी' शब्द सुनेर मलाई खित्का छोडेर हाँस्न मन लाग्यो । तर, खित्का नै त छाडी हालिनँ । कुमारीलाई हेरें । उनी अर्कै चप्पलमा व्यस्त थिइन् । सलमान खानले -सुलतान-मा आङ् बटार्दै ठुम्का लगाउने गीतलाई स्मरण गर्दै निज पसलेसित मैले भनें:

- बिबीको बेस पसन्द है । ये चप्पल नहीं ।

***

॥ कबुत्तर्स ! कितने सारे कबुत्तर्स ॥

२:४५ बजे

आमेर फोर्ट उर्फ -मानसिंहका किल्ला- फोटोहरूमा जति आकर्षक र फोटोजेनिक देखिन्छ, त्योभन्दा बढी भव्य, अनुपम र अद्वितीय लाग्थ्यो, आफ्नै आँखा सामु उभिएको शताब्दियौं पुरानो त्यो वर्ल्ड-हेरिटेज-साइट । थुम्के डाँडामा अवस्थित रातो स्यान्ड स्टोन र मार्बलद्वारा निर्मित यो पुरातात्विक संरचनामा सर्पेन्टाइन स्टेरकेसबाट उक्लँदै गर्दा सभ्यताको कुनै -लस्ट प्याराडाइज्-तिर उन्मुख हुँदै इतिहासका डार्क एलिज् एन्ड गल्लीज्मा हिंडेझैं लाग्थ्यो ।

केही अल्छे पर्यटकहरू जीपमा तथा हात्तीमा चढी हिल-टपको राजप्रासादतिर सवार भइरहेका देखिइन्थे । एक वर्षअघि मित्र यज्ञश यता आएका थिए । सेलफोनमा उनले प्रशस्त तस्वीरहरू खिचेका थिए । यज्ञश जुनजुन देश गए पनि काठमान्डु ओर्लनासाथ मलाई फोन गरिहाल्छन् र कुनै कफी-गृहमा डाकी पठाउँछन् । सेलफोनमा कहिले बार्सिलोनाको स्टेडियम देखाउँछन्/कहिले स्विट्जरल्यान्डका देहाती पुष्प-बगैंचा र कहिलेकाहीं त कस्तो हुन्छ भने सांस्कृतिक क्रान्तिताका अध्यक्ष माओ पढेर बस्ने चिनियाँ ढुङ्गोसमेत देखाउँछन् । विदेश यात्राबाट जब यज्ञश फर्कन्छन्, तब मलाई आफ्नो कथा -खप्पर-को यायावरी पात्र ऋग्वेदको याद आउँछ । यज्ञशझैं ऋग्वेद पनि विदेश यात्राबाट काठमान्डु ओर्लनेबित्तिकै मलाई भेट्न मेरो भूमिगत घरमा आइपुग्छ ।

यज्ञश र ऋग्वेदमा फरक के मात्र छ भने यज्ञश अध्यक्ष माओको चिनिया ढुङ्गाको फोटो ल्याउँछन् र ऋग्वेदचाहिं तिब्बतको पठारबाट मेरा निम्ति मानव-खप्पर ल्याउँछ ।

गत वर्ष यज्ञशले यही आमेर फोर्टको सिसमहल र राजप्रासादका कलात्मक भित्ताहरूको सेलफोन-तस्वीर देखाउँदै मलाई भनेका थिए:

- कुमार सर ! जयपुर जानुभयो भने अवश्य पनि आमेर फोर्ट जानुहोला । नत्र तपाईंको यात्रा अधुरो हुनेछ ।

तर यज्ञशको सेलफोनमा नदेखिएको दृश्य मैले दरबारको विशाल कोर्टयार्डमा देखें । त्यो दृश्य निर्माण गरेको थियो, परेवाको फौजले । बाफ् रे, बाफ् ! कति धेरै कबुत्तर्स ! मेरो मुखबाट निस्केको थियो:

- माई गड ! कितने सारे कबुत्तर्स !

पक्षीहरूको विशाल बटालियन देखेर मन भरङ्ग भयो । बटालियन अफ् बर्डस् । यति धेरै कबुत्तर्सलाई मैले एकसाथ यसअघि कहिल्यै देखेको थिइनँ । काठमान्डुका सम्पूर्ण मन्दिरहरूका कबुत्तर्स यहाँ भेला भएझैं । या यो कतै कबुत्तर्सको शिखर सम्मेलन पो थियो कि ?

राजमहलका विशाल कलात्मक भित्ता/पिलरहरू तथा सिसमहल हेर्न छाडी म एक तमासले कबुत्तर्समाझ अल्झिएको देखेर निर्मल प्लस कुमारी इक्वल्स टु निर्मल कुमारी मसामु प्रकट भए । निर्मल-कुमारीले भनेः

- कबुत्तर्समाझ तपाईं किन यसरी खोयाखोया सा भइजानु भयो, कुमारजी ?

मैले भनेंः

- मलाई ज्याक निकोल्सन र लेडी किम्याको याद आयो ।

को ज्याक निकोल्सन ?

को लेडी किम्या ?

निर्मल कुमारी अलमलिएको देखी मैले -मित्रताको मैत्रीय कर्तव्यपरायणताको लघुबोध गर्दै- ज्याक निकोल्सन र किम्याबारे थोडा कुछ बताउनु पऱ्यो । एरिना ताम्राकारको माइतीघरको बरन्डामा ती पक्षीहरूको कसरी मायापिरती गाँसियो र तिनले कसरी प्रेमको गुँड बनाए ? गुँड र अण्डा नष्ट भएको दुःखान्त र फेरि गुँड बनेको सुखान्त । ती पक्षीहरूसित मेरो आत्मीयता कसरी जोडियो र झ्याङ्गियो भन्नेबारे थोडा कुछ प्रसङ्ग सुनाएँ । मेरो कुरा सुनर निर्मल थापाको मनमा लागेछ क्यारे- क्युँ न इस मुमेन्टको चिरस्मरणीय नबनाया जाए ? क्यो न इस पल, क्षण, लम्हाको क्यामेरामे क्याप्चर न किया जाए ?

कबुत्तर्सलाई ब्याकग्राउन्डमा/फोरग्राउन्डमा तथा दायाँ/बायाँ राखी कुमार र कुमारीको उनले तस्वीर खिच्ने मनसाय राखे । आइ फोन-६ को ८ मेगापिक्सल क्यामेरा क्लिक क्लिक क्लिक गर्न खोज्दै निर्मल थापाले हामीकन उर्दी जारी गरेः

- आज तपाईंहरू नै ज्याक निकोल्सन र लेडी किम्या । ओके ?

स्माइल प्लिज ! स्माइल प्लिज ! स्माइल प्लिज !

खिचिक्क खिचिक्क खिचिक्क !

खिचिक्क खिचिक्क !

खिचिक्क !

***

॥ 1135 AD & ग्यालरी आर्ट-चिल ॥
४:१५ बजे

निर्मलले नगरकोटी र लामालाई गाइड गर्दै दरबारको बुइँगलजस्तो लाग्ने भव्य रेस्टुराँमा लगे । उनको एउटा अतृप्त इच्छा थियो- कुमार र कुमारीलाई शाही कबाब र राजकीय कुजिन चखाउने ।

जयपुरमा पाइला टेक्नेबित्तिक्कै निर्मलले मलाई यो रेस्टुराँ -1135 AD-मा ट्रिट गर्ने चाहना जाहेर गर्दै भनेका थिए- *किङ्स एन्ड क्विन्सले भोजन ज्युनार गर्ने डाइनिङ कक्षमा तपाईंलाई राजस्थानी स्वाद चखाउने मेरो रहर छ । मेरो रहर ठीक त छ नि कुमारजी ?*

मैले बिल्कुल जायज र ठीक छ भनेको थिएँ ।

रेस्टुराँ भव्य तथा सभ्य लाग्यो । तर, अफसोसको उल्लेखनीय बात के मात्र थियो भने बुइँगलको रेस्टुँरा अलरेडी बुक्ड भइसकेको रहेछ, साँझको वेडिङ रिसेप्सनका खातिर ।

हामी चिल्लै पऱ्यौं ।

यो 'चिल्लै' भन्ने शब्द नेपाली शब्दकोशहरूमा छ कि छैन मलाई थाहा छैन । पहिलोपटक यहाँ प्रयोग गर्दै छु । यो शब्दलाई मैले सुर्खेतमा टिपेको थिएँ । करिब ३४ वर्षअघि । बुवाको पोस्टिङ सुर्खेतमा हुँदा । शब्दहरू टिप्ने मेरो सोख पुरानै हो ।

शब्द-भण्डार नै लेखकहरूको अमूल्य खजाना हो । भन्छन् शब्द-ज्ञानीहरू । हो कि त ! या, होइन कि त !

शब्दका ध्वनिहरूले मलाई सदा आकर्षित गरे । नयाँनयाँ शब्दहरू खोजूँ भन्छु । ती चाहे जुनसुकै भाषा/भाषिकाका होऊन् । मेरा निम्ति शब्दहरू त्यस्ता फूलहरू हुन्, जो भाषाका बगैंचामा फल्छन्/फुल्छन् । हिविस्कस या ट्युलिपका फूलझैं । अथवा किम्बुका रूखहरूझैं । ती रूखहरूमा रसियन, स्पेनिस, उर्दू, नेपाली शब्दहरूका फल लाग्छन् र म तिनलाई टिपेर आफ्नो झोली तुम्बा/कमण्डलु भर्छु ।

केही समयअघि एउटा फ्रेन्च शब्द फेला पारें- पनास् ।

'मैले नदेखेका हिप्पी'का लेखक शेखर खरेलले एक जना फ्रेन्च विद्वान्सित मेरो भेटघाटको चाँजोपाँजो मिलाइएदिएका थिए । आफ्नो आगामि उपन्यासिका -ज्ञ-लाई कम्तीमा चार भाषा -अङ्ग्रेजी/हिन्दी/चाइनिज/फ्रेन्च-मा एकैसाथ अनुवाद गराई प्रकाशन गर्न चाहन्थें । यसै क्रममा ती फ्रेन्च ट्रान्सलेटरसित पाटनको -ढोकैमा क्याफे-मा हाम्रो भेटघाट भएको थियो । 'ज्ञ'लाई उल्था गर्न ती फ्रेन्च विद्वान् इच्छुक थिए । उल्थाकर्मी र भूपेन्द्र खड्काको योजना -इफ एभ्रिथिङ गोज् वेल- अनुसार 'ज्ञ'को फ्रेन्च भर्सन पेरिसमा विमोचन गर्ने स्वप्निल आकाङ्क्षा थियो । यस्तैमा कनकमणि दीक्षित टुप्लुक्क देखा परे । फ्रेन्च उल्थाकारसित उनको चिनजान भयो । दुवै जना बातचित गर्ने क्रममा कनकमणि दीक्षितको मुखबाट एउटा फ्रेन्च शब्द चुहियो- पनास् !

शब्द मलाई इन्स्टान्ट श्रुतिमधुर लाग्यो । दीक्षितसित भनें:

- दाइ ! ह्वाट इज् पनास् ?
- पनास् इज् स्टाइल । - उनले भने -फर एक्ज्याम्पल तपाईंका रचनाहरूलाई भन्न सकिन्छ- नगरकोटियन पनास् ।

अरे वाह ! ये हुई न बात ! दीक्षितले तत्कालै फ्रेन्च विद्वान्सित सहमति खोजे- एम आई राइट रेमी बोर्दे ? त्यसपछि पेरिसस्थित -नेसनल इन्स्टिच्युट अफ् ओरियन्टल ल्याङ्वेज एन्ड सिभिलाइजेसन-का नेपाली विभागीय प्रमुख रेमी बोर्देले भने:

- यस् मस्यु दीक्षित ! युर आर राइट । पनास् इज् स्टाइल ।

त्यो 'पनास्'लाई मैले पछिल्लोपटक लेखेको क्याजुअल फिक्सन -होटल फ्यान्टासी-मा प्रयोग गरें । शब्दहरू यसैगरी फेला पार्छु म । यसैगरी शब्द-सङ्ग्रह गर्ने आदत/सोख छ । शब्दकोशको उतिसारो मुख नताक्ने म -अझैसम्म पनि मसित नेपाली शब्दकोश छैन- मानिसहरूको ओठ ताकी बस्छु । ती ओठका कुनाकाप्ची तथा कापहरूबाट कुन बेला कस्ता अद्‌भुत शब्दहरू चुहिने हुन् भनी पर्खी बस्छु ।

'चिल्लै' पनि यस्तै एउटा शब्द थियो ।

काठमान्डुबाट बुवाको सरूवा सुर्खेत भएको थियो । उहाँ जानुभयो । पछि हामीलाई पनि डाकी पठाउनुभयो । आमा, बहिनी र म बतासे गाडी चढी सुर्खेतमा ओर्लियौं । बुवाले त्यतै गुँड बनाउनुभएको थियो । आमा हामी बचेराहरूलाई लिई त्यो गुँडमा पुग्नुभएको थियो । भन्ट्याङभुन्टुङ फ्लु ओभर द कुक्कुज् नेस्ट ।

बुवालाई उपलब्ध गराइएको त्यो गुँडलाई फ्यामिली क्वाटर भनिन्थ्यो, जहाँ हामी बस्थ्यौं । र, हामीसितै बस्थ्यो एउटा सहयोगी जसलाई चलनचल्तीको भाषामा नेपाल प्रहरीले 'पिपा' भन्ने गर्थ्यो ।

ती 'पिपा'लाई म निकै रूचाउँथे ।

हाम्रो भान्सा हेर्नेदेखि बजारमा गई सागसब्जी खरिद गर्न उनी नै अघि सर्थे । म र बहिनीलाई स्कुल पुऱ्याउँथे र घर ल्याउँथे । मजस्तो फुच्चे बालकलाई पनि उनी अदबका साथ 'बाबु तपाईं' भनी सम्बोधन गर्थे । म बच्चैदेखि घिउ खूप रूचाउने । भातसित घिउ मुछ्न पाएपछि अरू केही नचाहिने । त्यो बाल्यकालीन आदत अहिलेसम्म पनि हटेको छैन, कायम छ ।

काँसम्म भने ससुरालीमा समेत म घिउको मामिलामा बदनाम छु । माइतीबाट फर्कंदा सासू, ससुरा तथा सालीहरू सावित्रीसित भन्छन्:

- पाँच माना घिउ राखिदिएका छौं झोलामा । ज्वाइँसाब'लाई खुवाउनू ।

सागपात मैले कहिल्यै रूचाइनँ ।

तर घिउ भनेपछि हुरूक्क ।

सागपात चुल्होमा वर्जितजस्तै छ । सावित्रीसित कहिलेकाही ठाकठुक पनि पर्छ । ऊ भन्छे- *तपाईंका निम्ति आलुको भुजिया र मासु पकाएर हत्तु भइयो । कहिलेकाहीं त यसो सागपात पकाउन पाए पनि हुन्थ्यो नि !* म उसलाई भन्ने गर्छु- *मूला सागपात पनि कोही खान्छ ? ग्रिन भेजिटेबल त जनावरहरू खान्छन् ।*

अनि, घिउ नि !

घिउको कुराचाहिं अलि बेग्लै छ ।

कथा, कविता तथा क्याजुअल लेखहरू लेख्ने दिन म खाना खान रूचाउँदिनँ । मन पराउँदिनँ । खानाप्रति नै अमन हुन्छ । कथा लेख्न लोग्ने दुलो पस्यो भन्ने चाल पाएपछि मेरा निम्ति सावित्रीले दिवा-भोजन बनाउने कष्ट गर्दिन । आमाछोरा मात्रै खान्छन् । तर, लोग्ने मूला एकोहोरो कफी र सिग्रेट पिउँदै लेख्यालेख्यै गर्न थालेपछि उसलाई झर्को लाग्न थाल्छ । एक दिन होइन/दुई दिन होइन । यस्तो बेला ऊ मलाई लोभ्याउन गुफा आउँछे र भन्छे:

- लोग्नेजी ! भात खानुस् । घिउ हाल्दिन्छु ।

त्यस्तो ऐनमौकामा -टु हेल विथ् फकिङ कथाज् एन्ड कविताज्- भन्दै घिउ र भात खान बसिहाल्छु ।

अँ त ! म त्यो पिपाबारे केही लेख्दै थिएँ । कुरा के भन्देखिन् नि ! खाना पस्कने बेला एक दिन उनले मेरो भागमा घिउ हालिदिएनन् । घिउ त सिद्धिएछ भने । म घिउबिना कुपुकुपु खान थालें । तर, बीचतिर उनले भाँडाबाट कुनै जादुगरले झैं घिउ निकाले र मेरो थालमा राखिदिएँ । म खुशी भएँ । तर, उनले भने:

- बाबु तपाईं ! एक छिन त चिल्लै पर्नुभयो ।

चिल्लै ?

कि जिल्लै ?

होइन, उनले जिल्लै होइन, चिल्लै भनेका थिए । उनको मुखबाट त्यसपछि त्यो शब्द धेरैपटक सुनियो । कहिलेकाहीं हामीलाई लिन उनी स्कुलमा ढिलो गरी आउँथे । हामी पर्खी बस्थ्यौं । तर, उनी हामीलाई कतैबाट लुकेर हेरिबस्थे र पछाडिबाट सुटुक्क आई ढाडमा 'ढ्याप्पा' भनी मकन भन्थे- *बाबु तपाईं ! चिल्लै पर्नुभयो हगि !*

मेरो बाल्यकालका एडल्ट साथी ती पिपा -कस्तो पिताजस्तो सुनिएको-ले मलाई धेरैपटक 'चिल्लै' पारे । उनैले मलाई त्यो शब्द उपहार दिएका थिए । मेरो बाल्यकालको उपहार त्यो शब्द, त्यो 'चिल्लै' । माई चाइल्डहुड गिफ्ट । बचपनमा भेटिएका शब्दहरू जोगाएर राख्नुपर्छ । खेलौना र गुडियाभन्दा ती शब्दहरू ज्यादै सुन्दर हुने गर्छन् । उपयोगी हुने गर्छन् ।

मलाई लाग्छ, बचपनका शब्दहरू चकले लेखिएका ती पुराना साथीका नामहरूजस्तै हुन्, जसलाई स्मृतिको ब्ल्याकबोर्डमा समयले बाङ्गाटिङ्गा धर्साहरूसितै कोरिदिएको थियो, सेता अक्षरहरूमा । ती नामलाई मेटाउनु हुँदैन ।

रेस्टुराँको इन्टेरियर डिजाइनिङ गज्जबको थियो ।

उहिल्यैउहिल्यै राजस्थानी राजा/महाराजाहरूले डिनर ज्युनार गरिबक्सने बुइँगलको डिनर च्याम्बरलाई उहिल्यैउहिल्यैको पुरातात्विक साजसज्जामा कुनै आँच आउन नदिई बनाइएको त्यो काँचको पार्लरमा बसी एक कप कफी पिउन मात्र पाए पनि बडो अद्भुत अनुभव हुने थियो । निर्मलले रेस्टुराँका म्यानेजरलाई विनम्रतापूर्वक आग्रहसमेत गरेः

- हमे सिर्फ थ्रि कप्स अफ् कफी काफी है । इसिसे हम तृप्त हो जाएंगे ।
- एक्स्ट्रीमली सरी, सर । वि आर अलरेडी बुक्ड टुडे । - म्यानेजरले भने ।

यसरी हामी चिल्लै पऱ्यौं ।

1135AD मा पिउन नपाएको -थ्रि कप्स अफ् कफी-को स्वाद हामीले आमेर फोर्टकै ग्यालरी आर्टचिलमा पायौं । भव्य खातिरदारीका साथ । विथ् लभ फ्रम सङ्गीता जुनेजा, द आर्ट क्युरेटर । अ क्युरिअस आर्ट लेडी अफ् सब्स्टान्स !

ग्यालरीको एलिगेन्ट लुक्सले कुनै पनि कलाप्रेमीलाई मुग्ध, सम्मोहित पार्न सक्थ्यो । ग्यालरी स्वयम्मा एक इन्स्टलेसन आर्टझैं लाग्यो । समकालीन/आधुनिक कला -ह्विच आई डेडली लभ-को बाहुल्य भएको ग्यालरीमा मलाई थ्रि-D-ग्राफिक पेन्टिङ्सले सबैभन्दा बढी आकर्षित गरे ।

आफ्नो व्यस्ततम समयलाई थाँती राखी सङ्गीता जुनेजाले हामीलाई न्यानो आतिथ्य प्रदान गरिन् । हामीलाई आफ्नो ग्यालरी घुमाइन् । भारतीय चित्रकारहरूबारे कुरा गरिन् । प्रख्यात नेपाली पेन्टर लक्ष्मण श्रेष्ठबारे निर्मलले सोधपुछ गर्दा जुनेजाले -हि इज् टु एक्स्पेन्सिभ- भनिन् । र, थपिन् -मिस्टर श्रेष्ठसे मेरी बातचित हो रही है । वे भि चाहते है कि

उनकी पेन्टिङ- एक्जिविसन आमेर फोर्टकी ग्यालरी मे हो । लेट्स सी ह्वाट ह्याप्पन्स !

चित्रकारहरू मलाई किन मन पर्छन् भने उनीहरूको रङसित प्रेमिल सम्बन्ध हुन्छ । रङहरूमार्फत् उनीहरू मायावी संसारको रचना गर्छन् । जे चिजमा पनि उनीहरू रङका बान्किला अभिव्यक्तिहरू खोज्छन्/भेट्टाउँछन् र क्यानभासमा पोत्छन् । जस्तो कि केही वर्षअघि यज्ञशद्वारा कान्तिपुर 'कोसेली'का निम्ति लिइएको चर्चित अन्तर्वार्तामा तिनै लक्ष्मण श्रेष्ठले भनेका थिए- *हरेक शहरले आफूभित्र एउटा गुप्त रङ लुकाएर राखेको हुन्छ । चित्रकारले त्यो रङलाई चिन्छ ।*

उक्त गुप्तिलो रङबारे यज्ञश प्रश्न गर्छन्ः

- काठमान्डुको रङ कस्तो छ ?
- काठमान्डु ग्रे छ । - लक्ष्मण श्रेष्ठ भन्छन् ।

काठमान्डुलाई ग्रे देख्ने लक्ष्मण श्रेष्ठको मनपसन्द रङचाहिँ खैरो हो । यी मुम्बई निवासी चित्रकारसित यज्ञशको भेटघाटको चाँजोपाँजो मिलाइदिएका रहेछन्, शेखर खरेलले । त्यो गज्जबको अन्तर्वार्ता थियो । त्यसको कटिङ अझै मसित कतै हुनुपर्छ । अन्तर्वार्ता छापिएकै हप्ता मैले यज्ञशसित सोधेको थिएँः

- त्यो इन्टरभ्यु तपाईंले कहाँ लिनुभएको थियो ?
- होटल 'याक एन्ड यति'मा । - उनले भनेका थिए ।

कुरैकुरामा यज्ञशले भनेका थिए, 'याक एन्ड यति'मै उनले त्यसअघि भारतीय कलाकारहरू देव आनन्द र शवाना आजमीका अन्तर्वार्ताहरू लिएका थिए । ती अन्तर्वार्ताचाहिँ मैले पढेको रहेनछु । उनले भनेः

- अमोल पालेकरको इन्टरभ्यु 'सोल्टी क्राउन प्लाजा'मा लिएको थिएँ ।
- त्योचाहिँ मैले पढेको थिएँ । - म ।
- अनि छ नि कुमार सर ! - यज्ञश ।
- अँ ! अनि के छ नि यज्ञशजी ? - म ।
- इन्डियन डिरेक्टर गौतम घोषको अन्तर्वार्ताचाहिँ मैले 'काठमान्डु गेस्ट हाउस'मा लिएको थिएँ ।

धन्य छ प्रभु ! यज्ञश कसो गोस्ट हाउसमा अन्तर्वार्ता लिन गएनछन् ।

गौतम घोष मलाई गोस्टझैं लाग्छन् । सेतो ख्याकझैं । यी प्रख्यात बेङ्गाली फिल्म मेकर सेतो ख्याकझैं परिश्रमी छन् र फिल्मका सम्पूर्ण कामहरू -निर्देशन / सिनेमाटोग्राफी / सम्पादन / म्युजिक कम्पोज / स्क्रिन प्ले / अभिनय / कास्टिङ इत्यादि- आफैं गर्छन् । *मोनेर मानुष, पार, यात्रा*जस्ता मैले निकै रूचाएका फिल्महरू बनाउने गौतम घोषलाई यज्ञशले गेस्ट हाउस नभई गोस्ट हाउसमा भेट्नु पर्थ्यो । काइदाको हुन्थ्यो ।

यज्ञशसित मैले भनेको थिएँ:

- अब तपाई यसो गर्नुस् ।
- कसो गरूँ सर ?
- कसो गर्नुस् भने यसो गर्नुस् ।
- त्यही त सर । कसो गरूँ ?
- यति धेरै फिल्मी मनुवाहरूको अन्तर्वार्ता गर्नुभा'छ । सिने-पर्सनालिटिजसित गरिएका गुफ्तगुहरूको किताब निकाल्नुस् । त्यो किताबमा एउटा च्याप्टर सेलेक्टेड अन्तर्वार्ताहरू राख्नुस् । एउटा च्याप्टर विश्वका महान् फिल्म निर्देशकहरूलाई छुट्याउनुस् । अर्को च्याप्टरमा हलिउड, बलिउड, युरोपियन र एसियन फिल्मको कम्प्यारटिभ स्टडिज् राख्नुस् । आइडिया कस्तो छ ?
- दामी छ ।
- त्यसो भए लौ भन्नुस् ! त्यो दिन लक्ष्मण श्रेष्ठसित तपाईबाहेक अरू को-को थिए ?
- शेखर खरेल र फोटोग्राफर नरेन्द्र श्रेष्ठ ।

आफ्नो किताब 'मैले नदेखेको हिप्पी'मा शेखर खरेलले लक्ष्मण श्रेष्ठमाथि लेखिएको एउटा सुन्दर संस्मरण पनि समावेश गरेका छन्- *वाह ताज ! वाह लक्ष्मण !*

अभि सुवेदीको काठमान्डु यात्रामाथि -काठमान्डु ओडेसी- नामक वृत्तचित्र बनाएका मिस्टर खरेलले अर्को एउटा डकुमेन्ट्री पनि बनाएका

थिए -RAINBOW OVER MUMBAI- जसलाई उनले मुम्बईमा छायाङ्कन गरेका थिए । मुम्बईमा बसेर कलाकर्ममा आफ्नो विशिष्ट पहिचान बनाएका सात जना नेपालीहरूलाई उनले सप्तरङ्गी इन्द्रधनुषसँग तुलना गरेका थिए । कस्तो सुन्दर विम्ब ! RAINBOW OVER MUMBAI

WHAT A BEAUTIFUL TITLE ! WHAT A BEAUTIFUL METAPHOR !

सप्तरङ्गी इन्द्रेणी-मनुष्यहरू मध्ये लक्ष्मण श्रेष्ठ एक थिए, जसलाई मिस्टर खरेलले ताज होटलको प्रेसिडेन्सियल सुइटमा खिचेका थिए । वृत्तचित्रकर्मी खरेलका अनुसार मुगल र नियो-गोथिक वास्तुकलाको अमालगमेसनद्वारा निर्मित -ताज होटलको विशाल गुम्बजमुनि-को त्यो प्रेसिडेन्सियल सुइट त्यही थियो, जहाँ लक्ष्मण श्रेष्ठका चारवटा पेन्टिङहरू सजाइएका थिए । जहाँ बाराक र मिसेल ओबामा सुकुला गरेका थिए । जहाँ कुनै बेला जोन लेनन र योको आनो तथा बिटल्स, मिक ज्यागर, डीप पर्पल, बिल क्लिन्टन र प्रिन्स चार्ल्सहरू बास बसेका थिए । त्यही प्रेसिडेन्सियल सुइटमा नेपाली पेन्टरको प्राइसलेस पेन्टिङ सजाइएको थियो ।

त्यसैले ग्यालरी आर्टचिलकी सङ्गीता जुनेजाले भनेकी हुन्:

- लक्ष्मण श्रेष्ठ इज् टु एक्स्पेन्सिभ । बट वि आर प्लानिङ फर हिज् सोलो-पेन्टिङ-एक्जिविसन । लेट्स सी ह्वाट ह्याप्पन्स !

यी आर्ट-क्युरेटर तिनै जुनेजा हुन्, जसले फेस्टिभलमा चर्चित पञ्जाबी लेखिका अजित कौरकी प्रख्यात चित्रकार छोरी अर्पणा कौरमाथि लेखिएको किताब -जिसका मन रङरेज्-को विमोचन गरेकी थिइन् । अस्ति । बिहान सवा ११ बजे । डिग्गी प्यालेसको दरबार हलमा । कविहरूमाझ ।

जुनेजा नेपाल आएकी रहिछिन्, करिबकरिब २० वर्षअघि । काठमान्डुका बौद्ध, पशुपति/स्वयम्भुनाथ सर्फिङ् गरिछन् । पोखरामा साइक्लिङ गरेकी रहिछिन् । कवि सरस्वती प्रतीक्षाले साइकोलजकिल थ्रिलर उपन्यास लेखे पनि हुने नि ! पोखराको साइक्लिङ जुनेजालाई आजसम्म याद आउँदो रहेछ । त्यो यादलाई हामीमाझ पस्कँदा उनका आँखाका पुतली कस्ता चञ्चल भएका ! नोस्टाल्जियाले मानिसको मनलाई पुलकित बनाउँछ भन्थे । हो रै'छ बाबै !

ग्यालरीमा बाल्टिक देश लात्भियाका स्वयम्सेवक युवतीज् थिए, जो पुतलीज्जस्तै लाग्थे । तिनै पुतलीज्जस्ता लाग्ने थ्रि युवतीज्ले हामी थ्रि युवाज्लाई थ्रि कप्स अफ् ब्ल्याक कफी सर्भ गरे । काठमान्डुबारे कुमारी लामा र निर्मला थापाको मायावी चर्चा सुनेर ती लात्भियन थ्रि पुतलीज् हिउँदमा काठमान्डु आउने भए ।

छुट्टिने बखत लेडी जुनेजासित मैले भनेको थिएँ:

- काठमान्डुमे भी एक लेडी आर्ट क्युरेटर है । आपकी तरह उनका नाम भि सङ्गीता हि है । फर्क सिर्फ इतना है कि आप जुनेजा है और वो थापा ।

त्यसपछि एउटा क्याजुअल प्रश्न उनीसमक्ष राखेको थिएँ: क्या संसारकी हर लडकी जिसका नाम सङ्गीता है, वे सब क्युरेटर होते है ?

- नहीं ! सिर्फ दो । - उनले भनिन् । - थापा और जुनेजा । इफ् आई कम टु काठमान्डु, क्या आप मुझे सङ्गीता थापा से मिल्वा सकते है ?

मैले भनें- जरूर जरूर ! क्यों नहीं ।

रमाइलो कुरा त के भन्देखिन् नि ! बबरमहल रिभिजिटेड कम्प्लेक्सको परिसरस्थित -सिद्धार्थ आर्ट ग्यालरी-की क्युरेटर हाम्रै सङ्गीता थापासित म स्वयम्ले आजसम्म भेटेको छैन । एउटा फ्यान्सी कल्पना के मात्र गर्न सकिन्छ भने कुनै दिन सङ्गीता थापा, कुमार नगरकोटी र सङ्गीता जुनेजाको दैवसन्जोगले भेट हुनेछ, सिद्धार्थ आर्ट ग्यालरी या ग्यालरी आर्टचिलमा नभई कुनै तेस्रो कला सङ्ग्रहालयको गुप्त कफी स्टुडियोमा ।

के त्यस बेला हामी थ्रि कला-पारखीहरूलाई कफी सर्भ गर्न पुतलीज् जस्ता ती लात्भियन थ्रि युवतीज् बाल्टिक समुद्रबाट थ्रि कप्स अफ कफी लिई आउलान् ?

***

२. हिजोको किनमेल प्रसङ्ग । जसलाई हिजो नै लेखिइनुपर्थ्यो, लेखिइएन...

॥ खराउ खयालात ॥

नगरकोटीलाई खराउ किन्न मन लाग्यो ।

यस्तो खालको ओपनिङ-लाइन कसैले नयनराज पाण्डेका कथाहरूमा भेट्न सक्छ । मिस्टर पाण्डेले आफ्ना अधिकांश कथाको सुरूवात नै यस्तो वाक्यबाट गर्छन्, जसले पाठकको खुल्दुलीलाई अन्त्यसम्म बचाइराख्छ/जोगाइराख्छ । खुल्दुलीलाई बीचैमा अलपत्र छाड्दैनन् ।

जस्तो कि उनको एउटा कथा छ- हिटलर !

यो कथा मैले लगभग २० वर्षअघि पढेको हुँ । *समकालीन साहित्य*को कुन्नि कतिऔं अङ्कमा । कथा नेपालगञ्जको परिवेशमा लेखिएको छ । कर्फ्यु लागेको दिन हिटलर शहरभरि दूध खोज्दै हिंड्छ ।

कथा छोटो छ ।

छोटो कथाको सौन्दर्य के हो भने यसको प्रभाव लामो कालसम्म रहिरहन्छ । र, छोटो कथा लेख्नमा मिस्टर पाण्डे माहिर छन् ।

उनको कथामा म अक्सर मापाँसा, चेखोभ, ओ हेनरीजस्ता मास्टर कथाकारहरूको विचित्र अमालगमेसन पाउँछु । त्यो अमालगमेसनचाहिं मिस्टर पाण्डेको नितान्त मौलिक कथात्मक-सम्पदा हो ।

उनका कथाहरूमा त्यस्ता अनेक ब्ल्याङ्क स्पेसस म पाउनेगर्छु, जहाँ कथानकको गुप्त सस्पेन्स, जिज्ञासा तथा खुल्दुलीहरूले श्वास फेर्छन् ।

मिस्टर पाण्डेले झैं छोटा कथाहरूमा पाठकलाई बाँधिराख्ने कला, खुबी र शिल्पचाहिं ममा शून्य बराबर छ । म त सदा लाम्चालाम्चा कथाहरूमा आकर्षित भएँ ।

त्यसो त नेपालमा लामो कथा लेख्ने अभ्यास पनि शून्यप्रायः भयो । उहिल्यै शारदा, गरिमा, मधुपर्क तथा अहिले दैनिक अखबारका शनिबारीय परिशिष्टाङ्कहरूले कथाख्यानको सीमा बाँधिदिए । कथालाई नै बोनसाइ बनाइदिए ।

कुनै कथाकारले ब्रोड क्यानभासको कथा लिएर गयो भने सम्पादक नै तर्सनुपर्ने भयो । कथाको साइज हेरेर उसको ओठतालु सुक्नेदेखि सातोपुत्लो उड्ने भयो । मानौं, कथाकारले झोलामा कथाको पाण्डुलिपि होइन कि टाइम बम या ह्यान्ड ग्रिनेड राखेको छ ।

हुँदाहुँदा हालत कतिसम्म नाजुक भइदिएको छ कि नयनराज पाण्डेकै ब्युटिफुल लामो 'सर्ट स्टोरी' -उलार-लाई पाठकहरूले उपन्यास भनी पढिदिनुपर्ने निरङ्कुश बाध्यता आइलाग्यो ।

मलाई यस घडी 'फोसिल' ताकाको एउटा रोचक प्रसङ्ग अनायास याद आइरहेको छ ।

कुरा के भन्देखिन् नि ! एउटा लाम्चो/लामो कथा लेखेको थिएँ- गिद्धहरूको नाच । डान्स अफ् भल्चर्स । अब त्यति लामो कथालाई कुन पत्रिकाले छाप्ने ? कथा नै एक सय पाँच पेजको । मलाई हठात् कथाझैं लम्बू नारायण वाग्लेको याद आयो ।

अब लम्बू मानिसले नै यस्तो लम्बू कथा छाप्नेछन् भन्ने लख काटें । यस्तो बर्बर लख किन काटिएको थियो भने विगत केही समययता 'पब्लिकेसन नेपालय'बाट बम्बुझैं लम्बू तिनै नारायण वाग्ले मेरो किताब प्रकाशन गर्न चाहन्थे ।

मण्डला थिएटरको आँगनमा मैले लम्बू मानवलाई एक दिन भनें:

- एउटा लम्बू कथा लेख्या छु, छाप्ने हो ?

- कति लम्बू ? - वाग्ले ।

- वान हन्ड्रेड फाइभ पेजको । - म ।

- एउटा कथा नै वान हन्ड्रेड फाइभ पेजको ? - वाग्ले ।

- यस् माई लर्ड । वान हन्ड्रेड फाइभ पेजको । - म ।

- तपाईंको कथा त मभन्दा पनि लम्बू रै'छ । - वाग्ले ।

त्यो लम्बू कथालाई नारायण वाग्ले, द लम्बू म्यानले बकाइदासाथ छापे । त्यो लम्बू कथाको शीर्षक पहिले अर्कै थियो । उनैले त्यसलाई -गिद्धहरूको नाच- बनाइदिए । डान्स अफ भल्चर्स ।

जबजब म त्यो लम्बू कथा -गिद्धहरूको नाच- सम्झन्छु तबतब तिनै बम्बुझैं लम्बू मानव -गुडगुड/भेरी गुड- म्यान अफ काठमान्डु अर्थात् मिस्टर वाग्ले मेरो सम्झनामा नाच्न थाल्छन् ।

त्यो लम्बू कथामाथि त पत्रकार वसन्त बस्नेतले एउटा जोक नै बनाइदिए । तिनले कताकताबाट सुइँको पाएछन् कि नगरकोटीले एक सय पाँच पेजको सर्ट स्टोरी लेख्यो रे ! वसन्तले मसित भने:

- कुमार दाइ ! त्यो कथा 'गरिमा'लाई दिएको भए काइदाको हुन्थ्यो । म पत्रिकामा एउटा गजबको न्युज लेख्थें ।

- कस्तो न्युज ?

वसन्त बस्नेतका अनुसार त्यो न्युजको बान्की यस प्रकार हुन्थ्यो- *साझा प्रकाशनले फिक्सन डिजाइनर कुमार नगरकोटीको सर्ट स्टोरी 'गिद्धहरूको नाच' प्रकाशन गरेको छ । साथसाथै के पनि सूचित गरिन्छ भने कथासँगै 'गरिमा'को एक पेज भदौ अङ्क पनि त्यसमा पर्न गएको छ ।*

उक्त लम्बू कथाबारे एउटा प्रीतिभोजमा नयनराज पाण्डेले मसित एक साँझ जिज्ञासा राखे:

- कुमारजी ! त्यो कथा कति हजार शब्दको हो ?

मलाई थाहा थिएन ।

यसको उत्तर राजकुमार बानियाँ, द प्रिन्स -जसले 'फोसिल'को सम्पादन गरेका थिए-ले दिए:

- यस्तै सोह्र हजार समथिङ् छ कि !

मिस्टर पाण्डेले परिहासपूर्वक भने- 'उलार'भन्दा लम्बू रै'छ ।

खैर !

म कुरा गर्दै थिएँ...

आच्या ! अँ साँच्ची, म के कुरा गर्दै थिएँ ? हिटलरको कुरा गर्दै थिएँ ? या ओपनिङ-लाइनको कुरा गर्दै थिएँ ? बिनसित्ति लम्बू कथाका लम्बेतान गन्थनमा बरालिएँ । तर, म कुनै बराल त होइन । किन्तु/परन्तु किन यसरी बेला न कुबेला म बरालिन्छु ?

अँ त !

नयनराज पाडेको 'हिटलर' कथाको मलाई सदा याद आइरहने ओपनिङ पङ्ति यस्तो थियो:

'हिटलरलाई दूध खान मन लाग्यो...'

त्यसपछि हिटलर दूधको खोजीमा कर्फ्यु लागेको दिन नेपालगञ्जका गर्मिला गल्लीहरूतिर भौतारिंदै हिंड्न थाल्छ ।

तसर्थ हिटलरझैं नगरकोटीलाई खराउ किन्न मन लाग्यो ।

खराउ खोज्न नगरकोटी निर्मल थापासित पिङ्क शहरका गल्लीहरूतिर नयनराज पाण्डेको दुधालु हिटलरझैं डुल्न थाल्यो । स्यान्डल हाउसका साहुहरू खराउ शब्द सुन्दैमा चकित पर्थे । अजीव खालका ग्राहकहरूलाई देखेर तिनलाई लाग्थ्यो शायद: महाभारतका पात्रहरू बाटो बिर्सेर जयपुरको पसलमा खराउ खोज्न आएछन् । कतिपय पसलेहरूले त यस्तो समेत सोचे हुनन्: नरके भेषमे ये दो वानर हमसे मजाक करने आए हैं । किन्तु, निर्मल जो कसैलाई सोधिहाल्थे- आपके पास खराउ है ? डु यु ह्याभ् अ पेयर अफ् वुडन स्यान्डल ? आपके पास नही मिलेगी तो फिर इस शहरमे कहाँ मिलेगी ? पता नहीं सर -उनीहरू भन्थे- शायद वृन्दावन या वाराणसीमे मिलेगी ।

उनीहरू खराउ खरिद गर्न या सोधपुछ गर्न जुनजुन पसलमा छिरे, पसलेहरूले सर्वप्रथम उनीहरको मुहारमा आश्चर्यभावले हेरे र लगत्तै पोशाक पनि । खराउ शब्द सुनेर ती जति अचम्मित पर्थे, त्योभन्दा बढी चकित-ओ-चकित उनीहरूको पोशाक देखी पर्थे । किनभने उनीहरूको पहिरन, भेषभुषा खराउ किन्ने साधु, सन्यासीहरूको जस्तो कदापि थिएन । निर्मल सुटेड बुटेडमा थिए र नगरकोटी ब्लु जिन्स विथ् डिङ्गो सुज्मा ।

र, त्यस्ता पोस्ट मोडर्निस्ट ग्राहक स्यान्डल हाउसमा पौराणिक जिनिस खोजिरहेका थिए । खुदा खैर करे ।

दुई घण्टा बित्यो । तर, खराउ कतै पाइएन ।

एउटा पसलमा सेल्सम्यानले सोध्योः

- आपतो मोडर्न आद्मी लगते हो जी ! फिर खराउ किसलिए चाहिए ?

नगरकोटीले भन्योः

- मोडर्न आद्मी हुँ । इसिलिए तो चाहिए ।

नगरकोटीलाई इङ्गित गर्दै निर्मलले युवा सेल्सम्यानसित भनेः

- स्वामीजी मोर्डन जैसे जरूर लगते है । लेकिन इनका मन पौराणिक है ।
- कहाँके स्वामीजी है ?
- तिब्बतके स्वामीजी है ।
- तो फिर स्वामीजीको ये जरूर पसन्द आएगी । - सेल्सम्यानले एक जोर ब्ल्याक सुज निकाल्यो ।

छालाको त्यो जिनिस खराउको मोर्डन भर्सनजस्तो देखियो । न चप्पलजस्तो, न जुत्ताजस्तो । त्यसपछि खराउ खयालतलाई नगरकोटीले त्यागिदियो र त्यही चप्पल न जुत्ताजस्तो लिङ्ग पहिचान नभएको जिनिस किन्ने भयो ।

***

॥ क्याट्स-आइ-पत्थरको माला ॥

पात्रहरू

१. निर्मल थापा, ३५

२. पत्थर-सेलर, अन्दाजी २७

३. कुमार नगरकोटी, ४२

४. कोरसमा चिया ग्राहकहरू

स्थान

सिटी प्यालेसको बस अड्डा

समय

अपराह्न

॥ व्यस्ततम दृश्य/घुम्ती चिया पसलमा एउटी अधबैंसे महिला चिया उमालिरहेकी/ग्राहकहरू चिया पिउँदै गफमा मसगुल/एक छेउमा नगरकोटी र निर्मल एकेकोटा कुर्सीमा बसी चिया खाइरहेका/निर्मल सुटेड बुटेड विथ टाई/चिन्डे नगरकोटीको गलामा मालाहरू तथा नाडीमा बालाहरू/ सामान्य कदकाँठीको पत्थर-सेलर -अनेक पत्थरका मालाहरू झुन्ड्याएको- उनीहरूतर्फ जान्छ । उठीउठी नगरकोटीसित मुखातिब हुन्छ ॥

पत्थर-सेलर

मुझे लगता है आप पत्थरके बहोत सौकिन है । देखिए (मालाहरू देखाउँदै) मेरे पास आपके लिए बहोत सारे स्टोन्सकी मालाएँ है । आपको पसन्द आएगी ।

नगरकोटी

(एउटा माला लिँदै) ये क्याट्स आई पत्थरकी माला खुबसुरत है । क्या इसे मै पहन सक्ता हुँ ? (जवाफ नै नपर्खी घाँटीमा लगाउँछ)

पत्थर-सेलर

जरूर जरूर, क्यो नहीं ! ये सब आप ही का तो है ।

नगरकोटी

(निर्मलसित) कस्तो छ निर्मलजी ? हाउ इज् इट ?

निर्मल

खुबसुरत छ कुमारजी ! इट्स ब्युटिफुल । तपाईंलाई सुहाउँदो रैछ ।

नगरकोटी

(घाँटीबाट माला निकाल्छ/फर्काइदिन्छ) कितनेका है ? प्राइस क्या है ?

पत्थर-सेलर

पच्चीस सौ का है । लेकिन आपके लिए मै बहोत कुछ कर सक्ता हुँ ।

नगरकोटी

क्या कर सकते हो ?

पत्थर-सेलर

प्राइस घटा सक्ता हुँ । आपके लिए सिर्फ सत्र सौ ।

नगरकोटी

मेरे लिए सत्र सौ क्युँ ?

पत्थर-सेलर

क्यों कि आप मालाके सौकिन है । इसिलिए ।

॥ नगरकोटी मुस्कुराउँछ/१७ उसको मन पर्ने अङ्क/किनभने उसको जन्म मङ्सिर १७ मा/१५, १६ या १८, १९ नभनी पत्थर सेलरले किन १७ नै भनेको ?/हो, ऊ मुस्कुराउँछ/पैसा उसको खल्तीमा छ/त्यसैले उसको मनस्थिति त्यो अट्राक्टिभ माला किन्दिऊँ कि जस्तो छ/वास्तवमा ऊ भारू ५००/- को गान्धी नोटमात्रै बोकी यता आएको थियो/आफूसित भएको नेपाली नोटलाई उसले साट्न सकेन/भूपेन्द्र खड्काले बैंकमा पैसा जम्मा गरिदिने कुरा गरेका थिए/चिया, कफी, चुरोट खर्च/त्यसैले नगरकोटीले एटिएम कार्ड बोकेको थियो/तर एटिएम कार्डको प्रयोग गर्नु नै नपर्ने भयो/कारण न्युदिल्लीमा फेस्टिभल आयोजकले प्लेनको एकतर्फी भाडाको

केही रकम निर्मललाई फिर्ता गरिदिएको थियो/निर्मलले त्यो १३,०००/- को गान्धी-नोट नगरकोटीलाई दिंदै भनेका थिए- कुमारजी ! तपाईं खर्च गर्नुस्/पैसा तपाईं नै राख्नुस्/तसर्थ नगरकोटीले त्यही इत्तफाकको पैसाले लिङ्ग पहिचान नभएको खुट्टामा लगाउने जिनिस २५००/- मा किनिसकेको थियो/र, भूपेन्द्रले चिया, कफी, चुरोट-खर्च भनी बैंकमा पनि १७,०००/- नै हालिदिएका रै'छन्/१७ सयको माला र १७ हजारको कफी खर्च सम्झी नगरकोटी मुस्कुराइरहेको थियो/यस्तैमा दृश्यले नाटकीय मोड लिन थाल्यो ॥

निर्मल

तुम स्वामीजीके सामने क्यों झूठ बोल रहे हो ?

पत्थर-सेलर

मै भला क्युँ झूठ बोलूँ ? मुझे झूठ बोलनेकी क्या जरूरत है ?

निर्मल

ये बोलकर तुम फिर दुसरी झूठ बोल रहे हो । झूठ पे झूठ ! देखो, स्वामीजी भी मुस्कुरा रहे है ।

पत्थर-सेलर

ये स्वामी है ?

निर्मल

हाँ । इन्हे सब् पता होता है । इनके सामने तुम कैसे झूठ बोल सकते हो ? इसिलिए स्वामीजी मुस्कुरा रहे है ।

पत्थर-सेलर

ये कहाँ के स्वामीजी है ? कहाँ से आए है ?

निर्मल

हिमालयकी चोटी से आए है । कैलाश पर्वत से । तुमने कभि मानसरोवरका नाम सुना है ?

पत्थर-सेलर

स्वामीजी कैलाश सरोवर से आए है ?

निर्मल

कैलाश नही मानसरोवर । यहाँके मानसिंहका किला जैसे मानसरोवर । कैलाश तो पर्वत है ।

पत्थर-सेलर

स्वामीजी पर्वत से आए है ?

निर्मल

पर्वत से भि पार । स्वामीजी तिब्बत से आए है । इनके दरबारमे स्टोन्सकी ढेर सारी खजाना है ।

दोचा

॥ पत्थर-सेलर ज्यादै उत्साहित हुन्छ र खल्तीबाट सेलफोन निकाल्छ/सेलफोनमा उसले सेभ गरेको स्टोनहरूको क्याटलग देखाउन थाल्छ/नगरकोटीले ती सबलाई बडो पारखी-अन्दाजमा हेरिभ्याउँछ ॥

पत्थर-सेलर

स्वामीजी ! बताइए, आपको मेरी सङ्ग्रह कैसे लगि ? मै इन् सारी पत्थरकी कारोबार करता हुँ ।

नगरकोटी

ये सब् हमारे पास है । हम मुफ्तमे देते है ।

पत्थर-सेलर

किसे मुफ्तमे देते है ?

नगरकोटी

हमारे दरबारमे कई देशोसे मेहमान आते है । स्टोन्स हम उन्हीको तोहफेमे देते है । क्युँ कि हमारा मानना है कि पत्थरको पैसो से खरिदा नही जा सकता ।

पत्थर-सेलर

स्वामीजी ! आप ये क्याट्स-आई-पत्थरकी माला लिजिए । मै आपको ये गिफ्ट देना चाहता हुँ । मेरी और से आपके लिए भेट है । स्वीकार किजिए ।

नगरकोटी

हम मुफ्तमे कोई सामान कभि नहीं लेते है । हम देते जरूर है । लेकिन लेते नहीं ।

पत्थर-सेलर

प्लिज स्वामीजी ! लिजिए। मत ठुकराइए। ये गिफ्ट कबुल किजिए।

नगरकोटी

नहीं नहीं । हम ऐसे नहीं कर सकते । (निर्मलतर्फ देखाउँदै) तुम हमारे असिसटेन्ट्से बात करो ।

पत्थर-सेलर

आप अगर इसे मेरी गिफ्ट समझकर ले जाएगें तो धन्य हो जाउँगा।

निर्मल

(पत्थर-सेलरलाई हेर्दै) देखो ! तुम स्वामीजीको परेसान कर रहे हो । स्वामीजी नही लेगें तो नही लेगें । तुम जाओ । स्वामीजीको तङ् मत करो ।

पत्थर-सेलर

स्वामीजीको मनालिजिए न साब् ! मुझे पैसा नहीं चाहिए । क्या पता स्वामीजीको फिर कभि देख्ने को मिले या नहीं ।

॥ निर्मलले पर्सबाट सयका तीनवटा भारू नोट निकालेर पत्थर-सेलरको हातमा राखिदिन्छन्/ऊ पैसा समाउन आनाकानी गर्छ/पैसा निर्मलले उसको कमीजको जेबमा घुसारिदिन्छन् र भन्छन् -इसे रखो, काम आएगा और स्वामीजीको तङ् मत करो, ठीक है ? निजले निर्मलको हातमा माला थमाइदिन्छ/निर्मलले चियाको पैसा अधबैंसे पसल्नीलाई बुझाएपछि दुवै हिंड्न थाल्छन्/नगरकोटीको हातमा माला थमाइदिंदै निर्मल- के गर्ने कुमारजी ! यस्तो पनि हुँदो रहेछ/माला लगाउनुस् भन्छन्/नगरकोटीले माला लगाउँछ/बाटो काट्नै लाग्दा -स्वामीजी रूकिए- भन्दै उही पत्थर-सेलर नगरकोटीको सामु ठिङ्ग उभिन आउँछ ॥

पत्थर-सेलर

थ्याङ्क यु स्वामीजी ! आपने मेरे गिफ्ट स्वीकार किया । अब मुझे आशीर्वाद तो दिजिए ।

नगरकोटी

(दुवै हात जोडी नमस्कार गर्दै) तुम्हे मेरी ढेर सारी आशीर्वाद । अगलि साल दो हजार १७ तुम्हारे लिए बहोत शुभ है । तुम्हारी पत्थरकी कारोबरीमे बढोत्तरी होगी । और तुम शादी भि जरूर कर लेना । बिबीके आने से तुम्हारी व्यापारमे और जीवनमे खुशी आएगी ।

नगरकोटी हिंड्न थाल्छ । पत्थर-सेलर र निर्मलको संवाद सुनिन्छः

पत्थर-सेलर : मै अविवाहित अकेला आद्मी हुँ । स्वामीजीको ये कैसे पता चला ?

निर्मल : कैलाश पर्वतके स्वामीजी है । सब जानते है । सब देख्ते है । चेहेरा देखते ही उन्हे सब् मालुम हो जाता है । अगली साल तुम शादी जरूर बनाना । क्युँ कि तुम्हारे साथ स्वामीजीकी आशीर्वाद है ।

***

अहिले त्यो क्याट्स-आई-पत्थरको माला मेरा अरू मालाहरू सितै ल्याम्प-टेबलको सतहमा गुजुमुज्ज गरी गुजमुजिएर बसेको छ । हिजो त्यसरी सिटी प्यालेसको बस अड्डामा त्यस्तो मजाकिया नाटक शायद गर्नु हुन्नथ्यो कि ? तिब्बती स्वामीजीको भ्रम यसरी स्थापित भइदियो कि त्यसलाई हटाउन सकिने परिस्थिति नै रहेन ।

जे होस् ! त्यो अभागीको कल्याण होस् ।

अर्को साल दुई हजार १७ मा उसको घरजम होस् । सादी होस् । उसको जीवनमा खुशहाली आओस् । उसको गुँडमा पनि लेडी किम्याझैं ज्याक निकोल्सनलाई असीम माया गर्ने एउटी घरवाली आओस् ।

प्रिय ईश्वर !

यो गुलाबी शहरमा पत्थरको माला बेचिहिँड्ने त्यो पत्थर-सेलरलाई मेरो आशीर्वाद लागोस् ।

***

३. आजको सपना जसलाई हिजो-अस्ति लेखिइएन । जसलाई भोलि-पर्सि लेखिइने छैन । जसलाई आजै लेखिइनुपर्छ । र, अहिले नै लेखिइनुपर्छ...

॥ फ्लोटिङ इन द स्काई ॥

परेवाको गुँड बोकी नील गगनमा उडिरहेको छु । उडिरहेको छु । उडिरहेको छु । बादलहरूभित्र छिर्छु । हराउँछु । अलप हुन्छु । अनि फेरि घुमन्ते/फिरन्ते बादलहरूको कोलाजबाट फुत्तफुत्त निस्कन्छु । पुनः बादलहरूसितै तैरन्छु । फ्लोट गर्छु ।

फ्लोट/फ्लोट/फ्लोट ।

आई एम फ्लोटिङ् इन द स्काई ।

हातको गुँडलाई जतनका साथ दुवै हातले समातेको छु । खस्न/झर्न नपाओस् । घोप्टो परी फ्ल्याट/फ्ल्याट/फ्ल्याट, आई एम फ्लोटिङ फ्ल्याट इन द स्काई ।

ज्याक निकोल्सन र लेडी किम्या मलाई लखेटिरहेछन् । चारैतिरबाट मलाई ठुँग्ने प्रयास गरिरहेछन् । झम्टिने प्रयत्न गरिरहेछन् ।

म उनीहरूको ठुँगाइलाई झेलिरहेछु । अनि उडिरहेछु/उडिरहेछु /उडिरहेछु ।

फ्लोट/फ्लोट/फ्लोट ।

आई एम फ्लोटिङ इन द स्काई ।

धेरै बेरको छिनाझप्टीपछि गुँड मेरो हातबाट खस्छ ।

ज्याक निकोल्सन र लेडी किम्या गुँडलाई जोगाउने जमर्कोमा तल तल तल झरिरहेछन् झरिरहेछन् झरिरहेछन् अतल गहिराइतिर झरिरहेछन् झरिरहेछन् झरिरहेछन् ।

म उस्तै गरी उडिरा'छु । उडिरा'छु । मुट्ठीभित्र एउटा अण्डा च्यापी उडिरा'छु । उडिरा'छु । उडिरा'छु ।

फ्लोट/फ्लोट/फ्लोट ।

आई एम फ्लोटिङ इन द स्काई ।

निकोल्सन दम्पती दृश्यबाट ओझेल हुन्छन् । अलप हुन्छन् ।

गुँडमा अण्डा नदेखी ज्याक निकोल्सन र लेडी किम्या कतै बसी सम्भवतः विलाप गर्छन् । मैले छल गरेकोमा कतै अनकन्टार मन्दिरको गुम्बजमा बसी शायद पीडाको एकालाप रच्छन् ।

विलाप गर्छन् ।

एकालाप रच्छन् ।

म पनि खस्छु । झर्छु । र, मर्छु ।

आफूलाई नदी किनारमा भेट्छु । धुँवाको मुस्लोमा आफैंलाई घाटमा पाउँछु । चितामा आफैंलाई दनदनी जलिरहेको देख्छु । आफ्नै लासलाई स्वयम् नियाल्छु । उत्तानो परी ढलेको । चितामा डढिरहेको ।

मुठीको अण्डा आफ्नै चितामा फ्याँक्छु ।

छिनभरमै अण्डा प्याट्ट फुट्छ । त्यसलगत्तै मेरो लासको खप्पर पनि भ्याट्ट फुट्छ ।

आफ्नै खप्पर पड्केको विस्फोटक नोइजले सपनामा भ्वाङ् पर्छ र म ब्युँझन्छु, डिग्गी प्यालेसको रूम नम्बर -२०९- को डिलक्स बेडमा । अर्को बेडमा निर्मल थापा मस्तसित निदाइरहेका छन् । खप्परको ब्लास्ट उनले सुनेनन् क्यारे !

सपनाको डेड बडीलाई विपनामा छामी हेर्दा अनडेड पाउँछु ।

गाउँघरका बुढापाकाहरू भन्ने गर्छन्- सपनामा आफ्नो लास देख्यो भने आयु बढ्छ । त्यसो हुँदो हो त आजसम्म मेरो आयु धेरै बढिसकेको हुनुपर्थ्यो । सपनामा आफ्नै लासको मलामी कति गइयो कति, भनिसाध्ये छैन । आफ्नै शवयात्रामा कति हिंडियो कति, यसको हिसाबकिताब राख्न कतिपटक क्यालकुलेटर थिच्ने ? आफ्नै लासलाई बेवास्तापूर्वक कतिपटक नाघी हिंडियो, त्यसको के लेखाजोखा ?

आफ्नो डेड बडीलाई मैले सपनामा धेरैपटक देखेको छु ।

कहिले कफिनमा देख्छु । ग्रेभयार्डमा । परित्यक्त । मिल्काइएको । यस्तो बेला अक्सर बर्सात भइरहन्छ । खाल्डो खनेर आफैंलाई जमिनमुनि दफनाइरहेको हुन्छु । कहिले आफ्नै लासलाई घाटेवैद्यले झैं बाँसले कोट्याइरहेको हुन्छु । कहिले त्यो मृतदेहलाई पानीमाथि तैरिरहेको देख्छु । कहिलेकाहीं त कस्तो हुन्छ भने शहरको ठूलो अपार्टमेन्टको कौसी या निर्जन पठारमा आफ्नो लासलाई देख्छु । गिद्ध/चिलहरूले खाइरहेको । सपनाबाट ब्युझँदा सावित्रीसित भन्छु:

- बुढापाकाहरू भन्छन् - सपनामा आफ्नो लास देख्यो भने आयु बढ्छ रे ! के यो सत्य हो, सावित्री ?
- सत्य हो । -ऊ भन्छे- के तपाईंले सपनामा फेरि आफ्नो लास देख्नुभयो ?
- देखें, सावित्री देखें । -म भन्छु- म मरेको थिएँ र मेरो लासलाई तिमीले दागबत्ती दियौ ।

सावित्री खुशी हुँदै भन्छे:

- अरे वाह ! मेरो लोग्ने मऱ्यो ?
- मऱ्यो सावित्री मऱ्यो । -म भन्छु- अनि तिमीले मलाई दागबत्ती दियौ ।
- तपाईंको लासलाई दागबत्ती दिएर मैले तपाईंको आयु बढाइदिएको छु । खै बुढा, मलाई थ्याङ्क यु भनेको ?
- थ्याङ्क यु सावित्री, थ्याङ्क यु !

आयु बढ्ने र घट्ने कुरा दैहिक प्रपञ्च मात्र हुनुपर्छ ।

आयु मनुष्यको दैहिक सम्बन्धसित गाँसिएको फगत एक संसारिक जोडघटाउ/हिसाबकिताब सिवाय के हो ? आयु शारीरिक अस्तित्वको बहिखाताको ढड्डा मात्र पो हो कि त ? मनुष्यको आत्माबारे चाहिं त्यो सांसारिक एवम् शारीरिक बहिखाताको ढड्डामा कस्तो गणित लेखिएको हुँदो हो ? सपनाको चितामा जल्ने त्यो शरीर मेरो आफ्नै थियो या त्यो शरीर आफ्नो भएको एक भ्रम, माया थियो ?

कुमार नगरकोटीको चोला उठ्छ, के त्यो चोलासितै मेरो समग्र अस्तित्व नष्ट हुन्छ ? अस्तित्व नष्ट हुन्छ कि मेरो देहमात्र नष्ट हुन्छ ? अस्तित्व जन्म र मृत्युबीचको फगत एक इन्टर्भल मात्र हो कि अरू पनि केही हो ? जन्म र मरणबीचको यस्तो इन्टरभल, जहाँ हामी जीवनको भौतिकीलाई शारीरिक भोगचलन गर्छौं ।

एक बारको यो मानव चोला !
मृत्युपछि आत्माको के पो होला !

यो 'चोला' शब्दले मलाई सदा कन्फ्युजनमा पार्छ । लोग्नेमान्छे मर्दा चोला उठ्यो भन्नुसम्म त ठीकै होला रे लौ ! स्वास्नीमान्छे मर्दा पनि चोला उठ्यो भन्नुचाहिं कहाँको इन्साफ हो ? भन्नुपर्ने त चोली होइन र ? चोली उठ्यो भन्नुपर्दैन ? कस्तो जेन्डर डिस्क्रिमिनेसन !

खैर !

जसरी मेरो शरीर चितामा भष्म भयो, त्यसलाई सपनामा नै छाडी म यो होटलको रूम नम्बर -२०९-मा ब्युँझे, के त्यसै गरी यो लौकिक जगत्मा कुमार नगरकोटीको लासलाई चितामा जलाइवरी या ग्रेभयार्डमा गाडीवरी म कुनै अर्कै अलौकिक जगत्/अस्तित्वको रूम नम्बर -२०९-मा ब्युँझिन्छु ?

जे होस् !

यति बेला मलाई चिन्ता त ज्याक निकोल्सन र लेडी किम्याको लाग्नु पर्ने हो । उनीहरूको अण्डालाई मैले आफ्नै चितामा मिल्काइदिएको थिएँ ।

त्यस्तो विभत्स स्वप्न दृश्यको त मैले घोर आत्म-भर्त्सना गर्नुपर्थ्यो । चराहरूलाई त्यसरी बिचल्लीमा पार्नुको पछाडि सपनाको के आशय र उद्धेश्य थियो ? के यो कुनै अनिष्टको पूर्वसङ्केत थियो ?

मलाई कता कता लागिरहन्छ कि त्यो गुँड फेरि भत्कन्छ । जरूर भत्कन्छ । एकपटक घटिसकेको त्यो ट्राजिक घटना पुनः अर्कोपटक घट्नेछ । र, म केही गर्न सक्ने छैन । पहिलेकै जस्तो लाचारग्रस्त हुनेछु । असहाय । हेल्पलेस् । चाहेर पनि केही गर्न नसक्ने अवस्था ज्यादै भयावह र कलालीलाग्दो हुन्छ ।

प्रिय ज्याक निकोल्सन !

त्यो दारूण घटना ढिलोचाँडो अवश्य घट्नेछ । मेरो सपनाले त्यस्तै सङ्केत गरेको छ ।

मलाई थाहा छ, तिम्रो अपूरणीय एकान्तलाई मैले आफूभित्रै बाँच्नु पर्नेछ । यसपटक लामो कालका निम्ति शायद ।

***

निर्मल अझै उठेका छैनन् ।

हि इज् रेस्टिङ इन पिस् । म मात्र यसरी बिनसित्ति खलबलिएको छु । हिजो अस्तिका प्रसङ्गहरू डायरीमा नोट गरिसकें । भर्खर त पाँच १५ बजेको छ । सामसुङ-सेलफोनमा । काठमान्डुमा हुँदो हुँ त यति बेला मर्निङ वाकको बहानाबाजीमा गुँडमा बिबिबच्चाहरूलाई छाडी लखरलखर चप्पल घिसार्दै पाटनका अँध्यारा तान्त्रिक गल्लीहरूमा घुमिरहेको हुँदो हुँ ।

फेस्टिभल हिजै निखियो । सकियो ।

आज सुफी-आत्माहरूसित दिल्ली रवाना हुनुछ ।

फेस्टिभलका औपचारिक कार्यक्रमहरू -टु हेल विथ् औपचारिकता- त यस्तै-उस्तै हो । अनौपचारिक यादहरू बरू मनमा रहनेछन् शायद । नरहन पनि सक्छन् । यादहरू भीडमा रचिइँदैन । त्यसका निम्ति केही एकान्त चाहिन्छ । त्यस्ता केही सेलेक्टेड एकान्तहरूलाई डायरीमा टिपेको छु । कुनै दिन मन फुकाएर लेख्नुपर्ला ।

पिङ्क सिटीमा अमेरिकानो डबल सटको आनन्द उठाउनचाहिँ भुसुक्कै बिर्सिएछ। ठेलावाला पसले ब्रदरहरूको स्वादिलो चियामै मन रत्तिएको पत्तै भएन। ती चिया-कपमै मन रित्तिएको थाहै भएन।

निद्रामा वीर्यपात भएछ। कस्तो फन्टुस/डर्टी कुरा !

मधेसमा हिमपात हुनु र परदेशमा वीर्यपात हुनु अवश्य पनि ब्युटिफुल बात होइन। एकचरण नुहाएर आफूलाई पखाल्छु कि !

चितामा आफ्नै लास डढिरहेको/जलिरहेको त्यस्तो नेक्रोमेनिक दुःस्वप्न देख्दासमेत स्वप्नदोषचाहिँ कुन यौन मनोवैज्ञानिक कन्सेप्टअनुसार भएछ कुन्नि ! सेक्सोलजिस्टहरूले यस्तो खालको वीर्यपातलाई आफ्नो क्लिनिकमा कस्तो किसिमले केस-स्टडी गर्दा हुन् ? सिगमण्ड फ्रायडको -इन्टरप्रिटेसन अफ् ड्रिम्स- यस्तै बेला फेल खान्छ।

जे होस् !

एकाबिहानै बगैंचामा लचकलचक लच्किँदै हिंड्ने मयूर पनि यतिबेलासम्म त आफ्नो गुँड/खोरबाट निस्किसक्यो होला। मयूरबारे सुनिएको एउटा रोचक मिथले के भन्छ भन्देखिन् यो भारतीय राष्ट्रिय पक्षीको लेडी मयूरले मेटिङ सिजनको बेला वीर्यपान गर्छे र प्रिग्नेन्ट हुन्छे। मिथविश्वासी तथा अनुयायीहरूमध्ये कसैकसैले चाहिं वीर्यपान होइन, अश्रुपान गर्छे पनि भन्छन्।

अश्रुपान कि वीर्यपान ?

मिथ हो, त्यसैले जगत्का सम्पूर्ण मिथहरू मिथ्या भएझैं भारतीय राष्ट्रिय पक्षीले वीर्यपान या अश्रुपान गर्ने मिथ पनि मिथ्या नै हुनुपर्छ। असली कुरा वास्तवमा के हो भन्ने कुरा पौराणिक आख्यानका एक्स्पर्ट वेदव्यास नै जानून्।

धत् ! बिहानबिहान यस्तो ब्रह्ममुहूर्तको बेला वीर्य-चिन्तन ? ह्वाट ननसेन्स !

अब एक डोज नुहाउँछु।

***

असोज ३०, २०७३ । आइतबार

हेलो डायरी रिडर !

गुड इभनिङ् !

यसरी कुन अजनबीले अकस्मात् यसरी प्वाक्क सम्बोधन गऱ्यो भनी पक्क नपर्नुस् । कृपया, छक्क नपर्नुस् । किनभने म लप्पनछप्पन/छक्कापञ्जा जान्ने जीवात् कदापि होइन । म चरा हुँ र फगत एक परेवा हुँ ।

मेरो नाम ज्याक निकोल्सन राखिएको छ ।

जस्तो कि तपाईंलाई थाहा छँदै छ कि म मेरी प्राणप्रिय प्रेमिका लेडी किम्यासित चित्रकार एरिना ताम्राकारको माइतीघरको बरन्डामा गुँड बनाएर बसेको छु । लेडी किम्यालाई पत्नी नभनी प्रेमिका किन भनेको हुँ भने हामी चराहरूको संसारमा तथाकथित् मानवनिर्मित् म्यारिज इन्स्टिच्युसनले प्रेस्क्राइब गर्ने आचारसंहिता, औपचारिकता तथा अवधारणाहरूलाई स्वीकार या लागू गर्नुपर्ने बाध्यताहरू रहँदैनन् ।

पतिपत्नी बन्नु मान्छेको जात हो ।

प्रेमीप्रेमिका बन्नु चराको जात हो ।

एकान्तवासी हाम्रो छिमेकी हिजोआज लापत्ता/गायब छ । त्यो मनमौजी चिन्डे डायरी लेखकको गुफा आजकल -धेरै दिन भयो- सुनसान छ । यो सुनसान एकान्त हाम्रो निम्ति ज्यादै कष्टप्रद भइरहेको छ ।

लेडी किम्या र म आलोपालो गरी गुँडमा अण्डाको हेरचाह गरी बस्छौं । बेलाबेला चारा खोज्न कताकता भुर्रभुर्र उडिरहनुपर्छ । के गर्नु ! पहिलेको अण्डा खेर गयो । चिन्डेकी स्वास्नी अण्डालाई फुल हो कि फूल के जाति भन्छे । लोग्नेस्वास्नीको फुल र फूल र अण्डाबारे भीषण विवाद भइरहन्छ । चिन्डे भन्थ्यो- नेपाली भाषामा फुल या फूलको आतङ्क छ रे ! घरेलु शब्दहरूको खुट्टा काट्ने र नकाट्ने डरलाग्दा बुचरहरूको जमातबीच काटमारको स्थिति छ रे ! कस्तो डरलाग्दो अवस्था आयो बाबै ! खाइलाग्दो मोटे शहीद र पातले-ख्याउटे सहिदबीच अस्तित्वको भीषण लडाइँ छ रे !

ईश्वरले नेपाली शब्दहरूको कल्याण गरून् ।

के गर्नु ! पहिलेको अण्डा नष्ट भयो । त्यो अण्डासितै हामीहरूको सपना पनि नष्ट भयो । अब त -थ्याङ्क गड- ऋतु परिवर्तन भएको छ । हुरीबतास, बर्सात र असिना/पसिनाले नचुट्ला कि ! आशा गरौं यसपालि अण्डा ह्याच होस् । हाम्रो आशा ह्याच होस् । सपना ह्याच होस् ।

गुफावासी चिन्डेको अभाव खट्किरहन्छ ।

हामीलाई कविता, कथा, गीत सुनाउँथ्यो । ट्रम्प र क्लिन्टनका सेनसेसनल वाकयुद्धबारे जानकारी दिन्थ्यो । पाठकहरूको रूचिमा लेखिइने ललिपप-लिट्रेचरबारे जोकहरू सुनाउँथ्यो । बजारहरूको लोभी चित्तलाई शान्त पार्न रचिएका कस्मेटिक-कविता तथा कथाहरूबारे रोचक किस्साहरू सुनाउँथ्यो ।

चिन्डे बडो क्रेजी थियो ।

विश्व परिवेशमा नेपाली आख्यानले आफ्नै भाषा, न्यारेसन तथा व्याकरण खोज्ने समय घर्किसक्यो भनी हामीसित घुर्की लगाउँथ्यो । विचारहरूको झ्यालखानामा जन्मकैदको सजाय भोग्ने या सेल्फ-इम्पोज्ड-एक्जाइल-मा जान नेपाली लेखक, क्रियटरहरू किन अभिशप्त भए भनी शोकमग्न हुन्थ्यो । चिन्डे बडो क्रेजी थियो । सरस्वती प्रतीक्षाको साइकलजिकल थ्रिलर, नारायण ढकालको ग्राफिक नोभल अनि सरिता तिवारीको मेटाफिक्सनल नोभेल्ला यो जुनीमा पढ्न नपाइने भयो भनी शोकाकुल हुन्थ्यो ।

चिन्डेको कस्तो क्रेजी कल्पना ! हो महाशय । चिन्डे बडो क्रेजी थियो । भारततिर मुन्टिन गा'छ । हामीलाई यहाँ कस्तो नियास्रो ला'छ ।

यो साँझ ठीक यस बेला चिन्डे न्यु दिल्लीको कनाट प्लेसको क्याफेमा अमेरिकानो डबल सटको मजा लिइरहेको छ । भर्खरै उसले एउटा कालो कमिज किनेको छ । भर्खरै एउटा बुक-सपबाट याँमानको किताब- किरण दोषी लिखित -जिन्नाह अफन् केम टु आवर हाउस- नामक हार्डबाउन्ड उपन्यास उठाएको छ । भोलि १२ बजे उसको फ्लाइट छ । नेपाल वायुसेवा निगमको बतासे यान हो । डिले अवश्य हुने नै छ ।

तपाईंलाई थाहै छ । त्यो भदौरे झरी, हुरीबतासको कुरा । हाम्रो गुँड तहसनहस, भताभुङ्ग भएको । त्यो साँझ चिन्डे निकै उदासउदास भएको थियो । घर हाम्रो उजाडिएको थियो तर ऊ पो झनै कहालीलाग्दो किसिमले उजाडउजाड भएको थियो । त्यो साँझ उरालाई घरीघरी आफ्नो बचपनको दोचा याद आइरहेको थियो ।

म आज -चिन्डे नभएको मौका छोपी- त्यही दोचाको कथा भन्छु, है त !

॥ दोचा ॥

यो विक्रम संवत २०३७/०३८ तिरको कुरा हो ।

चिन्डे नगरकोटी त्यस बेला एक अबोध बालक थियो । यो कुरा भने बेग्लै हो कि त्यो बचपनको अबोधपना -अरू मानिसहरूझैं- जवानीमा नष्ट भयो ।

जवानीले भर्जिन बाल्यकालका निश्छलता, निर्दोषपना तथा कौमार्य पवित्रताहरूलाई भ्रष्ट एवम् नष्ट गर्ने कुरा शायद मानव समुदायका निम्ति सामान्य कुरा हुँदो हो । हामी चराहरू यस विषयमा के जानुम् !

अँ त ! यो डोल्पाको कुरा हो ।

कुमारको बुबा -पिता/फादर/ड्याड/बा जे भन्नुस्- माइग्रेटिङ चरा जस्तो मान्छे थियो । भुर्र-भुर्र कहिले कता, कहिले कता उडिरहनुपर्ने । कहाँकहाँ उडिजान्थ्यो र आफ्नो बचेराहरूका निम्ति परदेशमा गुँड बनाउँथ्यो । त्यो मान्छेको नाम रत्नबहादुर थियो । थर भनिरहनचाहिं मलाई उचित लागेन किनभने हामी चराहरूलाई मान्छेको थर सुन्दा सधैं अचम्म, अनौठो लाग्छ । मान्छेहरूको नामपछाडि झुन्डिने थर र जात हामीलाई पुच्छरजस्तो लाग्छ ।

हामी पक्षी तथा जनावरहरूको पुच्छर भएकोले चाहिं हाम्रो थर, जात, गोत्र नभएको पो हो कि ! थप एक्स्ट्रा पुच्छर

नचाहिएको हो कि ! मौका मिले यस विषयमा तपाईंले कुनै दिन डा. तीर्थबहादुर श्रेष्ठको कानमा सुटुक्क सोध्नु हुने नै छ ।

अँ त !

रत्नबहादुरको पोस्टिङ प्रायः एयरपोर्टतिर हुने गर्थ्यो । ऊ अक्सर एयरपोर्टको प्रहरी इन्चार्ज हुन मन पराउँथ्यो । चरा भई उड्ने इच्छा उसको मनभित्र कतै सुषुप्त अवस्थामा सदा विराजमान थियो शायद । त्यसो नहुँदो हो त रत्नबहादुर आफ्नो पोस्टिङ प्रायः एयरपोर्टहरूतिर किन मिलाउँदो हो ? डोल्पाको जुफाल एयरपोर्ट । रूकुमको चौरजहारी एयरपोर्ट । अनि नेपालगञ्जको राँझा एयरपोर्ट । टु नेम अ फिउ ।

तर, यो एयरपोर्टसित सम्बन्धित घटना भने कदापि होइन ।

कुमारसित जोडिएको यो दोचा-कथाको प्रसङ्ग या प्रकरण जुफाल एयरपोर्ट नभई डोल्पाको सदरमुकाम दुनैमा उद्घाटित र पटाक्षेप भएको थियो । जुफालबाट रत्नबहादुर काजमा खटेर गएको दुनैको प्रहरी चौकीमा । एज् अ पुलिस इन्चार्ज ।

यो कथा एउटा हत्याको प्रसङ्गबाट सुरु हुन्छ । एउटा यस्तो हत्या जसले हिमालको काख/कोखमा बसेको शान्त बस्तीमा हलचल ल्याएको थियो । भय र त्रासको बबन्डर मच्चाएको थियो ।

असिस्टेन्ट सबइन्स्पेक्टर रत्नबहादुर एक दिन कन्स्टेबलहरूलाई अघिपछि लगाउँदै प्रहरी चौकीबाट निस्क्यो हत्याराहरूको खोजमा । स्वास्नी र छोरालाई घरमै छाडी ।

दिनहरू बिते तर ऊ फर्केन । हत्याराहरूको खोजमा हिंडेको लोग्ने हिउँमा अलपत्र पर्‍यो कि ! या हिउँमै पुरिएर मर्‍यो कि भन्ने त्रासमा उसकी स्वास्नी कुमारलाई च्यापेर बस्थी ।

पाँच दिन पछि ऊ सदरमुकाम झर्‍यो । हत्याराहरूलाई साथ लिई ।

उसले दुई जना भोटेहरूलाई पक्राउ गरेको थियो । ती भोटेहरू

तिनै हिमाली डाँकुहरू थिए, जसले जर्मन पदयात्रीहरूलाई खुकुरीले छप्काएर मारेका थिए र तिनका मृत देहलाई हिउँमा खाल्डो खनी पुरिदिएका थिए ।

त्यो एक बीभत्स हत्या थियो ।

दम्पत्तिमध्ये लोग्नेको घाँटी रेटिएको थियो र स्वास्नीको स्तन काटेर मिल्काइएको थियो । दुवैको भुँडीमा कैयौंपटक खुकुरी घुसाइएको थियो । लासहरूलाई तिनै भोटेहरूले डोकोमा बोकी ल्याएका थिए ।

दुनै बजारमा मानिसहरूको भीड लागेको थियो । टोलका घरघरबाट मानिसहरू ती भोटेलाई हेर्न तँछाडमछाड गर्दै निस्किरहेका थिए । हत्याराहरू पक्राउ गरेको सफलतामा असिस्टेन्ट सबइन्सपेक्टर रत्नबहादुर गर्वका साथ जुँगामा ताउ दिंदै बडो शानपूर्वक कन्स्टेबलहरूलाई आदेश दिंदै हिंडिरहेको थियो । तमासा हेर्ने मानिसहरूको भीडमा उसकी स्वास्नी र छोराहरू पनि थिए ।

प्रहरी चौकीसम्मै मान्छेहरूको ओइरो लाग्यो ।

आमाको हात समाती कुमार पनि चौकीभित्र दाखिला भयो । डोकोमा लास देखेर ऊ निकै तर्स्यो । ती लासका मासु फतक्क गलिसकेका थिए र डोकोको कापबाट दुर्गन्धित झोल चुहेर भुइँ भिजेको थियो ।

जीवनमा पहिलोपटक कुमारले लास देखेको थियो । क्षतविक्षत, बीभत्स लास । जर्मन डेड बडिज् ।

भोटेहरूलाई खोरमा थुनिएको थियो । तिनको हातमा हत्कडी लगाइएको थियो र दुवैलाई फलामको साङ्लोले बाँधिएको थियो । ती हिमाली डाँकुहरू भुइँमा बसेका थिए र तिनका गोडालाई नेलबन्दी गरिएको थियो । लौह-नेलको प्वालबाट निस्किएका तिनका नङ्ग्रा खुट्टा/पाइतालाहरू ढुसी परेको

पाउरोटीझैं ज्यादै विरूप देखिन्थ्यो । तिनका भोटे जुत्ताहरू भुइँमा मिल्काइएका थिए । घुँडाघुँडासम्म लगाउन मिल्ने तिनै भोटे जुत्ताहरूलाई कुमार एकतमासले हेरिरहेको थियो, जसलाई मानिसहरू दोचा भन्थे ।

आमा ती भोटेहरूलाई तथानाम गाली गरिरहेकी थिइन् । हत्यारा डाँकुहरूलाई थुक्थिन् । सराप्थिन् । हाकिम सा'बकी पत्नी त्यसरी रूद्रीचण्डी भएको देखी कन्स्टेबलहरू भन्थे- *साहब्नी ! घर जानुस् !* रत्नबहादुरले पनि घर जा भनेपछि आमा घर जानुपर्ने भयो । कुमारलाई तान्न थालिन् । तर, कुमार घर जान मानेन । मान्दै मानेन । जति कर गर्दा पनि जाने मनै गरेन ।

किनभने उसको मन चोरेको थियो तिनै दोचाले । जो भुइँमा असरल्ल फिजिएका थिए ।

ती दोचा ज्यादै आकर्षक थिए । रातो, कालो, सेतो धागो मुछिएर बनेको त्यो भोटेजुत्ताबाट उसको आँखा हट्नै मानेन । उसलाई पनि दोचा चाहियो । ऊ बडा जिद्दी बच्चो थियो । मायाले पुलपुलिएको ।

उसलाई मन लागेको वस्तु चाहियो भनेपछि कुनै पनि हालतमा चाहियो । मन लाग्यो भने आफ्नो जिद जसरी भए पनि पूरा गर्थ्यो । बलियो बन्न भित्तामा बक्सिङ हानेर हात सुन्नाउँथ्यो । कहिले खाँदाखाँदैको भात बोकेर घरबाहिर थुप्रेर जमेको हिउँ थालमा राख्थ्यो र भातसित मुछ्ने गर्थ्यो ।

अस्ति भर्खर मात्रै त हो नि ! एउटा चौंरीगाईसित उसले कुस्ती खेलेको ।

हातमा मग बोकी -पानी खाने/भर्ने निहुँमा- भेरी नदीतिर गएको थियो । चौरमा चौंरीहरू चरिरहेका थिए । छेउ लागेर पनि त जान सकिन्थ्यो नि ! तर, होइन । उसलाई लाग्यो मूला चौंरीले

असिस्टेन्ट सब-इन्स्पेक्टरको छोराको बाटो छेक्ने ? हाटहुट गर्दै केही चौँरीलाई लात मार्दै अघि बढ्दै थियो- एउटाले हान्दी हाल्यो । टाउकोमा तीन ठाउँमा टाँका लगाउनु पर्‍यो । त्यो खत उसको चिन्डो टाउकोमा अझै पनि देख्न सकिन्छ ।

अँ त !

उसले आमासित भन्यो- मलाई भोटेको जस्तो दोचा चाहियो । रत्नबहादुरसित पनि भन्यो- बा ! मलाई दोचा चाहियो ।

हिमाली डाँकुहरूले लगाएको जस्तो दोचा उसलाई जसरी भए पनि चाहियो । बाआमाहरूसित उसले धेरै दिन किचकिच, कचकच गर्‍यो । आमाबालाई जिद्दी छोराले हत्तु पार्‍यो । छोराको इच्छाले हैरान खेलायो । अब मूलालाई काँबाट ल्याइदिने भोटे जुत्ता ? बजारमा किन्न पाइने भए पनि एउटा कुरा हुन्थ्यो । कस्तो डाँकु छोरो परेछ ! भविष्यमा डाँकु नै बन्लाजस्तो छ । कस्तो आँडे पुत्र जन्माइएछ !

तर त्यो आँडे बच्चोको इच्छा/जिद एक दिन पूरा भयो ।

कुमारकी एउटी मित-आमा थिइन् । भोटेनी । मानिसहरू तिनलाई धारापानी माइली भन्थे । दुनै बजारदेखि टाढाको गाउँमा बस्थिन् । ती भोटेनी महिलासित कुमारको गुरूङसेनी आमाले मित लगाएकी थिइन् । आफ्नो मितिनीलाई भेट्न तिनी बेलाबेला गाउँबाट कोसेली बोकी आउँथिन् । मितिनीको लोग्ने -रत्नबहादुर, द असिस्टेन्ट सबइन्स्पेक्टर-लाई जर्किनमा रक्सी ल्याइदिन्थिन् र मितछोरा-कुमार, द फुच्चे डाँकुलाई छुर्पीहरू ।

तिनै मित-आमाले एक दिन कुमारका निम्ति छुर्पीको साथसाथै बख्खु मात्र होइन कि एक जोर चिटिक्क परेको दोचा पनि ल्याइदिइन् ।

बाफ्रे ! ऊ कति गद्‌गद पर्‍यो !

दोचा उसको प्राणप्यारो वस्तु भयो ।

त्यो दोचा लगाएर ऊ कहाँकहाँ पुगेन ? काँडाहरू टेकेन कि ! हिउँमा चिप्लँदै हिँडेन कि ! तिखातिखा पत्थर/ढुङ्गाहरूमा कुदेन कि ! फापर-बारीमा भेडाको बच्चोझैं बुर्कुसी मार्दै उफ्रेन कि ! भोटेका बच्चाहरूसित बख्खुको लाम्काने बहुलाले सिङ्गान पुछ्दै सिङ्गौरी खेलेन कि ! के के गरेन ?

त्यो दोचा उसको जान थियो । शान थियो ।

कालान्तरमा ऊ कुख्यात अण्डा-हन्टर भएर निस्क्यो । बाउले भन्याझैं डाँकु नै बन्ने छाँटकाँट र हैसियत देखाउन थाल्यो । छिमेकीका कुखुरा-खोरमा ऊ सुटुक्क छिर्थ्यो र अण्डाहरू खुसुक्क चोर्थ्यो । ती अण्डालाई ऊ सुत्ने बेलामा दोचाभित्र राख्थ्यो । राति घर फर्कंदा रत्नबहादुर छोराका निम्ति पाइनएप्पलको बिस्कुट नबिराई ल्याउँथ्यो । बिस्कुटलाई समेत कुमार दोचामा राख्थ्यो । बिहान काँचो अण्डासितै बिस्कुट खान्थ्यो । रमाउँथ्यो ।

वास्तवमा त्यो दोचा उसको त्यस्तो खजानाको सन्दुक थियो, जसभित्र ऊ आफ्ना गुप्त रहस्यहरू लुकाउँथ्यो । बचपनका स्मृतिहरू जम्मा गर्थ्यो ।

अण्डा । गुच्चा । गट्टा । छुर्पी । सलाईका बट्टाहरू ।

फट्याङ्ग्रा । चकलेट । झ्यालिन्चा । पाइनएप्पल बिस्कुटका टुक्राहरू ।

त्यो दोचा उसको हिडन-सेक्रेट थियो, जहाँ ऊबाहेक अरू कसैको पहुँच थिएन । उसको बचपन -उसलाई लाग्थ्यो शायद- स्वयम् एक यस्तो रहस्यमय स्मृति थियो, जसलाई सबैको नजरबाट बचाउँदै ऊ आफ्नो दोचाभित्र लुकाएर राख्न चाहन्थ्यो ।

त्यो दोचा पुरानिँदै गयो ।

डोल्पामा हाफ दर्जन वर्षहरू बिताएपछि रत्नबहादुर फेरि एक दिन झोलीतुम्बा बोकी जहान-बचेराहरूसितै भुर्र उडी काठमान्डु रवाना हुनुपर्ने भयो । सामान/गुन्टाहरू कस्ने बेला कैयौं काम

नलाग्ने जिनिसहरू भेरी नदीमा फ्याँकिए । पुरानो दोचाको आयु पनि निखिसकेको थियो । त्यसलाई समेत नदीमा बगाइदिनुपर्ने भयो । कुमार त्यसो गर्न काँ मान्थ्यो र ! आमाले उसलाई सम्झाउनुपर्ने भयोः

- हिमालमा लगाउने फाटेको दोचा अब के काम ? काठमान्डुमा तिमीलाई बुवाले नयाँ जुत्ता किनिदिनुहुन्छ ।

तर ऊ बहुत जिद्दी बच्चो थियो । दोचालाई नदीमा बगाउन ऊ किन पो मान्थ्यो र ! बरू मैलाई भेरीले बगाउस् । मेरो दोचालाई म बगाउन दिन्नँ । एक दिन्नँ । दुई दिन्नँ । तीन, चार, पाँच दिन्नँ । आमाको केही सीप लागेन ।

प्लेनमा गुन्टा/सामानहरू लादिए । सामानहरूको कार्गोसहित त्यो दोचा नेपालगञ्ज झऱ्यो । नेपालगञ्जबाट भारतमार्ग हुँदै भैरहवा पुग्यो ।

र, त्यो दोचा भैरहवाको एउटा लजमा छुट्यो । बुवाको सुट्केससितै ।

***

प्रिय डायरी रिडर !

भदौरे झरीमा/हुरीबतासमा जब हाम्रो गुँड भत्क्यो, तहसनहस भयो र अण्डा पनि नष्ट भयो, त्यस दिनको साँझ चिन्डे नगरकोटी भैरहवाको लजमा बुवाको सुटकेससितै छुटेको आफ्नो त्यही दोचा सम्झिरहेको थियो । उसकी आमाकी मितिनी -धारापानी माइली-ले उसलाई दिएको त्यो दोचा जहाँ ऊ बचपनका स्मृति/रहस्यहरू लुकाउँथ्यो । छुर्पी, पाइनएप्पल बिस्कुटका टुक्रा र अण्डाहरू लुकाउँथ्यो ।

त्यही दोचामा शायद ऊ किम्म्याले पारेको अण्डा पनि लुकाउन चाहन्थ्यो । एउटा ट्राजेडीबाट हामीलाई जोगाउन चाहन्थ्यो ।

आमिन ! गुडनाइट !

***

कार्तिक ५ । शुक्रबार

बालकुमारी/गुफा

मोहम्मद मुख्तार आलमले पिन्छे टोलमा केश कर्तनालय खोलेको १५ वर्ष भयो । केही वर्ष देखि म यिनै केश विन्साकर्मीको वान् अफ् द कस्ट्युमर्स हुँ । उनका अधिकांश ग्राहक नेवार छन् । नेवार्स अफ् पाटन । फ्रम ललितपुर डिस्ट्रिक्ट । बागमती अञ्चल । नेपाल । दक्षिण एसिया ।

मोहम्मद मुख्तार आलमले मेरो साप्ताहिक केश-मुण्डन गर्छन् ।

काठमान्डु उपत्यकाका बार्बरहरू महिनाको अन्तिम मङ्गलबार पसल बन्द गर्छन् । कथंकदाचित् -समहाउ- पसल खोलेको पाइएमा 'अखिल नेपाल हजाम सङ्घ' एवम् यस्तै यावत पोलिटिकल सङ्गठनहरूले जुर्माना तिराइहाल्छन् । बार्बरहरूको साझा अनुभवले के भन्छ भन्देखिन्, ती सङ्घ/सङ्गठनले त्यो अभिशप्त दिनमा शहरभरि यस्ता खुङ्खार साङ्गठनिक गुप्तचरहरू परिचालन गर्छन्, जसको एकमात्र पावन उद्देश्य भनेको त्यस्ता सैलनुहरूको निगरानी गर्नु हो, जो त्यस -कयामतके दिन उर्फ जजमेन्ट डे-मा नियम कानूनको उल्लङ्घन गरी -बालै नदिई- खुल्ने गर्छन्, ती केश कर्तनालयको सजा-ए-मौत निश्चित छ । त्यो चाहे नील डेभिड कटवालको युनिसेक्स हेयर सलुन फ्रन्चाइज् नै किन नहोस् ।

ढोका

तसर्थ अन्तिम मङ्गलबार शहरका हेयर ड्रेसिङ पार्लहरूको बाध्यकारी होलि डे हो । विदा/छुट्टी हो । तर, गरिब तथा निमुखा बार्बरहरूका निम्ति त्यही होलि-डे अनहोली-डे पनि हो । रोजिरोटीलाई विवशतापूर्वक लात मार्नुपर्छ । त्यो दिन काठमान्डु उपत्यकाका केशधारी स्तनपायी होमो सेपियन्सहरू दाह्री, जुङ्गा, केश इत्यादि रौंहरू काट्न, खौरन, सेभ गर्नबाट वैधानिकरूपबाट वञ्चित हुने गर्छन् ।

यस्तो बेलासमेत मोहम्मद मुख्तार आलमचाहिं मलाई गुप्त तवरले 'वालेकुम सलाम/सालम वालेकुम' गर्दै गुप्तद्वारबाट पसलभित्र छिराउँछन् र मेरो केश -तौबा तौबा- सफाचट गर्छन् । बडा नेक इन्सान छन् । भला मानुष छन् ।

मोहम्मद मुख्तार आलमसित पाँच मिनेटको केश मुण्डनावधिमा म अनेक गुफ्तगु गर्छु । यी खुदाके बन्देको अरू मुस्लिम बन्धुजनहरूझैं एउटा पवित्र धोको छ- एक दिन मक्का जाने ।

मसित भन्छन्ः

- खुदाको दरबार जानका निम्ति पैसा ऋण, सापटी लिन सख्त मना छ । त्यसैले वर्षौंदेखि म पाटनका नेवारी भाजु और मयजुहरूको फेसियल, श्याम्पु, डाई गरी पैसा इक्ट्ठा गरिरा'छु । तनिक रूपैयाँको जुगाड भएसी एक दिन म मक्का जानेछु ।

मोहम्मद अख्तर आलम हज गर्न एक दिन मक्का जाऊन्- मेरो पनि एक पाक तथा नेक इरादा छ । त्यसैले हरेकपटक केशमुण्डनपश्चात् म उनलाई सयको नोट दिंदै भन्छु- किप द चेन्ज । म चाहन्छु, मैले प्रेमपूर्वक दिएको टिप्सले उनको मक्का-ट्रिप/जर्नीमा थोरै भए पनि सहयोग मिलोस् ।

बिहान केश खौरन जाँदा एउटा दारूण दृश्य देख्नु परेकोले पसलमा छिर्ने मन भएन । आफ्नो सलुन सामुन्ने मोहम्मद अख्तर आलम कुचो र मरेको परेवा समाती नगरपालिकाको गार्बेज ट्रक कुरिरहेका थिए । मलाई देख्नासाथ भनेः

- यतिका दिन कता हराउनुभयो ? हेर्नुस् न ! बिल्लीले परेवाको टाउको खाएर प्यासेजमा फालिदिएछ ।

ज्यादै दिगमिग दृश्य थियो ।

केही नबोली म फटाफट आफ्नो बाटो लागें । आफ्ना परेवाहरूलाई सम्झें । कुनै रात -खुदा ना करें- बिरालोले लेडी किम्याको टाउको चपाएर मेरो गुफामा मिल्काइदिए, म के गरूँला ? एक हातमा कुचो र अर्को हातमा किम्याको हेडलेस् शव बोकी एकाबिहानै म पनि मोहम्मद अख्तर आलमझैं ठिङ्ग उभिई -या खुदा ! खैर करे- नगरपालिकाको गार्बेज् ट्रक कुरी बसुँला ? केही दिन अघिमात्र अण्डाको बोक्रा छोडाउँदै ज्याक निकोल्सन र लेडी किम्याको गुँडमा ह्याच भएको बेबी बर्डको अवस्था र नियति के होला ? मन अशान्त भयो ।

DEAR SOUL !

PLEASE SAVE ME FROM THIS FUCKING EERIE, BIZARRE AND GROTESQUE IMAGINATION. IMAGINATION SEEMS TO BE THE OTHER NAME OF HELL. SAVE ME FROM THIS FUCKING HELL. AMEN.

खुदा हाफिज् ॐ नमो नमः

***

कार्तिक ७ । आइतबार

Dear Mr. Nagarkoti !

टोपा | I got your number from one of my lady friends who happened to tell you about my admiration and love for you. I was so happy that you actually gave your number which I had kept for so long but didn't text or make a call coz I feel like I might be intervening your private space. As I was finally reading the GHAATMANDU I couldn't stop myself from texting you.

This is quite strange but everytime I read your creations from early days I feel like I'm reading my own self.

Thank you for such crazy, bizarre and absurd ideas and experimental pieces of writing. I hope I could get my book sign someday.

Thank you.

- Thupten Tender (admirer of your creations and designs)

प्रायः ४ बजे निद्राबाट ब्युझिहाल्छु । त्यसपछि पाटनका निद्रालु गल्लीहरूतिर घुम्न निस्कन्छु । सपनाहरू निद्रामै कतै बिलाइजान्छन् । छुट्छन् । सपनाहरूबारे छुट्टै नोटबुक बनाउने इच्छा अक्सर बिर्सिरहन्छु । सपनाहरूको सङ्ग्रह बनाएर त्यसको शीर्षक -NOTES OF DREAMS, an anthology of subconscious metaphors- राख्ने चाहना खेर गइरहेका छन् ।

सेलफोनमा माथिको सन्देश मलाई पर्खी बसेको रहेछ ।

गृहत्याग गरें । थुप्तेनको टेक्स्टबारे सोचें । फेसबुक र ट्वीटर जस्ता सामाजिक सञ्जालहरूप्रति रूचि कहिल्यै भएन । चलाउँदिनँ । एसएमएस-टेक्स्ट/मेसेजहरूको प्रतिक्रिया दिन उतिसारो मन लाग्दैन । किनकिन सुपरफिसियल कर्मजस्तो लाग्छ ।

तर पनि गुप्त शुभचिन्तक एवम् प्रेमीजनहरू सन्देश पठाइरहन्छन् ।

थुप्तेनको एउटा पङ्ति -everytime I read you creations…I feel like I'm reading my own self-ले आत्मस्पर्श गऱ्यो । अकबरको सुन्धारास्थित चिया घरमा बसी देहाय बमोजिमको सन्देश टाइप गरें:

Dear Thupten !

I opened my eyes @ 4 only to find your text sleeping in my cell phone. Now I'm wandering around the dark and tantric alleys of Patan with your text whispering in my soul.

We are all departed soul combined and knitted together by the thread of life and death.

Thank you for your good-morning-wish.

- K. Nagarkoti.

औंला नचाउँदै सेलफोनमा लेख्दै गर्दा अकबरले चिया ल्याइदिए । र, भनेः

- गुडमर्निङ कुमार दाइ ! मोबाइलमा इन्डेक्स फिङ्गरले के लेखिरहनुभा'छ ?

यी अकबर श्रेष्ठ तिनै मनुवा हुन्, जसको चिया पसलबारे -पाटनका चिया अड्डाहरू- नामक लेखमा मैले चर्चा गरेको थिएँ । त्यो लेख कान्तिपुर 'कोसेली'को 'कुमारजी उवाच'मा करिब १ वर्षअघि छापिएको थियो । जसलाई 'घाटमान्डु'को नन-फिक्सन च्याप्टरमा मैले समावेश गरेको थिएँ । किताबभित्र आफू समावेश भएको कुराले यी मनुवा दङ्दास परेका थिए र एक दिन पत्नी र सानी छोरीसित मेरो परिचय गराउँदै भनेका थिएः

- पापाको बारे किताबमा लेख्ने कुमार दाइ उहाँ नै हुनुहुन्छ । नमस्कार गर ।

अकबरले एक बिहान रमाइलो प्रसङ्ग सुनाए ।

यिनी 'घाटमान्डु' किन्न पाटन दरबार क्षेत्र गएछन् । ठूलो घन्टा भएको घरमुनिको पसलबाट किताब उठाएछन् । 'घाटमान्डु' किन्ने अरू युवायुवतीहरू पनि यिनले देखेछन् । ती सबै कलेज युनिफर्ममै थिएछन् । बडो खसखस लागेर यिनले ती कलेज बङ्कर्स युवाज् एन्ड युवतीज्लाई शानका साथ भनेछन् - *यो किताबमा म पनि छु ।*

- तपाईं को हो र किताबभित्र काँ हुनुहुन्छ ? - एउटीले सोधिछन् ।
- मेरो नाम अकबर श्रेष्ठ हो । म 'पाटनका चिया अड्डाहरू'भित्र छु । - यिनले भनेछन् ।

र, यिनले किताब सर्फिङ गर्दै आफू कहाँ उल्लेख भएको छु भन्ने ठाउँ पनि देखाइदिएछन् । अनि ज्यादै उत्साहित हुँदै थपेछन्ः

- कुमारदाइ मकहाँ चिया खान आउनुहुन्छ ।
- को कुमार दाइ ? - एउटाले सोधेछ ।
- यु मिन नगरकोटी ? - अर्की एउटीले भनिछ ।

- हो हो । आइ मिन नगरकोटी । - यिनले भनेछन् र थपेछन् । - तर तपाईंहरू कुमार दाइका कथाहरू बुझ्नुहुन्छ ?

एउटी मैयाँले भनिछ- *बुझ्नका लागि हामी काँ पढ्छौ र ! त्यसका लागि त अरू किताबहरू छँदै छन् नि ! बुझ्न होइन, नगरकोटीलाई हामी आनन्दका निम्ति पढ्छौ । तपाईं पनि त्यसै गर्नुस् । तपाईंको कल्याण हुनेछ ।*

कल्याण र अकल्याण त अब यस्तै तपसिलका कुरा न भए !

त्यसपछि गुफामा मैले चराहरूका निम्ति गीत बजाएँ । सूर्योदयपश्चात् । झ्यालको कुर्सीमा कलिलो घाम ताप्दै । हिन्दी गीत । सेलफोनमा । कोक स्टुडियो एम टिभी सिजन थ्रिको ब्युटिफुल कम्पोजिसन । कबुतरहरूलाई गीत सुनाएँ:

"जू, जू, जू...

कि उजला हि उजला शहर होगा

जिस मे हम तुम बनाएँगे घर

दोनो रहेंगे कबुतरसे जिसमे होगा न बाजोंका डर

जू, जू, जू...

मखमल की नाजुक दिवारे भी होंगी

कोनोंमे बैठी बहारे भी होंगी

खिडकी की चौखट भी रेशम की होगी

चन्दन सी लिपटी हाँ सेहन भी होगी

दोनो रहेंगे कबुत्तरसे...

जू, जू, जू...

जू, जू, जू...

पाँवो को नंगा जो करके चलेंगे

चरपरकी आवाज से वो बजेंगे

कोयल कहेगी कि मै हुँ सहेली

गैना कहेगी नहीं तु अकेली

जू, जू, जू...

कि उजला हि उजला शहर होगा

जिस मे हम तुम बनाएँगे घर

दोनो रहेंगे कबुतरसे जिसमे होगा न बाजोंका डर

जू, जू, जू..."

चराहरूलाई यसरी गीत, सङ्गीत, कविता-कथाहरू सुनाउने काम कहिलेकाहीं म्याडनेसजस्तो लाग्छ, नाजायज धन्दाजस्तो लाग्छ तर यस्तो खालको -ETERNAL LONELINESS OF NAGARKOTI- को स्वप्निल राज्यमा के जायज के नाजायजजस्तो पनि लाग्छ । जू,जू,जू । जू,जू,जू ।

यो 'घर' नामक कबुत्तर गीत भारतीय अभिनेता पियूष मिश्राले रचेका हुन् । गाएका हुन् ।

न्यु दिल्ली जानु केही दिनअघि मिश्रा प्लस अमिताभ बच्चन अभिनीत फिल्म -पिङ्क- हेरेको थिएँ । जयपुरको पिङ्क सिटी जानुअघि पिङ्क फिल्म हेर्नु आवश्यक पनि थियो शायद । कुनै समयका अल्कोहोलिक मिश्रा अभिनेतालगायत कवि हुन्/गीतकार हुन्/म्युजिक डिरेक्टर/स्क्रिप्ट लेखक हुन्/थिएटरका कलाकार हुन् । यिनको गाउने अन्दाज ज्यादै सिङ्गुलर र बिचित्र पाराको लाग्छ ।

फिल्ममा यिनको अभिनय पनि -जरा हट्के- टाइपको लाग्छ ।

पियुष मिश्राले रचेको र गाएको अनुराग कश्यप निर्देशित फिल्म 'ग्याङ्स अफ वासेपुर'को चाँद-गीत पनि चराहरूलाई एक्स्ट्रा-बोनसको रूपमा सुनाएँः

SSS

इक बगल मे चाँद होगा

इक बगल मे रोटियाँ

इक बगल मे नींद होगी

इक बगल मे लोरियाँ

हम चाँद पर रोटी की चादर ओढकर सो जाएगें

और नीद से कहे देगें लोरी कल सुनाने आएगें

SSS

जू,जू,जू । कमन् एभ्रिवडी । लेट्स रक ।

जू,जू,जू । कमन् एभ्रिबडी । सिङ् विथ् मी ।

चियर्स ।

जू,जू,जू ।

चियर्स फर पियूष मिश्रा !

त्यसपछि सुरू हुन्छ -मर्निङ रिसाइटेसन-को सेसन । आजको टेक्स्ट थियो, इटालो क्याल्भिनोको उपन्यास –PALOMAR–को प्रथम च्याप्टर –PALOMAR'S VACATION- को ओपनिङ दृश्यः

PALOMAR ON THE BEACH

Reading a Wave

The sea is barely wrinkled, and little waves strike the sandy shore. Mr Palomar is standing on the shore, looking at a wave.

(OR, is it - let's say - nagarkoti looking at a wave ?)

Not that he is lost in contemplation of the waves. He is not lost, because he is quite awake of what he is doing *(oh, really!)*; he wants to look at a wave and he is looking at it. He is not contemplating *(holy shit !)*, because for contemplation *(and meditation and vedication and ejaculation and incantation and blah, blah, blah)* you need the right temperament *(oh, really ! not again)*, the right mood, and the right combination of exterior circumstances *(and what the FUCK is exterior circumstances any way, mister nagarkoti !)*; and though Mr Palomar has nothing against contemplation in principle *(or principal? Mr George John was my principal of my hostel-days in Dipendra Police Shool, Sanga back in 90's. The Georgean Principal's principle was this: mister nagarkoti, never utter a bad word from your mouth. I've just overheard you say maachikne. Don't you ever pronounce this maachikne word again, ok? Because maachikne is a bad word. Now, go and meditate, contemplate for five minutes under that Chilauneko rukh)* none of these three conditions applies to him. Finally it is not "the wave" that he means to look at, but just one individual wave; in his desire *(desire is a disease, isn't it mister nagarkoti ?)* to avoid vague sensations, he *(who the hell is HE?)* establishes for his every action *(and inaction too?)* a limited and precise object.

गायत्री मन्त्र या कुनै स्तोत्र पाठ गऱ्याझैं डेढ पेज इटालो क्याल्भिनोलाई वाचन गर्दा नगर्दै दिक्क लाग्न थाल्यो । चराहरू पनि आनन्दित भएझैं लागेन । त्यसपछि मेक्सिकन कवि अक्टोभियो पाजको मेरो मनपसन्द कथा -The Blue Bouquet- वाचन गरी जोडजोडले सुनाएँ ।

यो ३ पाने छोटो कथा पढ्दा सधैं यसलाई नेपालीमा उल्था गर्ने मन हुन्छ । गर्छु भन्छु, बिर्सन्छु । कहिले के हुन्छ, कहिले के । गर्छु, जरूर गर्छु भन्दाभन्दै जीवन चट् हुने छाँटकाँट छ ।

यो कथा मैले प्रथमपटक कहिले पढेको थिएँ ?

***

॥ नोबेल लरेट श्री अक्टोभियो पाजलिखित् -द ब्लु बुके-को कथासार ॥

त्यो एक अपरिचित, अज्ञात बस्ती थियो । बेनाम गाउँ । त्यो गाउँमा म कागतालीले घुम्दै पुगेको थिएँ ।

राति ग्राम्य-भ्रमणका निम्ति म होटलबाट निस्कें ।

रात केही गर्मिलो थियो । आकाशमा टहटह जून लागेको थियो । र, म आफ्नै सुरमा निरूद्धेश्य हिंडिरहेको थिएँ । निर्जन इलाका थियो । मोहम्मद मुख्तार आलमका अनुसार अन्तिम मङ्गलबार सलुन खोल्ने बार्बरब्रोले रू. ५,०००/- बकाइदा जुर्माना भर्नुपर्थ्यो र त्यसको अलावा तीन दिनसम्म पसलमा भोटे ताल्चा झुन्ड्याउनु पर्थ्यो ! अनि लामो एकनासको हिंडाइमा मलाई निकै आनन्द लागिरहेथ्यो । यस्तैमा कसैले मेरो पिछा गरेको मलाई आभास भयो । कवि सरस्वती प्रतीक्षाको 'बागी सारङ्गी' मेरो मनभित्र को बजाइबस्छ कुन्नि ! मलाई पछ्याउँदै त्यो मानिस गाउँको एकलास ठाउँसम्म आइपुग्यो । त्यसले मलाई चक्कुले आफ्नो नियन्त्रणमा लियो । म ज्यादै तर्सें । सोधेंः

- तपाईं के चाहनुहुन्छ ?

- म तपाईंको एक जोर आँखा चाहन्छु । - त्यसले भन्यो ।

त्यसले त्यस्तो डरमर्दो कुरा यति शान्त र स्वाभाविक अन्दाजमा भन्यो, मानौं, ऊ मसित माचिस या खुक्स मागिरहेको होस् । ऊसित धारिलो चक्कु भएकोले मैले डराउँदै भनें कि मलाई कृपया नमार्नुस्/बरू मसित भएका जम्मै नगदनारायण लानुस् । तर, उसलाई पैसामा कुनै रूचि नभएको बुझियो । उस्तै गुरू गम्भीर लवजमा भन्योः

- मलाई तपाईंको एक जोर आँखा चाहियो ।

कस्तो गुरूघन्टाल आद्मी रैं'छ !

गुरुघण्टाल आद्मीले अनौठो कुरा गऱ्योः

- मेरी प्रेमिका नीलो आँखाहरूको बुके बनाउन चाहन्छे । अ ब्लु बुके । यु सी ! म आफ्नो प्रेयसीलाई अत्यन्त माया गर्छु । प्रेमिकाको चाहना पूरा गर्नु हरेक प्रेमीको कर्तव्य हो । त्यसैले आफ्नी मायालुको चाहना म हरहालतमा पूरा गर्न चाहन्छु । त्यसैले तपाईं कृपया हलचल नगरी बस्नुस् । यो चक्कुले कोट्याएर म तपाईंको आँखा निकाल्छु । अलिकति कष्ट हुन्छ, पीडा हुन्छ । सहनुस् । प्लिज डोन्ट मुभ् !

म छायाँमा छेलिएको थिएँ । मैले निजसँग आफ्नो आँखाको रङ नीलो नभई हल्का खैरो भएको कुरा जाहेर गरें । तर, उसले पत्याएन । खै हेरूँ भनी निजले आँखाअगाडि सलाई कोऱ्यो । ३/४ वटा सलाईका काँटीहरू जलाएर सिध्याइसकेपछि मात्र ऊ मेरो कुरा पत्याउन तयार भयो । त्यसपछि निजले मलाई मुक्त गरिदियो ।

- माफ गर्नुस् । -उसले भन्यो- तपाईंको आँखा नीलो रहेनछ ।

त्यसपछि त्यो मानिस मलाई परित्यक्त निर्जन स्ट्रिटमा एक्लै छाडी रातको अन्धकार रहस्यमा बिलायो ।

***

स्कुलबाट फर्केर आएपछि गुरू रिम्पोचेले भनेको थियोः

- पापा ! पोखराको मेरो भाइलाई फोन गर्नुस् न ! म कुरा गर्छु ।

कवि दाइ तीर्थ श्रेष्ठलाई ऊ भाइ भन्छ ।

पोखरामा एक दिन तीर्थ श्रेष्ठले हामीलाई बिहानदेखि साँझसम्म आफ्नो गाडीमा घुमाउनु भएको थियो । हामी जम्मा ६ जना थियौं । सरस्वती प्रतीक्षा, गनेस पौडेल, तीर्थ दाइ, सावित्री कार्की र नगरकोटी । यात्रामा तीर्थ दाइ र गुरू रिम्पोचेको जोडी खूब जम्यो । प्रतीक्षा र सावित्रीको मिल्ती भयो । मचाहिं गनेसका अद्भुत बातहरूमा अल्झें ।

बेलाबेला गनेसलाई म गणेश भन्थें । उनी नियमापत्ति गरिहाल्थे । भन्थे:

- म गणेश होइन कुमार दाइ । गनेस हुँ । प्लिज कल मि गनेस् ।

एन्ड ह्वाट द फक् इज 'गनेस' भन्दा उनी आफ्नो नामको व्याख्या गर्थे:

- काउन्ट गर्ने बेला, गन्ती गर्ने बेला मलाई गन्ती गर्न नभुलेस् ! मलाई पनि गनेस् । म पनि यो विशाल अस्तित्वमा छु । मलाई नबिर्सेस् । मलाई गनेस् । तेरा अनेक ब्वाइफ्रेन्ड/प्रेमीहरू होलान् तर मलाई पहिलो नम्बरमा गनेस् । त्यसैले कुमार दाइ ! तेरो संस्मरणमा अनेक नामहरू आउलान् तर मलाई नभुलेस् । मलाई पनि गनेस् । बुझिस् ?

बुझें, महाराज बुझें ।

उता तीर्थ दाइ गुरू रिम्पोचेसितै बच्चा हुन रूचाउनुभयो । दुई जना दाइभाइ भए । कविजी पुत्रसित भन्थे- *दाइ ! भोक ला'छ ? दाइको गर्लफ्रेन्ड छ कि छैन ? दाइ कति क्लासमा पढ्नुहुन्छ ?* यस्तोमा पुत्र भन्थ्यो- *भाइ ! राम्रोसँग गाडी चलाउनुस् । मेरो गर्लफ्रेन्ड छैन, भाइको गर्लफ्रेन्ड छ कि छैन ?*

थाहा छैन, आज एकाएक गुरू रिम्पोचेलाई तीर्थ दाइको कसरी याद आएछ । स्कुलबाट फर्कनासाथ पोखराको भाइलाई फोन गर्नुस् भन्यो ।

प्रिय डायरी !

मेक्सिकन कवि अक्टोभियो पाजको -The Blue Bouquet- कथामा एउटा अपराधी मलाई परित्यक्त निर्जन स्ट्रिटमा एक्लै छाडी रातको अन्धकार रहस्यमा बिलाएको थियो । त्यो मानिस जो आफ्नो प्रेमिकाका निम्ति मान्छेका नीला आँखाहरूको सिकारमा राति निस्कन्थ्यो, त्यसको नाम के थियो ? पाटन दरबार स्क्वायरमा -घाटमान्डु- पढ्ने युवाज् एन्ड युवतीज्का नाम के थिए ?

आजको दिन यस्तै भयो । चराहरूलाई कथा र गीत सुनाएँ । अन्त्यमा अब तीर्थ दाइको कविता -हिउँमा लेखिएका नामहरू- छाडेर म पनि त्यही अक्टोभियो पाजको प्रेमीसितै बिदा हुन्छु । है ! गुड नाइट !

हामीले

लेखेर आएका छौं

हिउँमा आ-आफ्ना नामहरू

एक छिनपछि हिउँ थपियो भने

रहने छैनन् हाम्रा नामहरू

एक छिनपछि घाम लाग्यो भने पनि

बाँकी रहने छैनन् हाम्रा नामहरू

हामी रहँदा-रहँदै

नरहने हाम्रा नामहरू

हामी नरहँदा

कसरी रहलान् हाम्रा नामहरू

हामीले

लेखेर आएका छौं

हिउँमा आआफ्ना नामहरू

***

कार्तिक १० । बुधबार

दिउँसो अचम्म भयो । यस्तो अचम्म हिजोआज शहर पस्दा बाटाघाटा, गल्ली/फुटपाथहरूतिर भइरहन्छन् । दोहोरिरहन्छन् । म ट्वाँ परिरहन्छु । कुरा के भन्देखिन् नि ! मित्र राजन गोदारलाई भेट्न जाँदै थिएँ । पुतलीसडक । यसको नाम किन पुतलीसडक ? के यस विषयमा लेखक सौरभले कुनै लेख लेखेका छन् ? यी सौरभ अचम्मका मानिस ! कुनै बखत यिनी कुनै पत्रिकाका माइबाप रहेछन् । घिमिरे युवराज काम खोज्दै यिनीसँग ठोक्किन पुगेछन् । घिमिरेलाई रिपोर्टिङ गर्न पठाएछन् र भनेछन्-

तिमी सत्यमोहन जोशीलाई त चिन्छौ नि ! घिमिरेले चिन्छु/पढेको छु भनेछन् । सौरभले भनेछन्- तिम्रो पहिलो रिपोर्टिङ त्यतैको हुनेछ । तिमी सत्यमोहन जोशीको पाटन-घर जाऊ । सत्यमोहनसित बातचित गर । घिमिरे गद्‌गद भएछन् र सोचेछन्- कस्तो गज्जब ! पहिलो रिर्पोटिङ नै संस्कृतिविद् सत्यमोहन जोशीसित ! दामी अन्तर्वार्ता गर्छु । तर, सौरभले त यसो पो भनेछन्- सत्यमोहन जोशीको घरमा एउटा भोगटेको रूख छ । धेरै पुरानो । सत्यमोहन त्यो रूखमुनि बसी सुन्तला/स्याउ खान्छन् । चिन्तन-मनन गर्छन् । तिमी त्यो भोगटेको रूखबारे एउटा रिपोर्ट बनाऊ । एउटा आर्टिकल तयार पार । ओके ? नाउ प्लिज् गो टु पाटन । यो किस्सा मलाई रमाइलो लाग्छ । घिमिरे युवराजले मलाई सुनाएको । राजन गोदारसित भेट नभएको पनि धेरै भइसक्या'थ्यो । कफी पिउन बोलाका थिए । त्यतै जाँदै थिएँ । यो शहरमा मैले चिन्ने राजन तीन जना छन् । व्यक्तिगतरूपले । १) राजन गोदार २) राजन खतिवडा ३) राजन मुकारूङ । ए साँच्ची ! राजन काफ्ले पनि त छन् नि ! कस्तो भुसुक्कै बिर्सेको । हिजै त हो नि राजनसित भेट भएको । आई मिन खतिवडासित । उनीसित मण्डला-थिएटर छेवैको क्याफेमा भेटघाटको मौसमी-प्रोग्राम थियो । मण्डलामा उनी 'लेखकहरू जेलमा छन्' कथालाई नाट्य रूपान्तरण गरी मञ्चन गर्न चाहन्छन् । 'घाटमान्डु' भित्रको कथा । किताब बजारमा आउनुअघि नै मैले त्यो कथाको पाण्डुलिपि उनलाई दिएको थिएँ । मिस्टर खतिवडा मसित प्रायः भन्ने गर्छन्ः दाइ ! एउटा सिरियस अब्सर्ड नाटक चाहियो । लेख्नुस् । कस्तो बिस्मातको बात हो यो ! सरियस & अब्सर्ड ? म ठट्टा गर्दै उनलाई भन्ने गर्छु- लुक माइफ्रेन्ड मिस्टर खतिवडा ! मेरो समग्र जीवन नै एउटा अब्सर्ड नाटक जस्तो छ । केही दिन मसित सङ्गत गर्नुस् । मेरो केस-स्टडी गर्नुस् । नाटक आफैं तयार हुन्छ । ज्याँ पाल सार्त्रको एउटा नाटकको पात्रले भन्छ नि –HELL IS OTHER PEOPLE– हो, त्यस्तै । बिल्कुल त्यस्तै –HELL IS OTHER PEOPLE– जो स्वर्गमा बस्दा समेत नर्कको दारूमहलमा मदिरा सर्भ गर्ने मादक-स्त्रीको रूपालावण्यबारे सोचिबस्छ । काठमान्डुमा मञ्चन हुने नाटकहरूमा

हाँस्यव्यङ्ग्यको अतिक्रमले साहित्य पाखा लाग्दै छ भनी अक्सर सुनील पोखरेल, अनुप बराल, घिमिरे युवराज, राजन खतिवडा, विमल सुवेदीजस्ता थिएटरका सिरियस गायजहरूसित गुनासिन्छु -LITERATURE IS MISSING FROM THE SCENE ! यस्तो बखत उनीहरू फ्याट्ट भनिदिन्छन्- मूला फिक्सन डिजाइनर ! तँ के हेरिबसेको छस् ? नाटक किन लेख्दैनस् ? कहिलेकाहीं जङ चलेर आउँछ । नाटकका यी पुजारीहरूका निम्ति छुमन्तर गरी एउटा-एउटा एक्सपेरिमेन्टल नाटक तयार पारूँ । र, उनीहरूको मन्दिरमा भेटी चढाऊँ । तर, म ताक्छु मुढो, कलम ताक्छ घुँडोजस्तो भइरहन्छ । के गर्नु ? खैर ! दिल्लीबाट फर्केलगत्तै राजन खतिवडालाई -कोरागाउँका किरियापुत्रीहरू- नामक कथा पढ्न दिएको थिएँ, जुन 'हिमाल' खबरपत्रिकाको दशौं अङ्कमा प्रकाशित भएको थियो । मिस्टर खतिवडा त त्यो कथामा पो बढी आकर्षित भएछन् । मञ्चनका निम्ति परिकल्पनासहित ड्राफ्ट नै तयार पारिसक्या रहेछन् । कपाल खौरेर सम्पूर्ण कलाकारहरूलाई बर्खीको भेषमा मञ्चमा उतार्नुपर्छ भन्छन् । मलाई पनि एउटा पात्रमा खेल्नुपर्छ भन्छन् । मैले खेल्दिनँ भनें । बडा हौसिँदै उनले भने- दाइ ! 'लेखकहरू जेलमा छन्' क्यान्सिल । 'कोरागाउँका किरियापुत्रीहरू' सदर । मञ्चनका लागि यो कथा पर्फेक्ट छ । देश, काल, परिस्थितिअनुसार नयाँ कथा ज्यादै उपयुक्त छ । हामी सम्पूर्ण नेपाली जनता यो देशका किरियापुत्रीहरू नै हौं, कसो कुमार दाइ ? लौ महाराज, जय होस् ! कथामा एउटा यस्तो गाउँको परिकल्पना गरिएको छ, जहाँका मान्छेहरू देशको सरकार ढल्नासाथ किरिया बस्ने गर्छन् । गाउँलेहरू सबैको के एकमत छ भने सरकार भनेको अभिभावक हो र अभिभावकको मृत्युमा बर्खी बार्नु हरेक सन्तानको कर्तव्य हो । तसर्थ हरेक सरकारको अवसान हुँदा उनीहरू कोरा बस्छन् । केश मुण्डन गर्छन् । श्वैत वस्त्र धारण गर्छन् । खाने कुराहरू बार्छन् । खैर, यस्तो खालको पोलिटिकल फिक्सन/कथा लेखुँला भन्ने मैले कहिल्यै सोचेको थिइनँ । तर, नेपालका पोलिटिकल पार्टिज्को सरकार फेरिहाल्ने नौटङ्कीले मन-मस्तिष्कलाई यति क्षुब्ध पारिदियो कि यस्तो कथासमेत लेख्नुपऱ्यो । सो-कल्ड राजनीतिक

दलहरूले 'सरकार'लाई पेन्टी र पेटिकोट भन्दा पनि गएगुज्रेको हैसियतमा झारिदिए । ती दैत्यहरूले सरकारको यसरी चीरहरण गरे कि गोकुलवासी कृष्णसमेत संसद-भवनमा हुँदा हुन् त चकित पर्दा हुन् । कथाको न्यारेटर भन्छः देशको सरकार यति शीघ्र मर्न थाल्यो कि वर्षमा दुई-तीनपटकसम्म किरियापुत्री बन्ने नौबत आइलाग्यो । राजनीतिक दलहरूले सरकार गिराउन महारथ हासिल गरे । एउटा सरकार जन्मन पाएको छैन, त्यसको भ्रुणहत्या गर्न विपक्षी दलका नेताहरूको मगज चुमचुम गरिहाल्थ्यो । त्यो चुमचुम बडो अनिष्टकारी हुन्थ्यो । प्रतिपक्षी नेताको मगज कुनै निम्फोमेनियाक स्त्रीको यौनाङ्ग चुमचुम गरेझैं चुमचुम गर्न थालेपछि मेरी बास्सै उसलाई प्रधानमन्त्रीको मुहुनीमय कुर्सी चुमूँचुमूँ लाग्ने कामोत्तेजक बेथा लागिहाल्थ्यो । संसारभर यही एउटा देश थियो, जसको सरकार यति शीघ्र सिल्टिमुर खान्थ्यो कि -गिनिज् बुक अफ् वर्ल्ड रेकर्डस्-का पदाधिकारीहरूसमेत आश्चर्यले आफ्ना कान्छी औंला टोक्न थाल्थे । देशको नयाँ संविधान घोषणा भएको वर्ष दिन नबित्दै दोस्रो सरकारको प्राण घिटिघिटी गर्दै सेलायो । अबको सरकारलाई पनि नौ महिनाभित्रै सेलाउने राजनीतिक दलहरूको भद्र सहमति भइसकेको थियो । दलहरूलाई त सुख/हाइसन्चो थियो- पालैपालो प्रधानमन्त्री हुन्थे । एउटा दलको टोली नेता त कस्तो ज्याद्रो भने ऊ चौथोपटक देशको प्रधानमन्त्री हुने अश्लील अभिलाषा राख्थ्यो । दुःख त बरा कोरागाउँका किरियापुत्रीहरूलाई थियो । कति किरिया बस्नु ? कति जूठो बार्नु ? सरकारको सिंहासनमा विराजमान भएको नौ महिनाभित्रै मरिसक्ने एउटा दलबारे कोरागाउँका किरियापुत्रीहरूचाहिँ यस्तो बात मार्थे- यो दलको सरकार नौ महिनामै किन ढल्छ ? नवग्रहको कुदृष्टि यसमा परेको हुनुपर्छ । नौ महिनामा एउटी ममतामयी आमाको कोख भरिन्छ । शायद यो दलको कोखमै कुनै कैफियत छ । आफ्नो सरकारको चिर आयुका निम्ति यो दलले कोखपूजा गर्नु मुनासिब हुनेछ । राजन खतिवडा भन्थे- त्यसैले कुमार दाइ ! तपाईंले परिकल्पना गरेको कोरागाउँ भनेको यही देश हो । र, हामी सबै यही देशका किरियापुत्रीहरू हौं । हाल देशमा पुष्पकमल दाहाल उर्फ प्रचण्डको

सरकार छ । संयोगले पुकदा सरकारको आयु पनि नौ महिनाको छ । कोखपूजा गरे त सरकार बच्ला नत्र मरिजाने निश्चित छ । हामी पुनः एकपटक किरियापुत्री हुन अभिशप्त हुनेछौं । तसर्थ मण्डला थिएटरमा यही नाटक मञ्चन गरौं, कसो ? लौ, तपाईंको जय होस् राजनजी ! तर, यो त हिजोको कुरा थियो । आजचाहिं म राजन गोदारलाई भेट्न जाँदै थिएँ । भोलि राजन मुकारुङसित भेट हुने हो कि ! उनीसित भेट नभएको पनि धेरै भयो । नयाँ लेख्दै गरेको भनिएको उपन्यास सिध्याए कि सिध्याएनन् ? थाहा पत्तो केही छैन । उपेन्द्र सुब्बा र हाङयुग अज्ञातसितको सहचार्यमा जन्मेको -सिर्जनशील अराजकता-को अभियान/आन्दोलन के कस्तो छ ? हाङयुग अज्ञात ! कविताझैं यिनको नाम पनि बडा गज्जबको लाग्छ । हङकङवासी कवि आजकल यतै छन् क्यारे ! नाम त मलाई युग पाठकको पनि गज्जब लाग्छ । युगकै पाठक ! जुल्फीवाला लेखक । यिनको -उर्गेनको घोडा- मलाई मन परेको थियो । त्यसको प्रस्तुतीकरण गज्जब थियो । न्यारेसनमा उनले कमाल-ओ-कमाल गरेका थिए । नेपाली फिक्सनमा लिनियर न्यारेटिभ प्लस वान डाइमेन्सनल फर्म्याटिङ अझैसम्म कायम हुनु भनेको -मलाई लाग्छ- नेपाली साहित्यको दयनीय/दारूण अवस्था हो । यस्तो लाग्छ, नेपाली साहित्य अझैसम्म आफ्ना पाठकहरूलाई किस्सा/कहानी/गल्प सुनाइरहेको छ । एकादेशबाट सुरू हुने र भन्नेलाई सुनको मालामा गई टुङ्गिजाने । त्यसमाथि पाठकहरूलाई एक डोज् अल्लारे प्रश्न पनि सोधिहल्ने- लु भन भन, नानीबाबुहरू ! यो कथाबाट तिमीहरूले के सन्देश, शिक्षा ग्रहण गऱ्यौ ? तर, 'उर्गेनको घोडा'मा युग पाठकले आफ्ना पाठकहरूलाई युगीन बनाउँदै सम्बोधन गरेका थिए- कमन् गायज् यु आर नो मोर इन्फ्यान्ट्स । यु ह्याभ ग्रोन अप नाउ । इट्स टाइम टु स्टार्ट रिडिङ पल्पसा क्याफे, घनचक्कर, कर्नाली ब्लुज, एन्ड घामकिरी । लेट्स डिकोड द फर्म अफ् नेपाली फिक्सन राइटिङ टुगेदर । यिनै युग पाठकले जुल्फी हल्लाउँदै केही महिनाअघि एउटा नाटक लेखे र मञ्चन गरे । म बहोत् प्रसन्न भएँ । उनलाई हार्दिक बधाई दिंदै भनें- वेलकम टु द वर्ल्ड अफ् नेपाली थिएटर माई दोस्त । थिएटरका पुजारीहरू

अशेष मल्ल, सुनील पोखरेल, वीरेन्द्र हमाल, अनुप बराल, घिमिरे युवराज, राजन खतिवडा, विमल सुवेदीहरू हामी सो-कल्ड समकालीन लेखकहरूलाई भन्छन्- हामीले शहरमा यतिका थिएटर क्रियट गरिदिएका छौं। एउटा माहोल भरिदिएका छौं। मूला लेखक, तिमीहरूले चाहिँ हाम्रो थिएटरका लागि नाटक क्रियट गर्नुपर्दैन ? कति दुःख/मेहनत/पसिनाले हामीले एउटा स्पेस क्रियट गरिदिएका छौं। त्यो स्पेसमा तिमी मूलाहरूको जीवन्त अक्षर, शब्द र सपनाहरूले नृत्य गर्नुपर्दैन ? शेक्सपियर, इब्सेन, ब्रेख्त, गोठाले, रिमाल, मल्ल, सम र सार्त्र तथा बेकेटजस्ता मृत लेखकहरूको मुख कति ताक्नु ? तिमी ज्युँदा भनाउँदा समकालीन लेखकहरूको मुख ताकेर हामीले के बिरायौं ऐ जैरेहरू ? के भूल गऱ्यौं ऐ भैरेहरू ? तिमीहरू ज्युँदै छौ कि मरिसक्यौ ? बजारमा बिक्री हुन्छ भन्दैमा बायोग्राफी र उपन्यासको धन्दा मात्र चलाउने ? हिसाब नै गर्ने हो भने बजारमा बायोग्राफी र उपन्यासभन्दा बढी बिक्री त बरू उपियाँ/उडुस मार्ने विषादीकै हुन्छ। कलमभन्दा कण्डम नै बढी बिक्री हुन्छ। कन्डम बिक्री हुन्छ भन्दैमा कलमलाई डस्टबिनमा फ्याँक्ने ओई जीवित प्रकाशक र लेखकहरू ! हाम्रो निम्ति नाटक छाप्नुचाहिँ पर्दैन ? यो तिमीहरूको कर्तव्य होइन ? लेख्नु, छाप्नु त कता हो कता, अझ थिएटरभित्र छिर्न तिमीहरूलाई उल्टो पास उपलब्ध गराउनुपर्ने ? खैर ! यस्तै बखत युग पाठकले नाटक -युमा- लेखेर थिएटरका पुजारीहरूसमक्ष भनिदिए- हामी समकालीन लेखकहरूसित कृपया यतिसारो निराश नहुनुस्। हामी मरिहालेका छैनौं। नाटक नलेखेकोमा सत्यमोहन जोशी र अभि सुवेदीको मुख हेरेर भए पनि कृपया हाम्रो पुस्तालाई यति साह्रो नधिक्कार्नुस्। कृपया हामी सिर्जनशील अराजकहरूको पीरमर्का बुझिदिनुस्। खैर ! जे होस् राजन मुकारूङ एन्ड फ्रेन्ड्सको -सिर्जनशील अराजकता- आजकल लेडी किम्याको घरमा देखिन्छ। परेवाहरूको गुँडमा अण्डा ह्याच भएर पैदा भएको चल्लाको सिजर्नशील अराजकताले सावित्रीलाई खुशी तुल्याइदिएको छ। बचेरा बिचरो बच्चै छ। यसको नामबारे तपाईंले के सोच्नुभा'छ भनी सावित्री मलाई सोधिबस्छे। यस्तो बेला तीर्थ श्रेष्ठकै कवितापङ्ति मनमा झल्याँस्स

ब्युँझन्छ- हामीले लेखेर आएका छौं हिउँमा आफ्ना नामहरू। पग्लिएर/बिलाएर जाने नामबारे मैले के सोच्ने ? गुँडको त्यो बचेरालाई देख्दा मेरो मन सन्तापोन्मुख भइदिन्छ । मोहम्मद मुख्तार आलमको मरेको परेवा आँखामा नाच्न थाल्छ । बिरालो यो टोलमा पनि छ । बचेरालाई खाइदिए के गर्ने ? यहाँ गुँड बनाएर ज्याक निकोल्सन र लेडी किम्याले शायद गल्ती गरे । यिनीहरूले मानिसको बस्तीमा यसरी आफ्नो घर नबनाउनुपर्ने । कुनै फ्याट् ब्ल्याक क्याटले लेडी किम्यालगायत उसको भर्खरै जन्मेको बच्चालाई क्वाप्प एक गाँस पारे के गर्ने ? यस्तै शैतानी आशङ्काहरू आजकल मनमा तरङ्गित हुने गर्छन् । मनमा उब्जने काल्पनिक पीडा तथा यातनाहरू पनि किन यति दैहिक हुने गर्छन् । देहको हिसाबकिताब/कारोबारहरूबाट मुक्त भई विदेह हुने तरिका के हो ? यी चराहरूसितको यस्तो आत्मीयताबाट डिट्याच्मेन्टको ऋतम्भरा अवस्थामा पुग्ने उपाय के हो ताकि बिरालोले लेडी किम्याको घाँटी चुँडाल्दासमेत म प्रकृतिको आचारसंहिताअनुसार यो सब भइरहेको छ भनी साक्षीभावले अवलोकन गर्न सकूँ । तर, फेरि यस्तो कल्पना समेतले पनि मन बाउँडिन्छ, मनमा ऐंठन हुन्छ । मन किन यति दैहिक छ ? यी चराहरूले मानव बस्तीभन्दा पर कतै जङ्गलमा आफ्नो गुँड बनाउनुपर्थ्यो । कुनै भीरपाखातिर लेडी किम्याले ओथारो बसी चल्ला काढ्नुपर्थ्यो । बच्चा र आमा दुवैको रक्षा, कल्याण हुन्थ्यो । मान्छेहरूको बस्ती चराहरूका निम्ति ज्यादै डरलाग्दो हुन्छ । अझ हामीहरू बस्ने मानव बस्ती त त्यस्तो हो, जहाँका प्रधानमन्त्री तथा मन्त्रीहरू राष्ट्रिय समारोह तथा सम्मेलनमा परेवा उडाउँछन् । नेताहरूले आजसम्म आकाशमा उडाएका परेवाहरू कहाँ गए हुनन् ? दश वर्षे लडाइँमा सरकारी तथा विद्रोही हातहरूले राइफल, तोप, ग्रिनेडहरू उडाए र पछि तिनै हातहरूले खुलामञ्चको आकाशमा परेवाहरू पनि उडाए । यो कस्तो अनौठो विडम्बना हो ? परेवा उडाउँदैमा युद्धको नाममा मरेका ती तमाम जवान, सर्वसाधारण तथा कमरेडहरूको आत्माले शान्ति पाउने भए क्या जाती हुन्थ्यो । आकाशमा परेवा उडाएर विश्वमा शान्ति फैलँदो हो त ती निर्दोष परेवालाई चील, बाजहरूले नखानुपर्ने हो ।

जू, जू, जू... पियूष मिश्राको गीत यस्तै बेला मनमा गुञ्जन्छः कि उजला हि उजला शहर होगा, जिसमे हम तुम बनाएंगे घर/दोना रहेंगे कबुतरसे जिस मे होगा न बाजोंका डर । त्यो बाजको सधैं किन डर लागिरहन्छ ? यसरी ? किन ? क्यों ? ह्वाई ? फर गड्स सेक ह्वाई ? यस्तो मनस्थितिमा ज्याक निकोल्सन र लेडी किम्याको बचेराका निम्ति एउटा सुन्दर नाम म कसरी जुराउन सक्छु ? जुन नाम जब कि तीर्थ श्रेष्ठको हिउँमा पग्लिएर बिलाइजानेछ, जसरी कुमार नगरकोटीको नाम चिताको धुआँमा कुनै दिन विलीन हुने नै छ । एरिना ताम्राकारको माइती-बरन्डामा नभई परेवाहरूले आफ्नो गुँड कतै अनकन्टार-भीरमा बनाउनुपर्थ्यो । दमिनी भीर ! राजन मुकारूङको दमिनी भीरतिर ज्याक निकोल्सन र लेडी किम्याले गुँड बनाउनुपर्थ्यो । कमसेकम यस्ता यातनामय आशङ्कित विचार-भावनाहरू मेरो मनमस्तिष्कमा हुँडलिने त थिएन । 'दमिनी भीर'को सेतो कभरले मलाई निकै आकर्षित गरेको थियो । सेतो रङ हावी भएको गातामा ब्राउन-रेडको भीर छ र भीरको टुप्पातिर स्केलेटल हाँगा भएको एउटा आशाको कङ्काल वृक्ष छ । तिनै स्केलटल-हाँगाका कापमा लेडी किम्याले गुँड बनाउनुपर्थ्यो, अण्डा कोरल्नुपर्थ्यो र बचेरा हुर्काउनुपर्थ्यो । कमसेकम बिरालोको डर त हुन्थेन । किताब-गाताको श्वैत शुभ्र ब्याकग्राउन्डमा नेपाली र अङ्ग्रेजी अक्षरहरू स्वयम् भीरबाट खसेझैं गरी -दमिनी भीर, A Novel by Rajan Mukarung- लेखिएको छ, जो ज्यादै आकर्षक एवम् प्रभावकारी लाग्छ । 'मदन पुरस्कार विजेता' भन्ने गोलो लोगोको कुरूप दाग/धब्बाले गाता-कभरको सौन्दर्यलाई नष्ट गरेर मात्र हो, नत्र किताबको कभर-डिजाइन ज्यादै चित्ताकर्षक थियो । यो किताब एक दिन एउटी युवतीले पसलबाट मेरो आँखै अगाडि झ्याप हानेकी थिई । उपन्यासले मदन पुरस्कार पाउँदाताकाको कुरा हो । जमलको -एजुकेसनल बुक हाउस-मा बुक सर्फिङ् गरिरहेको थिएँ । मैले त्यो दिन केके किताब किनेको थिएँ, अहिले याद छैन । किनभने त्यो यादलाई मज्जासँग पाखा लगाइदिएकी थिई, त्यो युवतीले, जसले -दमिनी भीर, A Novel by Rajan Mukarung-लाई बुक सेल्फबाट सुटुक्क

टिपेर आफ्नो रातो ह्यान्डब्यागभित्र खुसुक्क घुसाएकी थिई। म जिल परी हेऱ्याहेऱ्यै भएँ। उसले मलाई देखी। युवती कस्तीसम्मकी बोल्ड रहिछ भने आफ्नो चोर औंला ओठमा ठड्याउँदै उसले मलाई 'चुप्' रहन सङ्केत गरी। मेरो आँखा उसको इन्डेक्स फिङ्गर र ब्राउन ओठमै अल्झियो। ती ओठ वास्तवमा चुम्न लायकका थिए- रेसादार। अधरपानका निम्ति ज्यादै पर्फेक्ट। तर, चुप! इन्डेक्स फिङ्गर ब्राउन ओठमा बसी चौकीदारी गरिरहेको थियो। युवती राम्री थिई। बोल्ड एन्ड ब्युटिफुल। त्यसपछि ऊ केही बेर पसलमा फऱ्याकफुरुक गरी। एक मनले त लाग्यो कि उसले -फोसिल- पनि झ्याप हाने हुने नि! मेरो आँखाले उसलाई कुनाकाप्चाबाट पछ्याइरह्यो। लेडी किम्याको नवजात बचेराबारे म त्यति सोच्न चाहन्नँ। किनभने सम्भावित ट्राजेडीले मन भतभती पोलिरहन्छ। त्यसपछि युवती पसलबाट सुटुक्क बाहिरिई। खै त! पसलमा जोडिएको सिसिटिभी क्यामेराहरूले पनि काम त गर्दो रहेनछ नि! तिनको हैसियत पनि देखियो। कस्ती चलाख युवती! किताब त यसरी चोर्छे? युवाहरूको मन कति चोर्दी हो? रेसादार ब्राउन ओठको 'चुप्'ले कति युवाका मुटुहरूलाई छियाछिया पार्दी हो! क्लोज्ड सर्किट टेलिभिजन क्यामेराको निगरानीलाई समेत हु केयर्स/छु मतलब भन्ने कस्ती स्मार्ट युवती! आफ्नो इन्डेक्स फिङ्गर ओठमा राखी मलाई 'चुप्प' भनेको दृश्य कस्तो गज्जब! म चुप नै लागें। पोल या चुक्ली -जो म बच्चामा लगाउने गर्थे- किन पो गर्नु र! म त सुध्रिसकेको थिइनँ र? कहिलेकाहीं किताब चोरेरै पढेको पनि राम्रो। दिल्लीको -नेसनल स्कुल अफ् ड्रामा-मा छँदा आफूले एउटा महत्त्वपूर्ण किताब चोरेको प्रसङ्ग सुनील पोखरेलले मलाई सुनाएका थिए, जसलाई बिना कुनै हिचकिचाहट उनी अन्तर्वार्ताहरूमा समेत खुल्लमखुल्ला भन्ने गर्छन्। उनका दिल्ली गुरु काठमान्डु आउँदा उक्त किताब देखाउँदै आफ्नो त्यो शर्मनाक कर्तुतबारे उनलाई बताएछन्। जवाफमा गुरुले यसो भनेछन्- किताबकी चोरी अच्छी बात तो कतई नही है सुनील! लेकिन वो किताबसे तुम ने जो ज्ञान हासिल कि और उस ज्ञानको तुम ने नेपालकी रङ्गमञ्चमे जिस तरह से अप्लाई कि वो बिल्कुल काबिल-ए-

तारिफ है । किताब चोरेको कुरा लेखक ब्रजेशले पनि आफ्नो एउटा संस्मरणमा ज्यादै मर्मस्पर्शी ढङ्गले उल्लेख गरेका छन् । एउटा सार्वजनिक कार्यक्रममा ब्रजेशले किताब-चोरीको प्रसङ्ग इजहार मात्र गरेका थिएनन्, अपितु किताबको पैसासमेत उनले 'एजुकेसनल बुक हाउस'का प्रोप्राइटर अञ्जन श्रेष्ठलाई बुझाएका थिए- वर्षौंपश्चात् । भेरी इन्ट्रेस्टिङ ! त्यो दिन मैले -युवती गइसकेपछि- एजुकेसनल बुक हाउसका रमणलाई भनेको थिएँ- किताबहरू पसलबाट कत्तिको चोरी हुने गर्छन् ? उनले भनेका थिए- पहिलेपहिले चोरी हुन्थ्यो, आजकल हुँदैन । किन त ? किनभने सेक्रेट क्यामेरा छ नि त कुमार दाइ ! मलाई हाँस्न मन लाग्याथ्यो । किनभने त्यो मूला सेक्रेट क्यामेराको हैसियत त मैले भर्खरै प्रत्यक्ष देखिई नै सकेको थिएँ । अहँ । लेडी किम्याको चल्ला/बच्चा/बचेराबारे म केही सोच्नै चाहन्नँ । तर, रमणले एउटा गजबको कुरा सुनाउँदै भने- केही वर्षअघिको कुरा हो कुमार दाइ । किताबहरूको एउटा प्याकेट पसलको कुनामा यसै लडिरहेको थियो । कुनै पब्लिसरले छाडेर गएछ भनी त्यति वास्ता गरिनँ । तर, त्यसरी छाडेर गएको भए बिल त बुझाएर जानुपर्ने । त्यस्तो केही थिएन । प्याकेट खोलेर हेरें । ती सब हाम्रै पसलका किताबहरू थिए, जो पुराना भइसकेका थिए । प्याकेटमा एउटा चिठी थियो । चिठीमा लेखिएअनुसार ती किताब एउटा ग्राहकले पसलबाट चोरेर लगेको रहेछ । किस्ताबन्दीमा । पढेपछि फिर्ता गरिदिएको रहेछ । प्याकेटलाई सुटुक्क एउटा कुनामा छाडेर गएको रहेछ । रमणले भनेका थिए- त्यो चोर गुणी रहेछ, कुमार दाइ ! किनभने चिठीमा उसले आभार प्रकट गर्दै हामीलाई धन्यवाद दिएको थियो । खैर ! कस्तो गजबको क्यारेक्टर रहेछ ! मेरो कथाख्यानमा सुहाउने खालको । मलाई पनि कहिलेकाहीं किताब चोर्ने डिजायर हुन्छ कि कुनै अतुलनीय किताब झ्याप हानूँ -DESIRE IS A DISEASE, MIND IT KUMAR/ DESIRE IS A DANGEROUS, DEADLY DISEASE- जबजब यस्तो डिजायर आउँछ, यो स्टेटमेन्ट याद गर्नु कुमार, ओके ? स्कुल छँदा लाइब्रेरीबाट ईश्वरवल्लभको -नीलो माटो- नामक कथासङ्ग्रह झ्याप हानेको थिएँ । 'लुकेको समाज'

या 'नीलो चोली' –ALTHOUGH I READ THOSE BOOKS, TOO– पढ्ने किशोर कालमा म कवि ईश्वरवल्लभको -नीलो माटो- पढिरहेको हुन्थेँ । हजार सपनाहरूको माया लागेर आउँछ (भक्तराज आचार्य), दुइटा फूल द्यौरालीमा (नारायणगोपाल), मेरो बेहोशी आज मेरो लागि पर्दा भो (नारायणगोपाल) जस्ता मेरा ALL TIME FAVOURITE गीत रच्ने ईश्वरवल्लभलाई मैले कवि / गीतकार / निबन्धकार / स्तम्भकार कहिल्यै ठानिनँ । मेरा निम्ति उनी सदा -नीलो माटो-का कथाकार रही रहे । आफूले पढेको लेखकको प्रथम स्मृति एन्ड इट्स इम्प्याक्ट्स या भनूँ SIDE EFFECTS जीवनबाट कहिल्यै SIDE AWAY हुँदो रहेनछ । यिनै आयामेली कविको घरमा एक दिन कथाकार अविनाश श्रेष्ठको पछि लागेर गएको थिएँ । बबरमहलको त्यो एक तले घरमा कालो चिया हो कि, कालो कफी हो कि MILK TEA हो कि LEMON TEA हो कि, मरिच/सुकुमेल TEA हो कि-जाडोको शिशिरकालीन कुहिरिलो याम थियो- खाँदै ईश्वरवल्लभसित 'नीलो माटो' झ्याप हानेको कुरा सुनाउँदा उनी मुस्कुराएका थिए । त्यो थोते -मुस्कुराहटको IMAGE मेरो मनको ऐनालु-फ्रेमभित्र कैद भएर यसरी बस्यो कि उनी मरेर गए पनि- उनको जिप्सी आत्मालाई शान्ति मिलोस्- त्यो TOOTHLESS SMILE र वल्लभियन स्मृति कहिल्यै मेटिएन । तिनै आफूले प्रेम गरेको कथाकारको एउटा कथा अङ्ग्रेजीमा उल्था गर्नुपऱ्यो भनी एक दिन कम्मर कसेर बसेको थिएँ । तर, अनलाइन लिट्रेरी म्यागजिनकी सम्पादिका एवम् निबन्धवती मोमिलाले भनिन्- कथा होइन ईश्वरवल्लभको कविता ट्रान्सलेट गर्नुस् । मैले ठाडै इन्कार गर्दै भनें कि मेरा निम्ति ईश्वरवल्लभ कवि नभई कथाकार हुन्, त्यसैले कथा उल्था गर्छु । TO HELL WITH वल्लभियन पोयट्री । तर, HER HIGHNESS मोमिलाले सम्झाइन्- कस्तो जिद्दी/अप्ठ्यारो मान्छे तपाईं ! कहिलेकाहीं त मेरो कुरा पनि सुनिदिए/बुझिदिए पनि हुन्थ्यो नि ! ईश्वरवल्लभ कवि नै हुन् क्या ! दुनियाँले मानेका कवि । तपाईंले कथाकार हुन् भन्दैमा काँ हुन्छ ? मैले मोमिलासित भन्नुपऱ्यो- दुनियाँको कुरा म के जानूँ YOUR HIGHNESS ! मेरो मनले मान्नुपऱ्यो नि ! मेरो मनसित मोमिला साहिबाको

कुनै जोरजुलुम चलेन । उनी उदास भइन् । तर, लगत्तै मोमिला - जिन्दगीसे तुझे क्या मिला !- को उदास चेहेराले मेरो मनलाई सास्ती दिन थाल्यो । स्त्रीको मलिन/उदास चेहेरा चिहानझैं चिसो हुन्छ । मोमिलाको इच्छालाई हु केयर्स भन्दै चिहानमा छाड्न मनले मानेन । उनको इच्छालाई ओके गरें । साहिबा खुशी भइन् । मुस्कुराइन् । स्माइल प्लिज, खिचिक्क ! कहिलेकाहीं स्त्रीको CURVY SMILE ले जादू-टुनाको काम गर्छ । मोमिलाको त्यही कर्भि स्माइलका खातिर मैले ईश्वरवल्लभलाई कवि 'पनि हुन् है' भनी उनको कविता अङ्ग्रेजीमा उल्था गरें- धुआँको जङ्गल । यस् माई लर्ड ! YOUR HONOUR ! कसैले ठीकै भनेका छन् –A SMILE IS THE MOST BEAUTIFUL CURVE ON A WOMAN'S BODY- तर तपाईं समक्ष मेरो एउटा प्रश्न छ, माई लर्ड ! YOUR HONOUR ! कि पुरूष देहको –THE MOST BEAUTIFUL CURVE– चाहिं के हो नि ? सलमान खान या आर्नोल्ड स्वार्जिनेगरको सिक्स प्याक्स ?. जवाफ दिनुस्, माई लर्ड ! जनताहरू जान्न चाहन्छन् । लोग्नेमान्छेको ब्युटिफुल कर्भचाहिं के हो ? रिपोर्टर्स क्लबको यो महान् प्रेसिडेन्ट आज बुझ्न चाहन्छ । र, तपाईंले बुझ नपचाएर तु भन्नुपऱ्यो । हामी भुसतिघ्रेहरूको ब्युटिफुल कर्भ काँ हुन्छ ? एक, पाखुरामा ? दुई, नाकको टुप्पामा ? तीन, काखीमा ? काँ हुन्छ ? काँ काँ काँकाँकाँकाँकाँ ? या लोग्नेमान्छेको कर्भ नै हुँदैन ? सारा संसार आज जान्न चाहन्छ । ओई क्यामेराम्यान भाइ ! क्यामेरा काँ उता तेर्साइरा' ? मेरो चेहेरामा सोझ्याऊ न ! खैर ! मैले ईश्वरवल्लभको -धुआँको जङ्गल- अङ्ग्रेजीमा उल्था गरें । मेरा आत्मीय कथाकार कालान्तरमा धुआँकै जङ्गलमा विलीन भए, धुआँसरी । धुआँले -किनकिन- मलाई सदा आकर्षित गर्छ । चिताको धुआँ होस् या मन्दिरमा जल्ने धुपबत्तीको धुआँ, जो देवगृहका आँखिझ्यालबाट मिहिन केस्रा बनी उडिरहेका हुन्छन् । टाढा कतै चिम्नीबाट पुतपुताइरहेको धुआँ होस् या यो गुफामा –म लेख्दावर्दा/अहिलेझैं- निरन्तर उडिरहने अगरबत्ती र सिग्रेटका धुआँहरू नै किन नहुन् । धुआँले मलाई सदा हिप्नोटाइज् गर्छ । काँसम्म भने मलाई त कुहिरो पनि धुआँझैं लाग्छ । जब शहरमा 'ढकमक्क' कुहिरो

फुल्छ, तिनलाई टिपेर खल्तीभित्र कोच्न म सुटकेसमा ओभरकोट खोज्न थाल्छु । घाँटीमा मफलर झुन्ड्याउँदै -जाडोका शिशिरकालीन कुहिरिला बिहानहरूमा- म गल्लीहरूमा बिलाइरहेको हुन्छु । कुहिरोको अतिशय मोह एवम् अनुरागकै कारण -मिस्टिका-को औपन्यासिक क्लाइमेट मैले कुहिरिलो बनाएको हुनुपर्छ । उपन्यासको सर्रियल थिमलाई कुण्डलिनी कुहिरोले डिकोड, डिसाइफर एन्ड डिजाइन गरेको छः १) काठमान्डुको कङ्काल आत्मालाई कुण्डलिनी कुहिरोको कामुकताले निर्लज्ज छोपेको हुनुपर्छ । २) कुण्डलिनी कुहिरोको पत्र-पत्र-दल पाटनको पुड्के आकाशमुनि क्रमशः फिर्जिंदै गयो, ग्रे-स्मोकको मिहीन केस्रा-केस्राझैं । ३) गल्लीगल्ली, टोलटोलबाट कुहिरो फुत्तफुत्त निस्के र डबलीमा, चोकमा जम्मा भए । प्यान्टको पछिल्लो खल्तीमा दुवै हात घुसारी कुहिरो आ-आफ्नो आङ तन्काउँदै जुर्मुराउँदै हिंडे । ४) कुहिरो चियालय, शौचालय र देवालयभित्र छिरे अनि ढुङ्गेधाराबाट पानीको सट्टा कुहिरो फुस्स-फ्यास्स गर्दै, तँछाडमछाड गर्दै झरे । ५) भुइँमा छरिएका कुहिरोका हजारौं ससाना दानाहरूलाई परेवा (ज्याक निकोल्सन, लेडी किम्या र बचेरा ?)हरू आ-आफ्ना ठुँडले ठुँगिरहेका थिए । कुहिरोको दाना बेच्ने कुहिरिली स्त्रीले एक डालो कुहिरो ज्याक निकोल्सन, बचेरा र लेडी किम्याहरूमाझ छरिदिई । हुर्‍याइदिई । कुहिरोको चारा टिपिरहेका ज्याक निकोल्सनहरू तर्सेर उडे । ६) खर्पनमा कुहिरो बोकी एउटा कुप्रे गुभाजु खोच्याउँदै उत्तरतिरको भूताह गल्लीभित्र अन्तर्ध्यान भयो । ७) हातमा लाम्चालाम्चा कुचो बोकी हाकुपटासीको मायावी पहिरनमा सजधजिएका मयजुहरू भुइँमा लम्पसार ढलेका भुइँकुहिरोलाई बढार्दै अघि बढे । आदि ETC इत्यादि । त्यसैगरी दिउँसो म अघि बढिरहेको थिएँ, राजन गोदारलाई भेट्न । कुमारी गल्लीमा । कुमारी गल्ली ? यु मिन भर्जिन ? NOT STREET MY LORD BUT ALLEY - VIRGIN ALLEY उर्फ कुमारी गल्ली । अनि, कुमारी गल्लीमा त कुमारले कुमारी लामासित पो भेटघाट गर्नुपर्ने होइन र भन्या ! हुन त हो प्रभु ! तर, के गर्नु ! राजस्थानी चप्पल लगाइवरी चिटिक्क परीवरी कुमारी लामा कुनै तिब्बती या बौद्ध लामालाई भेट्नवर्न कुनै कुमार-

गल्लीको मोनास्ट्रीसोनास्ट्रीतिर पो गएकी थिइन् कि त ! हु नोज् ? जे होस्, गल्लीमा अचम्म भयो । कुमारीको क्युएफएक्स हलको सामुन्नेबाट -पवनको झोक्काझैं- गुज्रँदै थिएँ । बाटो काट्नै लाग्दा एउटा अपरिचित युवक नजिकैको पसलबाट फुत्त निस्क्यो र मसामु आई ठिङ्ग उभियो । युवक दुब्लो/पातलो काँटको थियो । यस्तै २१/२२ वर्षको हुँदो हो । उसको कञ्चटमा घाउका बासी दागहरू थिए । हात जोड्दै भन्यो- बाबाजी, प्रणाम ! बाबाजी ? ह्वाट ननसेन्स ? अचम्म पनि लाग्यो । यस्तो अचम्म हिजोआज शहर पस्दा बाटाघाटा, गल्ली/फुटपाथतिर भइरहन्छन् । दोहोरिरहन्छन् । म ट्वाँ परी बस्छु । कसैले स्वामीजी भनिदिन्छ- आप कहाँ से आए है ? जवाफमा भनिदिन्छु- शून्य से । कसैले क्याट्स-आई-पत्थरको माला मुफ्तमा दिन्छन् । म फिस्सिन्छु । कहिले कुनै बच्चो आएर मेरो चिन्डे तालु खेलाउँदै भन्छ- अङ्कल, तपाईं भिलेन हो ? म हो भन्छु । र, त्यो बच्चोप्रति अनुगृहीत पनि हुन्छु । त्यही एउटा बच्चो थियो, जसले मभित्र रहेको भिलेनलाई प्रथमपटक पहिचान गरेको थियो । स्वास्नीहरू व्यर्थैमा आफ्नो लोग्नेलाई हिरो ठानिदिन्छन् । आफूभित्र विराजमान आसुरी दैत्यलाई बोध गर्न महान् गुरुहरूको शरणमा जानैपर्छ भन्ने त्यस्तो केही छैन । कहिलेकाहीं एउटा बच्चोको इशारा नै पर्याप्त हुन्छ । प्रत्येक मानवभित्र रहेको दानवलाई इङ्गित गर्ने कुनै बच्चोको एउटै इन्डेक्स फिङ्गर काफी हुन्छ । मसित पनि एउटा इन्डेक्स फिङ्गर छ । तर, त्यो इन्डेक्स फिङ्गरलाई नेपालीमा चोर औंला किन भनिन्छ ? किताब चोर्ने त्यो युवतीले आफ्नो ब्राउन ओठमा चोर औंला नै किन राखेकी थिई र भनेकी थिई- चुप् ! दिउँसोको त्यो अपरिचित युवकलाई मेरो वस्त्रले धोका दिएको थियो । मेरो गेटअपका कारण ऊ भ्रममा परेको थियो । देह वास्त्रिक हुन्छ र आत्मा निर्वास्त्रिक । तर, तिनलाई हेर्ने, खुट्याउने हाम्रो दृष्टि अक्सर अवास्त्रिक हुन्छ । र, त्यही वास्त्रिक अवास्तविकताका कारण यो युवक मलाई कुनै तान्त्रिक बाबा ठानिरहेको थियो । जसरी एउटा मोटरसाइकल राइडरले एक साँझ मलाई भिक्षु ठानी बर्सातमा लिफ्ट दिएको थियो र मानसिक अस्पतालको गेटमा मिल्काइदिएको

थियो । दुवै हात जोडी युवकले मलाई भन्यो- बाबा ! साह्रै अप्ठ्यारोमा छु । घरमा झगडा परिरहन्छ । सोचेको केही मिल्दैन । बिग्रीमात्र रहन्छ । दीनदशा लागेको छ । मलाई आशीर्वाद दिनुस् । युवकको त्यस्तो खालको कुरा सुनी मेरो मनभित्र अनौठो/अज्ञात अनुभूति चलमलायो । त्यो क्षणिक अनुभूतिको झिल्को ज्यादै अपरिचित थियो/बिरानो थियो । आङ् सिरिङ्ग भयो । च्वाँस्स केही बिझे/ब्युँझेझै लाग्यो । तीखो काँडाले मनको खिल कोट्याएजस्तो । कस्तोकस्तो विचित्र अनुभूतिको जलतरङ्ग स्वाट्ट एकाएक बजेजस्तो । युवकलाई मैले भनें- मेरो आशीर्वाद छ । सबै ठीक हुन्छ । कल्याण हुन्छ । तर, उसले तत्कालै मेरो दुवै हात च्याप्प समात्यो र विनीत भावमा भन्यो- बाबा ! टाउकोमै हात राखेर आशीर्वाद दिनुस् । मैले उसले भन्याझैं गरीकन -आशीर्वाद छ- भनें । मन फेरि सिरिङ्ग भयो । यो सब के भइरहेको थियो ? शरीरभित्र चलमलाइरहेको त्यो तीव्र आवेगको अनुभूति किन त्यति अपरिचित/बिरानो तथा अज्ञात थियो ? डर जस्तो । भय-त्रासजस्तो । तरलजस्तो । जलतरङ्गजस्तो । धुआँजस्तो । कस्तोकस्तो ! त्यसपछि युवकले जिन्सको खल्तीबाट दुइटा कच्याककुचुक दोब्रिएको नोट निकाल्यो । मैले -पैला लिन्नँ, भो पर्दैन- भनें । त्यसपछि उसले एउटा नोट खल्तीमै राख्यो र पाँच रूपिजको रातो नोट मेरो हातमा जबर्जस्ती राखिदिंदै भन्यो- बाबा, दक्षिणा हो ! राख्नुस् । हेलो बेबी-बर्ड ! अहिले रातको १० बजेर ५ मिनेट गएको छ । गुँडमा आफ्नी आमाको मुलायम काखमा तिमी अब मस्तसित सुत । तिम्रो नियतिलाई लिएर मेरो मनमा उब्जने अशुभ आशङ्काहरूबाट म अब मुक्त हुनुपर्नेछ । तिमीलाई त्यस्तो कही विपत्ति आइहाल्नेछैन किनभने तिम्रो ड्याडी ज्याक निकोल्सन तिमीलाई पहरा दिइबसेको छ । मातापिताको आशीर्वाद रहुन्जेल संसारको कुनै पनि सन्तान एक्लो हुँदैन । त्यो चाहे मान्छेको बच्चा होस् या चराको बचेरा । तिम्रो आङमा केही भुत्लाहरू मात्र छन् । चाँडै नै पखेटाहरू उम्रनेछन् । एक दिन तिमी आकाशमा अवश्य उड्नेछौ । चिन्ता किस बात की ? प्रिय बेबी बर्ड ! शुभरात्री !

***

कार्तिक ११ । बिहीबार
१०:१५ बजे/रात

प्रिय ग्रिश्मिल !

अब त, गुँडमा किम्याको बच्चा निदाएको छ ।

जसरी तिमी निदाएका छौ, मम्मीसित गुटमुटिएर ।

चराको बच्चालाई देख्दा

मलाई यदाकदा/किनकिन

अनायास तिम्रो जन्मको सम्झना हुन्छ ।

थापाथली । प्रसूति-गृह । र, सालनालसितै तिम्रो प्रथम च्याँहा/च्याँहा ।

तिम्रो हंश तिम्रो मम्मीको शरीरको एक अंश भएपछि हामीलाई क्लिनिककी नर्सले भनेकी थिई- *बच्चा असोज १४ गते धर्तीमा पैदा हुने साइत परेको छ । लगन जुरेको छ । तपाईंहरूलाई बधाई छ किनभने चाँडै नै तपाईंहरू मातापिता बन्नुहुनेछ । तपाईंहरूको यो पहिलो सन्तान हो ?*

- पहिलो पनि यही हो र अन्तिम पनि यही हो । - मैले भनेको थिएँ ।

भनिएकै लगनमा तिमी यो धर्तीमा जन्म्यौ । असोज १४ गते । बुधबार । ठीक ०१:०१ बजे । मध्याह्न ।

मम्मीको मुलायम कोखबाट तिमीले मम्मीकै नरमनरम काखमा बसाइँ सर्‍यौ । कोखदेखि काखसम्मको यात्रालाई तिमीले स्वयम् पार गर्‍यौ । अब तिमीले जन्मदेखि मृत्युसम्मको यात्रालाई पनि स्वयम् पार गर्नुछ ।

प्रिय पुत्र !

तिमी हाम्रो गुँडमा जन्म्यौ/हाम्रो गुँड पुण्य भयो ।

तिमीले हामीलाई छनौट गर्‍यौ/हाम्रो जीवन धन्य भयो ।

तिमीलाई प्रसूति-गृहबाट ल्याएका थियौं हामीले, आत्म-गृहमा ।

आत्म-गृह किन भनेको हुँ भने यो त्यस्तो बासस्थान हो, जहाँ मातापिताका आत्मा अर्थात् पुत्र/पुत्रीहरू बसोबास गर्छन् । बच्चाबच्ची नहुने घरमा त केवल प्रेतात्माहरू बस्छन् ।

बच्चा नहुने घर त्यस्तो भूत-घर हो, जहाँ एक प्रेत-पति बस्छ । जहाँ एक प्रेत-पत्नी बस्छे ।

प्रेत-पति !

प्रेत-पत्नी !

प्रिय पुत्र !

तिमी जन्मनुअघि

तिम्रो पापा प्रेत-पति थियो

जसरी तिम्रो मम्मी प्रेत-पत्नी थिई । हामी प्रेतात्मा थियौं ।

तिमी जन्म्यौ

हामी प्रेमात्मा भयौं ।

तिमी हामीमार्फत् यो जगत्मा आएका हौ । तर, तिम्रो रचना त अस्तित्वले गरेको हो । त्यो अस्तित्व, जसले जन्मको मात्र रचना गरेको छैन, अपितुः मृत्यु पनि जसले रचेको छ । हामी त केवल त्यस्तो द्वार हौं, जहाँबाट तिम्रो आत्मा प्रस्थान गर्छ, विशाल अस्तित्वसित एकाकार हुन ।

आत्माको COSMOS मा एकीकरण हुने यही प्रसङ्गलाई लिएर म आज केही क्षुब्ध छु । मभित्र एक अज्ञात सन्देहले डेरा जमाएको छ । कताकता मनमा एक मिथ्या-बोध भएको छ । मिथ्या-बोधमा केही डर, केही पीडा र केही आशङ्काहरू मिसिएका छन् । यी कपटी संज्ञान तथा अनुभूति गुँडमा बसेको चराको बचेराले क्रियट गरिदिएको छ ।

बचेरा गुँडबाट कहिले उड्ला ?

या कहिल्यै नउड्ला ?

बचेराले कुनै दिन आफ्नो बसेरा परित्याग गर्नु उसको नियति हो । उड्नु उसको प्रगति हो । उडान नै चराहरूको सम्पत्ति हो । प्रतीकात्मकरूपमा भन्नुपर्दा त्यो उडान चेतनाको उडान पनि हो । निराकार शून्यबाट अनन्ततातर्फको उडान ।

मुक्त आत्मा/चेतनाको उडान ।

FLIGHT OF CONCIOUSNESS TOWARDS ETERNITY !

ETERNITY IS THE DESTINY, MY SON !

लेडी किम्याको बच्चाको आङ्मा प्वाँख र पखेटाहरू उम्रँदै छन् । पलाउँदै छन् । कति सुखद् ! कति आनन्ददायी ! कस्तो खुशी ! कस्तो आश्चर्य !

यो गुफामा बसी हेर्दाहेर्दै चरी-बच्चामा सुख, आनन्द, खुशी तथा आश्चर्यका प्वाँख र पखेटा यसरी पलाए-उम्रिए, जसरी मनुष्य-बच्चामा पनि उम्रन्छन्, पलाउँछन्, मोह, माया, लोभ तथा तृष्णाका प्वाँख र पखेटाहरू ।

चराचुरुङ्गी र मनुष्यको प्वाँखमा केमात्र फरक छ भने चराको प्वाँख उसको तनमा उम्रन्छ र मनुष्यको प्वाँख उसको मनमा उम्रन्छ ।

प्रिय ग्रिश्मिल !

तिम्रो मनभित्र उम्रने प्वाँखहरूले तिमीलाई एक दिन उडाएर लानेछ तिम्रै स्वप्न प्रदेशतिर । तिम्रो मनभित्र उम्रने प्वाँखहरूबारे म यस्तै कल्पना, अनुमान र अनुभूति गर्न सक्छु । आई क्यान इम्याजिन अबाउट् दोज् फेदर्स ह्विच आर ग्रोइङ इन्साइड योर मन ।

BUT WHAT ABOUT THOSE FEATHERS AND WINGS WHICH ARE GROWING OUTSIDE बचेराज् तन ? ज्याक निकोल्सन र लेडी किम्याको बचेराको प्वाँखलाई लिएर म चिन्तित छु ।

के ती प्वाँख पूर्णरूपमा पलाउलान् ?

जसरी कुनै युवतीको काखीमा रौं पलाउँछन् ।

जसरी कुनै युवकको मुहारमा दाह्री र जुँगा पलाउँछन् ।

जसरी कुनै शिशुको गिजामा एक टुसा दाँत टुसुक्क पलाउँछ ।

बचेराको प्वाँख पूर्णरूपमा पलाउनुअघि नै घरबेटीका जङ्गी मुसाहरूले उसलाई घिसार्दै लगे म के गरूँला ? मुसा मार्न पल्किएको छिमेकीको खुफिया बिरालो टोलमा यताउति डुलिहिंड्छ । त्यसले बचेरालाई मुखमा च्यापी लग्यो भने ?

म चिन्तित छु ।

विचलित छु ।

सपना पनि नराम्रोनराम्रो मात्रै देख्छु ।

यो भेकमा एउटा HILLOCK छ । थुम्के डाँडा । दुई तीन सय मिटरको दूरीमा । त्यो थुम्के डाँडामा चौर छ । जहाँ कहिलेकाहीं तिमी -छुट्टीको दिन- खेल्न जान्छौ । जहाँ सल्लाघारी छ । जहाँ पाटनभरिका कागहरू बास बस्छन् । ती कागले अहिलेसम्म यो गुँड देखेका छैनन् । बचेरा देखेका छैनन् । देखे भने ?

कागहरू कविशिरोमणि लेखनाथ पौड्यालको 'काल' बने भने ? बचेरालाई झम्टँदै/ठुँग्दै ती कागले 'काल-महिमा' गाए भने ? उफ् ! त्यो काल-महिमा ! काल उर्फ कागहरूको कोरस-गायनः

भाका, भूल, दया, क्षमा र ममता, सन्तोष जान्दैन त्यो
इन्द्रै बिन्ती गरून् झुकेर पदमा, त्यो बिन्ती मान्दैन त्यो ।
थुप्रोमा उधिनी मिठो र नमिठो छुट्ट्याई छान्दैन त्यो
खाता जाँचि सबै दुरुस्त नबुझी बिर्सेर हान्दैन त्यो ॥

राजा रङ्क सबै समान उसका, वैषम्य गर्दैन त्यो
आयो, टप्प टिप्यो, लग्यो, मिति पुग्यो, टारेर टर्दैन त्यो ।
लाखौं औषधि, अस्त्र-शस्त्र-महिमा देखेर डर्दैन त्यो
व्याधा-तुल्य लुकेर चल्दछ सदा, मारेर मर्दैन त्यो ॥

आँसुको दहमा नुहाउँछ चिसो पानी रूचाउन्न त्यो
सुख्खा जर्जर अस्थिपञ्जरबिना शय्या बनाउन्न त्यो ।
मैलो भस्म-सिवाय अङ्गभरमा केही लगाउन्न त्यो
हाहाकार सरी मिठो अरू केही कुनै सङ्गीत गाउन्न त्यो ॥

जो जो मिल्छ सुलुक्क निल्छ, मुखमा हाली चपाउन्न त्यो
थाल्यो च्वाम्म सबै चपाउन भने आहार पाउन्न त्यो ।
जती निल्छ उती उकल्छ पनि, केही पचाउन्न त्यो
यै चालसित कल्प-कल्प कहिल्यै खाई अघाउन्न त्यो ॥

काल बनी काग आयो भने ? टप्प टिप्यो भने ? लग्यो भने ? बचेराको मिति पुग्यो भने ? आयो, टप्प टिप्यो, लग्यो, मिति पुग्यो भने ? भनिएकै छ- टारेर टर्दैन त्यो ।

अस्तित्वले छल गऱ्यो भने ?

भय !

डर !

त्रास ! भइरहन्छ ।

मनमा आशङ्का भइरहन्छ ।

र, यो आशङ्काको श्रोत गुँडसित जोडिएको मेरो लगाव हो । परेवा-जोडीसित जोडिएको मेरो मोह हो । मोहको लगाव/मायाजाल बडो पीडादायी हुन्छ । ATTACHMENT को भावदेखि/गुरूत्वदेखि मुक्त भई DETACHMENT को भावसम्म पुग्न मलाई गाह्रो भइरहेछ ।

प्रिय ग्रिश्मिल !

मनुष्य-मनलाई यस्तै ATTACHMENT जन्य मोह, मायाजालहरूले छल गर्छ । तिमी यस बेला मम्मीको अङ्गालोमा मस्तसित सुतिरहेका छौ । रात अबेर भैंसक्या छ । सुनील पोखरेलले उपहार दिएको घडीमा अब त मध्यरात हुनै लाग्या छ ।

तिमी आरामसित सुत ।
तिमी मस्तसित निदाऊ ।

सपनाहरूले तिमीलाई छल गरे
तिमीलाई जोगाउन तिम्रो पापा पहरा बसेको छ ।
प्रिय गुरू रिम्पोचे !
तिम्रो पापा
किताबै किताबहरूले
घेरिएको छ । शब्दै शब्दहरूले
बेरिएको छ -
जसरी बेरिएका थियौ तिमी सालनालमा ।
थापाथली अस्पतालको त्यो MATERNITY WARD मा ।

किताबहरूमाझ मैले तिमीलाई उपहार दिएको -मिस्टिका-को पहिलो प्रति छ, जहाँ मैले तिमीलाई समर्पित गरी यस्तो लेखेको रहेछुः THIS BOOK-MYSTICA- BELONGS TO GURU RINPOCHE

AGE : 6 YEARS OLD

CLASS : 1

ROLL NO : 13

NO CASTE, NO RELIGION, NO COUNTRY

JUST A WORLD CITIZEN OF TWENTY FIRST CENTURY

'मिस्टिका' सितै 'घाटमान्डु' पनि छ । यी दुई किताब तिमी कसैलाई छुन दिंदैनौ । किनभने ती किताबमा मैले तिम्रो नाम लेखिदिएको छु । तिमी भन्ने गर्छौ- यी किताब पापाले मेरा लागि लेखिदिनुभएको हो । तिम्रो -घाटमान्डु-मा मैले यस्तो लेखेको रहेछुः THIS BOOK-GHATMANDU-BELONGS TO GURU RINPOCHE, A SEVEN YEAR OLD SON OF A NOMADIC SOUL CALLED KUMAR NAGARKOTI .

MAY

HIS BLESSINGS

ALWAYS SHOWER UPON HIS DAD

WHO WROTE THIS BOOK ONCE UPON A TIME IN HIS LIFE

प्रिय पुत्र !

तिम्रो पितालाई तिम्रो आशिक लागोस् । शुभ-रात्री ।

***

कार्तिक १२ । शुक्रबार ।

उसले भन्यो- आराम हुनुहुन्छ ? सञ्चै हुनुहुन्छ ?

मैले भनें- आराम छु । आराम चाहन्छु ।

उसले कता जाँदै हुनुहुन्छ, म पुऱ्याइदिऊँ कि भन्यो । मैले भो पर्दैन -नो थ्याङ्क्स- भनें । उसले आर यु स्योर भन्यो र मैले यस्, आई एम गडड्याम स्योर भनें । उसले भन्यो 'मिस्टिका' त झुरै हो/'घाटमान्डु'चाहिं दामी

लाग्यो । मैले ए, है भनें । उसले भन्यो- अन्नपूर्ण पोस्टको 'फुर्सद'मा तपाईंको 'सुफियाना' कथा पढेर मेरी गर्लफ्रेन्ड तपाईंको फ्यान भई । मैले ए, है भनें ।

उसले कसैलाई फोन लगायो ।

फोन सम्पर्क भएपछि उसले कसैलाई भन्यो- तिमी गेस गर्न सक्छौ म अहिले कोसित छु ? उताबाट कुनै गेस भएन शायद । उसैले भन्यो- म अहिले 'सुफियाना'को लेखकसित छु । पत्यार लागेन ? ल, तिमी आफैं कुरा गर । मेरो हातमा सामसुङ थमाउँदै उसले बिस्तारै भन्यो:

- मेरो गर्लफ्रेन्ड हो । कुरा गर्नुस् ।

कस्तो अचम्मको ब्वाईफ्रेन्ड रै'छ ।

फोनमा -हेलो/हेलो- भनें । गर्लफ्रेन्डले फोन काटिदिई ।

फोन उसैलाई फिर्ता गरें । उसले फेरि डायल गऱ्यो । सम्पर्क भएपछि गर्लफ्रेन्डसित भन्यो- फिक्सन डिजाइनरसित किन कुरा नगरेको ? होइन, बोल्न पनि के को डर ? हो, हो । चिन्डे नै छ । माला लगा'छ । हो, हो । कालै कपडा लगा'छ । ठ्याक्कै पत्रिकामा देख्याजस्तै छ । कुरा गर न आफैं । मलाई के सोधिरा' ? फोन विच्छेद भएपछि उसले मलाई भन्यो:

- तपाईंसित कुरा गर्न डर लाग्यो रे !

आफ्नो गर्लफ्रेन्डबारे त्यसपछि उसले चुइँक्क पनि बोलेन । मान्छे यस्तै २२/२३ को लाग्थ्यो । २४, २५ या २१ को नै पो थियो कि ? मानिसको अनुहार र ज्यान हेरेर उमेर पहिल्याउन मैले कहिल्यै सकिनँ । कोही बुढ्यौलीमा समेत कलिलै देखिन्छन् भने कोही कलिलो उमेरमै बूढो देखिइन्छन् । स्त्री-उमेरको रहस्यबारे त झनै के कुरा ! दैवले समेत पत्तो लगाउन नसक्ने आइमाईको उमेरमा म नाथेको त के नै जोर चल्दो हो । पुरुषको तलब र आइमाईको उमेर कहिल्यै नसोध्नु भन्छन्, भुक्तभोगीहरू । कस्तो उदेकलाग्दो ! मोमिलालाई उहिल्यै एक दिन सोधेको थिएँ- म नढाँटी भन्छु/तपाईं पनि नढाँटी भन्नुस् है त ! मेरो तलब पन्ध्र हजार हो । तपाईंको उमेर कति हो ? कवयित्रीले नढाँटी भनिन्- ३३ । मोमिला त्यसपछि मेरा निम्ति ३३ मै स्थगित भइन् । उनलाई म सधैं ३३ कै देख्छु । ३३ मै मोमिलाको आयु/उमेर रोकियो । कमसेकम मेरा निम्ति ।

उसले भन्यो- तपाईं आजकल के लेख्दै हुनुहुन्छ ?

मैले ठट्टा गरें:

- मिस्टिका रिटर्न्स र घाटमान्डु रिलोडेड !

यतिन्जेलसम्म ऊ मोटरसाइकलमै थियो । तपाईंसित एउटा सेल्फी लिऊँ कि भन्यो । मैले हुन्छ भनें । तपाईंसित बसी कफी पिउन पाए हुन्थ्यो भन्यो । मैले कुनै दिन त्यसो गरौंला भने । फोन नम्बर दिनुहुन्छ कि ! लिनुस्, लिनुस् । तपाईंले हातमा समातेको किताबको नाम के हो ? मैले किताब देखाएँ: चार्ल्स बुकोब्स्कीको TALES OF ORDINARY MADNESS। किताब उसले हातैमा लियो । फरर्र पाना पल्टाउँदै भन्यो:

- तपाईं बिचित्र किताबहरू पढ्नुहुन्छ है !

मैले कुनै जवाफ दिइनँ । CHARLES BUKOWSKI को उक्त किताब हालसालै किनेको थिएँ । निजलाई किताबको शीर्षक मन परेछ । TALES OF ORDINARY MADNESS। वेश्यादेखि इम्यानुअल कान्टको मेटाफिजिक्सलाई आफ्नो रचनामा मिसाएर लेख्ने अमेरिकी लेखक बुकोब्स्कीको किताबभित्रका कथा-शीर्षकहरू पनि गज्जबका हुने गर्छन्: CUNT AND KANT AND A HAPPY HOME . GREAT POETS DIE IN STEAMING POTS OF SHIT . NIGHT STREETS OF MADNESS . A RAIN OF WOMEN . ETC/ETC । शहरमा म चार्ल्सको चर्चित किताब -NOTES OF A DIRTY OLD MAN- खोजिरहेको थिएँ । बाइकवालाले किताबमा केही बढी नै रूचि देखाउन थालेपछि मैले उसलाई लानुस्, पढ्नुस् भनें - तपाईंलाई उपहार भयो । चार्ल्सलाई उसले पछाडि चाकलाई बाँधेको बेल्टमुनि बलजफ्ती घुसाऱ्यो । त्यसपछि भन्यो:

- मेरो नाम केदार कार्की हो ।

कस्तो संयोग ! मेरो साला -सावित्री कार्कीको भाइ- पनि केदारै हो: केदार कार्की । मैले उसलाई बताउँदा ऊ हाँस्यो । भन्यो- मचाहिं तपाईंको साला होइन किनभने मेरो दिदीसित तपाईंले बिहे गर्नुभा' छैन । मलाई उसको सेन्स अफ् ह्युमर गुड-गुड, भेरी गुड लाग्यो । उसले भन्यो:

– म स्पिरिचुआलिटीको अभ्यास गर्न रूचाउने सेल्फ-मेड-विद्यार्थी हुँ ।

सेल्फ-मेड विद्यार्थी । यो काइदाको कुरा थियो । केदार वास्तवमा काइदाको मनुवा लाग्यो । ऊ अझै पनि बाइकमै थियो । नयाँ बानेश्वर उकालो सडकको साइडमा । होटल एभरेस्टको मूलगेट सामु । निजले मसित कफी पिउने ढिपी गरिरह्यो । मैले नाइँनास्ति गरिरहें । सोध्यो रिचर्ड डाकिन्सको THE GOD DELUSION पढ्नु भा'छ ? बेस्ट सेलर हो । मैले पढ्या छैन भनें- बेस्ट सेलरमा मलाई उति रूचि छैन । सोध्यो- योगी विकासानन्दका किताबहरू कत्तिको पढ्नुभा'छ ? भनें- आफूलाई चाहिने जत्तिको पढ्या छु । सोध्यो- योगी विकासानन्दको तपाईंलाई के मन पर्छ ? मैले भनें- उनले टिभीमा नेवारी बोलेको मनपर्छ ।

केदार कार्कीले प्रश्नोत्तर शैलीमा कुराकानी गर्न थालेपछि मलाई दिक्क लाग्न थाल्यो । मेरो धैर्यको नाजायज फाइदा उठाउँदै ऊ त झन् हौसिँदै स्पिरिचुअल गुरू तथा मसिहाहरूको लम्बेतान व्याख्यान गर्न पो तम्सियो । प्रवचन दिन थाल्यो । मोटरसाइकलमा बसी प्रवचन दिने गुरुहरू मैले आजसम्म देखेको थिइनँ । आफू मोटरसाइकल चढी कतै जाँदै छु भन्ने कुरा पनि शायद केदार कार्कीले बिर्स्यो । उसको पट्यारलाग्दो कुरा सुन्दै गर्दा मेरो दिमागमा यु.जि. कृष्णमूर्तिका पङ्तिहरू गुञ्जन थाले । मेरो पालो यु.जि.कै लाइनहरू साभार गर्दै निजलाई चुप लगाउने हेतुले भनें:

– Kedar jee ! GURUS PLAY A SOCIAL ROLE, SO DO PROSTITUTES. MESSIAH IS THE ONE WHO LEAVES A MESS BEHIND HIM IN THIS WORLD. SPIRITUALITY IS THE INVENTION OF THE MIND, AND THE MIND IS A MYTH. DE-PSYCHOLISE AND DE-SPIRITUALISE YOURSELF.

यू.जि. कृष्णमूर्तिका पङ्तिहरूले हतौडाको काम गऱ्यो शायद । ठीक ठाउँमा प्रहार भएछ क्यारे ! केदार कार्की -जो संयोगवश मेरो साला थिएन-ले मोटरसाइकल स्टार्ट गऱ्यो । चार्ल्स बुकोब्स्कीको TALES OF ORDINARY MADNESS का निम्ति मलाई धन्यवाद दियो । र, लगत्तै

भन्यो- कान्तिपुरको कोसेलीमा तपाईंको 'कुमारजी उवाच' आउनै छोड्यो। आजकल केमा व्यस्त हुनुहुन्छ ? के लेख्दै हुनुहुन्छ ?

मैले अघिकै कुरा दोहोऱ्याएँ:

- मिस्टिका रिटर्न्स र घाटमान्डु रिलोडेड।

***

केदार कार्की गइसकेपछि केही बेर म त्यहीं उभिइरहें। एक्लै।

वास्तवमा म घरबाट एउटा काँचको एसट्रे किन्न भनी हिंडेको थिएँ। शङ्खमूलको सुपथ-पसलमा। जहाँ केही महिनाअघि मैले आकर्षक कफी-मगहरू किनेको थिएँ। त्यही पसलमा काँचका सुन्दर एस्ट्रेहरू देखेको थिएँ। किनेको थिइनँ। किन्नु थियो। आज एकाबिहान अकबरको चिया पसलमा चिया पिउँदै गर्दा मैले एसट्रे किन्ने विचार गरेको थिएँ। अकबरको पसलमा ७ वटा टेबलहरू छन्। र, हरेक टेबलमा ७ वटा एसट्रेहरू रहेछन्। पहिले याद गरेको थिइनँ। सबै एसट्रेहरू रङ्गीन रहेछन्।

अकबरसित सोधेको थिएँ:

- तपाईंसित काँचको एसट्रे छैन ?

- छैन दाइ। पहिलेपहिले राख्थें। तर, के गर्नु झरेर फुटिहाल्छ।

अकबरले मलाई चिया सर्भ गर्ने बेला चियासितै एसट्रे पनि सर्भ गर्छन्। आज सोचेको थिएँ- मेरो आफ्नै एसट्रे यहाँ भइदिए क्या काइदाको हुने थियो ! पसलमा मेरो आफ्नै पर्सनल एसट्रे होओस्। जसलाई अकबरले मेरा निम्ति मात्र निकालून्। काँचको एसट्रे। अरू बेला त्यो एसट्रे शोकेसमै बसोस्।

चिया खाइवरी बाहिरिंदा अकबरसित भनेको थिएँ:

- भोलि आउँदा एउटा काँचको एसट्रे ल्याइदिन्छु। त्यसलाई जतनका साथ राख्नुहोला। म आउँदा मलाई त्यही एसट्रे दिनुहोला। आफूले सल्काएको सिग्रेटको ठूटो म त्यही काँचको एसट्रेमा निभाउँला। ओके अकबरजी ?

- ओके, कुमार दाइ । - उनले भनेका थिए ।

सावित्रीसित ३ हजार सापटी/ऋण लिई म एसट्रे किन्न निस्केको थिएँ । ३ हजारको एसट्रे ? सावित्रीले सापटी दिन आनाकानी गर्दा मैले भन्या थें- किताबहरू पनि किन्छु । तिम्रो तीन हजारको ऋण पत्रिकामा एउटा लेख लेखेपछि तिरिहाल्छु । चिन्ता किस बात की स्वास्नी मैयाँ ?

त्यसपछि चार्ल्स बुकोस्कीको TALES OF ORDINARY MADNESS च्यापी म गुफाबाट बहिर्गमन गरेको थिएँ । आफ्नो हातमा किताब नहुँदा मलाई कस्तो कस्तो लाग्छ । हातै बुच्चे लाग्छ । जन्मँदा खाली हात/ मर्दा खाली हात । कसमेकम जीवित हुँदा हातमा किताबचाहिँ होस् न ! औंलामा सुनको औंठी हुनुभन्दा बरू हातमा किताबको गहना होस् न ! यस्तै आँडे आँडे विचार आउँछ ।

शङ्खमूल आइपुग्दा एसट्रे पसल खुलिसकेको थिएन । घर फर्कने कुरा भएन ।

पसल खुलुन्जेल यताउति टहल्छु भन्ने लाग्यो । हिंड्दै बानेश्वर चोक पुगें । चोकबाट ओह्रालो लाग्दा होटल एभरेस्टको मूल गेटमा के पुगेको थिएँ, केदार कार्कीसित भेट भइहाल्यो । ओह्रालो लागेको मृगलाई/हरिणलाई बाच्छोले समेत लखेट्छ भन्थे, हो रैंछ बाबै ! अनेक काइते प्रश्नहरू सोधेर केदार कार्की -जो मेरो साला होइन-ले मलाई लखेट्नु लखेट्यो । थ्याङ् गड ! यु.जि. कृष्णमूर्तिले मेरो उद्धार गरिदियो ।

वास्तवमा म फाइभ स्टार होटलको परेवाहरू हेर्न भनी एभरेस्टको मूलगेट नेर उभिएको थिएँ ।

ज्याक निकोल्सनहरूको सङ्गतमा परेपछि म शहरमा परेवा-अड्डाहरू खोजिहिंड्न थालेको छु । र, अधिकांश अड्डाहरू मन्दिर, पाटी, पौवा, गुम्बाहरू हुने गर्छन् । तर, एभरेस्ट होटलको कुरो अलि बेग्लै छ ।

काठमान्डुमा पाँच तारे होटलहरू कति छन् मलाई थाहा छैन । त्यतातिर जाने, खानपिन गर्ने र दारूमा दिल्लगी गर्ने मेरो हैसियत पनि छैन । त्यता जाँदा सहज महसुस नै हुँदैन । आफैंलाई बेग्लै, नौलो

तथा अपरिचित देख्न थाल्छु । त्यो मेरो आध्यात्मिक क्षेत्रभित्र नै पर्दैन । आध्यात्मिक क्षेत्र त दूरको कुरा, मार्क्सिस्ट प्वाइन्ट अफ् भ्यु या अनार्किस्ट पोइन्ट अफ् भ्युमा समेत त्यो स्पेस मैले फकिरगिरी गर्ने अड्डाभित्र पर्दैन । त्यो स्पेसमा मडारिने इनेर्जी लेभल र मेरो इनेर्जी लेभलसित सुरताल केही मिल्दैन । सकेसम्म त्यतातिर बरालिन नपरे हुन्थ्यो भन्ने लाग्छ ।

बुकहिल पब्लिकेसनसित उपन्यास लेख्ने सम्झौता भएको दिन भूपेन्द्र खड्काले बडो उत्साहपूर्वक भनेका थिए:

- कुमार दाइ ! तपाईंको उपन्यासको अनाउन्समेन्ट म होटल अन्नपूर्णमा पत्रकार सम्मेलन गरेर गर्छु । फाइभ स्टार होटलमा कार्यक्रम राख्छु । तपाईंलाई मेरो आइडिया कस्तो लाग्यो ?

- बकवास लाग्यो । - मैले भनेको थिएँ ।

यद्यपि मिस्टर खड्कालाई बकवास चीज गर्नमा दिलचस्पी रैं'छ क्यारे ! होटल अन्नपूर्णमा कार्यक्रम राखेपछि म बबुरो लुरूलुरू जानु नै पर्ने भयो । तर, एभरेस्ट होटलको कुराचाहिं केही बेग्लै थियो । आज म त्यहाँ लुरूलुरू होइन, आफ्नै इच्छा बमोजिम खुरूखुरू गएको थिएँ- परेवा हेर्न ।

फाइभ स्टार होटलका स्टार परेवाहरू !

होटलको ब्याकयार्ड-बिल्डिङमा प्रशस्त परेवाहरूले गुँड लगाएका छन् । सिटी-बस, ट्याम्पु, माइक्रो--बस, ट्याक्सी, शेखर खरेलको कार, गुरूङ सुशान्तको बाइकको खलासी-सिटमा सवार भई ओहोरदोहोर गर्दा म अक्सर एभरेस्ट होटलका परेवाहरू हेर्ने गर्थें । टाढाबाट । आज मलाई फाइभ स्टार होटलका स्टार परेवाहरूलाई केही नजिकबाट हेर्नु थियो ।

पाँचतारे होटलमा आफ्नो गुँड बनाउने यी परेवाहरू मार्क्सवादी मित्रजनहरूले भन्ने गरेको सर्वहारा बर्ड/चरा त अवश्यै थिएनन् । यी केही भिआइपी काँटका बर्ड पो हुन् कि त ! के यी भूतपूर्व जङ्गली चराहरूले पनि श्री पुष्पकमल दाहाल तथा कमरेड बाबुराम भट्टराईले झैं वर्ग परिवर्तन गर्दै जङ्गल छाडी फाइभ स्टार होटलमा गुँड बनाएका हुन् कि त ! यो बडो चिन्तनीय टाइपको कुरो हुनुपर्छ । मैले प्रेमपूर्वक पढ्ने लेखकहरू

-आहुति, खगेन्द्र सङ्ग्रौला, डा. ऋषिराज बराल, सरिता तिवारी, निभा शाह, नारायण ढकाल- इत्यादिका चर्मचक्षु अझै यो बिल्डिङमा नपरेको हुनुपर्छ । नत्र यी प्रियजनहरू मसित भन्दा हुन्:

- यु सी मिस्टर नगरकोटी ! दिज् आर बुर्जुवा बर्डस् । यी बुर्जुवा चरा हुन् ।

BOURGEOIS BIRDS ?

LET'S BRUSH ASIDE THESE FANCY THOUGHTS.

बुर्जुवा शब्द मलाई बडो रोचक लाग्छ । सोह्रौं शताब्दीको मध्यतिर फ्रान्समा उत्पत्ति भएको यो शब्द यति नेपाली सुनिन्छ कि लाग्छ, यो हाम्रै गाउँघरमा भेटिइने बडो ठेट नेपाली बोजु या बज्यै हो । कैयौं सिकारू मार्क्सवादीहरूलाई मैले कैयौंपटक यो शब्दको अर्थ होइन कि हिज्जे सोधेको छु । कतिपयले आश्चर्यजनक जवाफ दिएका छन्: यो अङ्ग्रेजी शब्द हो र ? म तिनलाई भन्छु- कम्युनिस्ट घोषणापत्र होइन कि THE COMMUNIST MANIFESTO पढ्नुस् । त्यसको पहिलो च्याप्टर नै BOURGEOIS AND PROLETARIANS छ । JUST HAVE A LOOK, COMRADE !

खैर !

एभरेस्ट होटलका बुर्जुवा बर्डस्बारे चर्चा-परिचर्चा हुँदै गर्ला । मलाई भने अहिले एउटा मान्छेको सम्झना आइरहेछ, जसले मलाई बिनसित्ति यो होटलसित जोडिदिएको थियो । त्यो अपरिचित मान्छेलाई मैले एक दिन शङ्खमूल घाटमा भेटेको थिएँ ।

केही वर्षअघिको कुरा हो ।

म स्कुलमा पढाउँथे । एक साँझ घर फर्कंदै गर्दा त्यो मनुवाले मलाई नमस्कार गर्दै मेरो बाटो रोक्यो र भन्यो:

- पासा ! आजकल तपाईं उतिसारो आउनुहुन्न । किन हो ?

- काँ ? - मैले सोधें ।

- एभरेस्टको क्यासिनोमा । - उसले भन्यो ।

एक त म उसको पासा थिइनँ। क्यासिनोमा म किन पो जाँदो हुँ र ? मान्छे कालो वर्णको थियो -ख्याउटे। निजका अनुसार म एभरेस्ट होटलको क्यासिनोमा प्रायः जाँदो रहेछु- जुवा खेल्न। शायद उसलाई भ्रम भएछ। क्यासिनोमा उसले मजस्तो कुनै मानिसलाई देखेको हुनुपर्छ। त्यो दिन मेरो हातमा नयाँ वर्षको क्यालेन्डर थियो। रोल गरिएको। स्कुलले छापेको। निजले त्यसबारे रूचि देखाएपछि त्यो क्यालेन्डर मैले उसैलाई दिएको थिएँ। सिग्रेट पनि माग्यो। दिएँ। छुट्टिनै लाग्दा उसले बतायोः

- पासा ! आजकल किन आउनुहुन्न ? तपाईंले मलाई टिप्स नदिएको पनि धेरै भयो।

कस्तो अचम्म ! क्यासिनोमा मैले निजलाई टिप्ससमेत दिंदो रहेछु। इन्साँअल्लाह ! तौबा तौबा ! खुदा खैर करे। आफ्नो स्वभावअनुसार मैले निजलाई भनें- अब चाँडै आउँला। टिप्स दिउँला।

त्यो मानिसलाई मैले पछि पनि धेरैपटक भेटें। अनेक ठाउँमा। बाटोघाटोमा मलाई देख्यो कि नमस्कार गरिहाल्थ्यो र सोधिहाल्थ्यो- तपाईं त हिजोआज गायबै हुनुभयो। क्यासिनोमा किन आउनुहुन्न ? पासा, मलाई टिप्स दिनुपर्दैन ?

टिप्सको रूपमा म उसलाई सिग्रेट दिन्थें र आफ्नो बाटो लाग्थें। कहिलेकाहीं म त्यो मानिसको कल्पना गर्थे, जो मजस्तै छ। जो एभरेस्टको क्यासिनो गई जुवा खेल्छ। र, बाटोघाटोमा एउटा कालो वर्णको ख्याउटे मनुवालाई भेट्दा उसलाई क्यालेन्डर दिन्छ। सिग्रेट दिन्छ।

कहिलेकाहीं म सोचिबस्छुः मभित्र कति जना मानिसहरू छन् ?

मभित्रको कुनै मान्छे चर्च जाँदो हो। कुनै मान्छे मस्जिद जाँदो हो। कुनै मान्छे वेश्यालय जाँदो हो। कुनै मान्छे पुस्तकालय जाँदो हो। मभित्रको कुनै मान्छे सावित्री कार्कीको पति हुँदो हो। कुनै मान्छे गुरू रिम्पोचेको पिता हुँदो हो। मभित्रको कुनै मान्छे कविता रच्दो हो। कुनै उपन्यास लेख्दो हो। कुनै नाटक लेख्दो हो। कुनै फिल्मको सुटिङमा जाँदो हो। कुनै क्यासिनो जाँदो हो। टिप्स दिंदो हो।

निदा फाजलीको एउटा सुन्दर गीत छ। चन्दन दासले गाएको यो गीत म उहिल्यैउहिल्यै ज्यादै सुन्ने गर्थे। म आफैं पनि घाटहरूमा गुन्गुनाउँथें:

SSS

हर आदमी में होते हैं दश-बीस आदमी

जिसको भी देखना हो कई बार देखना

SSS

धेरै भयो, आजकल मैले त्यो मानिसलाई भेटेको छैन। देखेको छैन। भन्थ्यो- पासा, टिप्स दिनुपर्दैन ? एभरेस्ट होटलको परेवाहरूलाई हेर्दै गर्दा आज मलाई अनायास त्यो दुब्लो, ख्याउटे मनुवाको याद आयो।

***

बानेश्वर चोकको जेब्रा-क्रसिङमा निर्मलको फोन आयो। निर्मलसित पहिलो भेट पनि जेब्रा-क्रसिङमा भएको थियो। पुतलीसडकको जेब्रा-क्रसिङमा। एभरेस्ट होटलको BIRD WATCHING पछि शङ्खमूलको एसट्रे पसलतरि फर्कंदै थिएँ। अब त पसल पनि खुलिसकेको हुनुपर्छ।

- कुमारजी ! कता हुनुहुन्छ ? - फोनमा निर्मल गुञ्जिए।

- जेब्रा-क्रसिङमा छु। - भनें।

- यता आउनुस्।

- कता ?

दरबारमार्ग।

क्यापेरिनाको कोर्टयार्डभित्र।

निर्मलले एउटा जुत्ता पसलमा लिएर गए।

जुत्ता पसलका स्वामीले हाम्रो स्वागत गरे। यी स्वामी ओशो-प्रेमी हुन्। नाम सुशील। निर्मलका अनन्य मित्र। साथीको साथी/अब, मेरो पनि साथी। COMMON FRIEND। यसो सोचिल्याउँछु। ज्यादै कम साथीको साथीलाई मैले साथी बनाएको रहेछु।

नेपाली आत्मीय चलन छ: साथीको साथीलाई पनि हामी प्रेमले स्वीकार्छौं। साथीको साथी मेरो पनि साथी। साथीको शत्रु मेरो पनि

शत्रु । साथीको परिवार मेरो पनि परिवार । समस्या तब आउँदो हो जब साथीको स्वास्नी मेरो पनि स्वास्नी भन्ने विचार आउँदो हो । कताकता त्यस्तो मैत्रीभाव मनभित्र पलाउँदो हो !

खैर !

निर्मलका साथी विनम्र/भलाद्मी छन् । निर्मल यिनलाई ठट्टा गरी जुत्ता-स्वामी भन्छन् । केही महिनाअघि मात्र मेरो यिनीसित जानपहिचान भएको थियो । एक साँझ पाटनको क्याफेमा निर्मलसित यिनी मलाई भेट्न आएका थिए । मैले त्यो साँझ एउटा कविता सुनाएको थिएँ- औंलाहरू ।

त्यो कविता -घाटमान्डु-मा समावेश गर्न मैले भर्खरै मात्र लेखेको थिएँ ।

म चाहन्थें, फिक्सन, नन-फिक्सन एन्ड अदर एडिक्सन्स किताबको क्लोजिङ रचना पोयट्री हुनुपर्छ । एक बिहान अकबरको चिया अड्डामा त्यो कविताको भाव फुरेको थियो । अकबरको औंलामा ब्यान्डेज गरिएको देख्दा मैले सोधेको थिएँ:

- औंलामा के भयो ?

- किला ठोक्दा ह्याम्मरले लाग्यो ।

घर फर्कंदा पाटनका तान्त्रिक गल्लीहरूमा औंलाहरूबारे सोचें । भर्खरै मैले आफ्ना औंलाहरू अकबरको चिया-कपमा छाडेर आएको थिएँ । आफ्ना औंलाहरू हामी कहाँकहाँ छाडी आउँछौं ? जुत्ताको तुनामा । कुम्हालेको काँचो माटोमा । बिदाइको BYE BYE मा अनि ह्यान्ड्सेकमा । मैले प्रेमपूर्वक छामेका निर्मलाका निर्मल औंलाहरू । मीरा भट्टराईका आत्मीय औंलाहरू जो मेरा निम्ति पहेंलो स्वेटर बनाउन कुरूसहरूमा चलमलाउथें । आमाका श्रद्धालु औंलाहरू जो बाल्यकालमा तेल लगाउन मेरा छातीहरूमा सलबलाउथें । अनि मोमिलाका स-साना न्याना प्रेमिल औंलाहरू, जो मेरो भत्किएको आत्मालाई मायाले थपथपाउँथे । आदि/इत्यादि । औंलाहरूलाई एउटा प्रेमपत्र लेख्नुपर्‍यो –A LOVE LETTER TO FINGERS– यस्तै सोचें ।

र, गुफाको टेबलमा लेख्न बसें:

॥ कहिलेकाहीं म ती औंलाहरूबारे सोचिबस्छु, जो जीवनको तीर्थ-यात्रामा कतै छुटिगए। ती कोमल, मुलायम औंलाहरू। ती न्याना प्रेमिल औंलाहरू। ती चिसा फ्रोजन औंलाहरू। कुनै अद्‌भुत किताबका पाना पल्टाइरहेका औंलाहरू। सङ्गीतको स्वप्निल सरगममा नृत्यमग्न औंलाहरू। एक लाछी ऊनको घर बनाउन कुरूसमा चलमलाउने औंलाहरू। चित्रकारिता गर्न क्यानभाससामु रङ्गीन बुरूसमा लतपतिएका औंलाहरू। धूलो जमेको ऐनामा आफ्नो नाम लेखिरहेका औंलाहरू। बयरको झाडीमा अल्झिएका औंलाहरू। प्रेयसीका अधरमा बल्झिएका औंलाहरू... ॥

'घाटमान्डु'मा नेपाली कविताहरूका निम्ति भनी जुराइएको च्याप्टरको नाम थियो - SOMETHING LIKE POETRY। कविता यस्तो होस्, जो कविता जस्तो पनि छ। जो कविता जस्तो पनि छैन। कविता हो कि, हो कि जस्तो। अनि होइन कि, होइन कि जस्तो पनि। SOMETHING LIKE POETRY।

तसर्थ 'औंलाहरू'लाई निबन्धको ढाँचा/शैलीमा लेखें।

पढ्दा निबन्धजस्तो होस्। गुन्गुनाउँदा कविताजस्तो। किताबमा आँखाले केलाउँदा आलेखजस्तो होस्। ओठ तथा मनले उच्चारण गर्दा मन्त्रजस्तो होस्।

पोखरामा आयोजना हुन गइरहेको लिट्रेचर फेस्टिभलमा आयोजकलाई म यसपटक कविता गुनगुनाउँछु भन्दा चकित परे। आनाकानी गरे। आनाकानीको शृङ्खला अहिले पनि चलिरहेकै छ। आयोजकमध्येका साथी रविन गिरीलाई भनेको थिएँ:

- तपाईंहरूले कुमार नगरकोटीलाई फिक्सनसिक्सनको प्यानल डिस्कसनमा राख्ने हो क्यारे! कति पतरपतर बोलिराख्नु प्रत्येक वर्ष। यसपटक म पोयट्री गुनगुनाउँछु।

फिक्सन डिजाइनरले पोयट्री गुनगुनाउने ? तौबा तौबा ! मिस्टर गिरीले भने- यस्तो पनि कतै हुन्छ ? उनले ठाडै अस्वीकार गरिदिए। फेस्टिभलमा 'औंलाहरू' गुनगुनाउन पाए क्या काइदाको हुने थियो ! बजियाहरू मान्दैनन्।

भन्छन्ः MR. NAGARKOTI ! YOU'RE NOT A TESTED POET. GOD DAMN SHIVAJEE! WHAT AND WHO THE FUCK IS A TESTED POET ?

मलाई TEST गर भन्छु । मेरो कवितालाई पनि TASTE गर न हौ भन्छु । बजियाहरूले बालै दिंदैनन् यार ! भन्छन्, आख्यानको प्रेतलाई पोयट्री गुनगुनाउन वर्जित छ ।

खैर !

पाटनको क्याफेमा त्यो साँझ अमेरिकानो डबल सटको चुस्की लिँदै निर्मल र जुत्ता-स्वामीलाई मैले त्यही फ्रेस कविता सुनाएको थिएँः

केही औंला बाँसुरीका प्वालहरूमा छुट्छन् र केही औंला विणाका
तारहरूमा
मानौं, ती हिउँदका वर्फिला औंलाहरू हुन्
जो ज्याकेटका गोजीहरूमा छुट्छन्
केही औंला मन्दिरका
ससाना घण्टीहरूमा छुटे । केही कलशमा ।
जसरी पुतली समाउन उडेका औंलाहरू बतासमा छुटे ।

कविता सुनेर स्वामीजीको चेहेरामा अद्भुत चमक आयो । कहिले टोवा आँखा चिम्म गरी बस्छन् । कहिले एकनासले मलाई टोलाउँदै हेर्छन् । घरी बिस्तारै मुन्टो हल्लाउँछन् । घरी आफ्नै औंलाहरू हेर्न थाल्छन्/तिनलाई मुसार्न थाल्छन् । कस्तो मौन, निःशब्द प्रतिक्रिया !

लामो मौनतापश्चात् उनको वक् फुट्योः

- कविताका अन्तिम पङ्तिहरू फेरि एकपटक गुनगुनाउनुस् न !

मैले गुनगुनाएँः *कहिलेकाहीं म सोच्ने गर्छु/सोचिबस्छु, तपाईंलाई पनि त यदाकदा ती औंलाहरूको असीम याद आउँदो हो, जो सेतो खरीसितै कालोपाटीमा कतै छुटिगए । जो डाँठसितै फूलका थुँगाहरूमा छुटिगए । जो धागोसितै सियोको टुप्पामा छुटिगए ।*

जो तासका पत्तीहरूमा छुटे ।
जो सिग्रेटका फिल्टरहरूमा छुटे ।
जो मदिराका प्यालाहरूमा छुटे ।

जो

रिभोल्भरका

ट्रिगरहरूमा छुटे ।

कविताको मैजारोलगत्तै स्वामीजीले आफ्नो दिल-ए-दाँस्ताको राज यसरी खोले- स्वामीजी (मलाई पनि यिनले स्वामीजी भन्न थालिसकेका थिए) यो कवितालाई म मार्बलमा कुँदाउन चाहन्छु । अनुमति दिनुस् । म मुस्कुराएँ । तर, लगत्तै उनले भनेः

- स्वामीजी ! तपाईंको मुस्कुराहटलाई पनि म मार्बलमा तपाईंको 'औंलाहरू'सितै खोपाउन चाहन्छु ।

बडो भावुक प्राणी रहेछन् यिनी । मलाई यी मानिस पहिलो भेटमै गजब लागे । पछि भेटघाट हुँदै गयो । 'मिस्टिका' पढेछन् । उपन्यासमा अनुप बरालले गुनुगुनाउने हिन्दी कविता -तुम सो रही थी- निकै मन पराएछन् । म डिङ्गो बुटको शौखिन हुँ भन्ने चाल पाएपछि यिनी भेटघाटमा मलाई भनिरहन्थे- मेरो पसलमा आउनुस् । मेरो पसलको डिङ्गो तपाईंलाई जरूर मन पर्नेछ ।

उनको पसलमा पुग्ने मेसो मिलिरहेको थिएन । प्रायः यो गुफामै बसिरहन्छु । आफ्नै सानो जगत्मा मस्त रहन्छु । बाहिरी जगत्प्रति उतिसारो रूचि रहँदैन आजकल । आज निर्मलको लहैलहैमा स्वामीजीको जुत्ता-पसल पुगियो । उनी अन्तर्राष्ट्रिय ब्रान्डका जुत्ताहरूमात्र बेच्दा रहेछन् । जीवनमा अनेक व्यवसाय गरेछन् । घाटा खाएछन् । बाग्लुङ पुर्ख्यौली घर भएका यिनले काठमान्डुमा आफ्नै बलबुतामा भव्य बङ्गला बनाएछन् । ऋण दिने महाजनसित पैसाको किचलो हुँदा महाजनलाई प्रेमपूर्वक बङ्गलाको साँचो सुम्पिएछन् र भाडाको घरमा बस्न थालेछन् । भन्छन्ः

- स्वामीजी ! एक दिन आखिर घर छाडेर जानु नै छ भने घरको अतिशय मोह नै केका लागि ? तपाईंले लेख्नुभएको छ नि ! धेरै समयपछि आज मलाई आफ्नो घरको याद आयो र म सीधै लागें, घाटतिर । कसो ?

यिनले -अक्षरगन्ज- पढेका रहेछन् । निर्मल बाबाले पढ्न दिएका रहेछन् । यिनी सदा हँसिला देखिन्छन् । उनको मुहारमा मैले शोक र सन्तापको छायाँ कहिल्यै देखिनँ । आफ्नो पसलको सबैभन्दा राम्रो डिङ्गो बुट देखाउँदै यिनले भने- स्वामीजी, लगाएर हेर्नुस् त । तपाईंको खुट्टामा सुहाउँछ कि सुहाउँदैन ? हेरूँ । घुँडासम्म आउने डिङ्गो लगाएर हेरें । पसलकै मार्बल फ्लोरमा CLINT EASTWOOD ले झैं टकटक हिंड्दै टहलें । उनले भनेः

- स्वामीजी ! डिङ्गो सुहायो । लानुस् ।

म विलखबन्दमा परें । कति पैसा हो ? खल्तीमा सावित्रीसित बिहान सापटी लिएको ३ हजार मात्र छ । जुत्ताको प्राइस सोधें । मूल्य भन्न उनले आनाकानी गरे । मैले ज्यादै नै कर गरेपछि बल्ल भने - ४५ हजार ।

पैतालीस हजारको जुत्ता ?

मैले लगाउने ?

तौबा तौबा !

BROWN DINGO चित्ताकर्षक थियो । मेड इन स्पेन । NEW ROCK ब्रान्डको । तर, पैंतालीस हजार ? राम राम ! म हच्किएँ । एउटा किताब रू. ५००/- को दरले किन्ने हो भने पनि नब्बे ओटा किन्न सकिन्छ । गुरू रिम्पोचेको वर्षभरिको स्कुल फी तिर्न सकिन्छ । *पब्लिकेसन नेपालय*सित -फोसिल-को सम्झौता हुँदा SIGNING AMOUNT पैंतालीस हजार पाएको थिएँ, त्यो पनि नेपाल सरकारलाई कर छुट्याएर । मेरो प्रेसरको औषधि -AMLOD 10- किन्नु पर्दा एक दशकका लागि पुग्दो हो । त्यति रकमले कति बोरा चामलको जुगाड हुँदो हो ! राम राम !

मलाई त्यस्तो भावशून्य दशामा देखी स्वामीजीले भनेः

- 'औलाहरू'का निम्ति यो पैंतालीस हजार त के नै पो हो र स्वामीजी ! हाम्रो निम्ति 'मिस्टिका' 'अक्षरगन्ज' र 'औलाहरू' निरन्तर लेखिरहनुस् । त्यति भए पुगिहाल्छ ।

तैपनि !

मैले खल्तीबाट ३ हजार निकालेर स्वामीजीको हातमा थमाइदिएँ- AS A TOKEN OF LOVE । पैसालाई 'मायाको चिनो'को रूपमा समेत कहिलेकाहीं उपयोग गर्नु पर्दोरहेछ । बाँकी ४२ हजारको टोकन अफ लभ यदि कुनै दिन मैले – FOSSIL : ONCE AGAIN – लेखे भने दिनुपर्ला भन्ने सोच्दै स्पेनिस डिङ्गो बोकी म स्वामीजीको जुत्ता-पसलबाट निस्किएँ ।

***

DEAR CLINT EASTWOOD,

WITH LOVE & REGARDS FROM KATHMANDU !

स्कुल छँदा म तिम्रो अघोरी फ्यान थिएँ । डिङ्गो बुट मैले सर्वप्रथम वेस्टर्न फिल्महरूमा तिमीले लगाएको देखेको हुँ । पुलिस स्कुलको होस्टलमा वेस्टर्न फिल्महरू एकताका खूब हेरिन्थ्यो । आजकल पनि यदाकदा हेर्छु तर विशेषचाहिँ SPAGHETTI WESTERN MAESTRO SERGIO LEONE द्वारा निर्देशित फिल्महरू: ONCE UPON A TIME IN THE WEST / ONCE UPON A TIME IN AMERICA ।

तर मैले रूचाएका तिम्रा फिल्महरू जसलाई –ONCE UPON A TIME IN MY SCHOOL DAYS– मैले हेरेको थिएँ, ती यस प्रकार थिए:

- DIRTY HARRY
- HIGH PLAIN DRIFTER
- FOR A FEW DOLLORS MORE
- THE OUTLAW JOSEY WALES
- THE GOOD, THE BAD AND THE UGLY

DEAR CLINT EASTWOOD !

I'AM A CHHOTEMOTE FICTION DESIGNER FROM KATHMANDU AND YOU DON'T KNOW ME. BUT WHAT THE HELL DOES IT MATTER WHETHER YOU KNOW ME OR NOT ! I LOVE FLOWERS EVEN IF THEY DON'T KNOW ME; I LOVE THEM EVEN IF THEY DON'T KNOW HOW MUCH I LOVE THEM.

तिमीले घुँडाघुँडासम्म लगाउने डिङ्गो बुटले नै शायद मेरो सुषुप्त मनमा अल्झेर/दबेर बसेको दोचा-स्मृतिलाई ब्युँझाइदिएको थियो । भैरहवाको

लजमा बुवाको सुटकेसभित्र छुटेको मेरो दोचाको प्रतिरूप सम्भवतः मैले तिमीले लगाउने डिङ्गोमा फेला पारेको थिएँ ।

काठमान्डुमा दोचा लगाउने मानिसहरू मैले कहींकतै कहिल्यै भेटिनँ ।

तिमीले अभिनय गरेको फिल्महरूमा डिङ्गो देखेपछि नै हुनुपर्छ, दोचा लगाई शहरका कुनाकाप्चातिर बरालिई हिंड्ने मेरो अधुरो इच्छा बल्झेर मनको सतहमा आइदियो । तर, काठमान्डुका जुत्ता-पसलहरूमा मलाई कसैले पनि दोचा बेचेन । तसर्थ SLC पश्चात् दोचाको सट्टा डिङ्गो लगाउने बानी पऱ्यो । AND MONSIEUR CLINT EASTWOOD ! MAY I SAY - YOU'RE RESPONSIBLE FOR THIS EXPENSIVE HABIT !

घुँडाघुँडासम्म आउने हिमाली जुत्ता लगाउने दमित इच्छा मेरो मनको अवचेतनमा जुन थिग्रिएर बसेको थियो, त्यसलाई तिम्रै डिङ्गोले रिप्लेस गरिदियो । ABNORMAL PSYCHOLOGY को स्वअध्ययन गर्ने युवा-कालतिर म बारम्बार केही शब्दहरूसित ठोक्किइरहन्थें – DEFENCE MECHANISM / PROJECTION / DISSOCIATION / MPD-MULTIPLE PERSONALITY DISORDER / DISPLACEMENT OF EMOTIONS । आदि ETC इत्यादि ।

DISPLACEMENT (OF EMOTIONS) उवाचः हाम्रा निश्चित अनुभूतिहरूले वस्तुहरूको विविधतामा आफ्नो रूप निरन्तर परिवर्तन गरिरहन्छन् । निजात्मक गुप्त अनुभूतिहरूले वस्तु-वैविध्यमा स्व-निकास खोज्छन् । पतिसित सम्भोग गरिरहँदा कुनै अर्कै पुरुषसित सम्भोग गरेजस्तो AND VICE VERSA । सिग्रेट त्याग्नुपर्दा ल्वाङ सुकुमेल चपाएजस्तो । कुनै युवतीले ICECREAM चाटेको देख्दा युवकको लिबिडो जुर्मुराएजस्तो । लिङ्गमै काउकुती लागेजस्तो । औंलो चुस्ने बच्चोले कालान्तरमा ओठमा सिग्रेट च्यापेजस्तो । दोचाप्रतिको मेरो गहन इमोसनल अट्याचमेन्ट डिङ्गो बुटमा प्रोजेक्ट भएजस्तो ।

एक साँझ पाटन ढोकाको MO:MO DISTRICT मा विनोद शाहीसित मेरो जम्काभेट भएको थियो । MISTER EASTWOOD, DO YOU KNOW BINOD SHAHI? तिमी मलाई चिन्दैनौ, विनोदलाई त झनै के चिन्थ्यौ र ! तर, विनोद शाही -मलाई लाग्छ- चिनिइनु पर्ने मानिस हो ।

विनोद डोल्पा गइरहन्छन् । आफ्नै बलबुतामा उनले डोल्पामा स्कुलहरू खोलेका छन् । काठमान्डु निवासी विनोद डोल्पाबारे चिन्तित भइरहन्छन् । त्यहाँको कष्टकर जीवन बिताइरहेका बालबच्चाहरूको निम्ति काठमान्डुबाट किताब, कापी, सिसाकलम, स्कुल ब्याग, लत्ताकपडाहरू प्लेनमा कार्गो गरी लैजान्छन् र प्रेमपूर्वक बाँड्छन् । ती दयालु युवक डोल्पामा घरबारविहीनहरूका निम्ति घर/टहराहरू बनाउँछन् । बाटोघाटो बनाउँछन् र आफ्नै गाँस काटेर भएपनि डोल्पाका दीनहीन मनुष्यजनहरूका निम्ति हाँसो र मुस्कानको जुगाड गर्छन् । खुशीको जोहो गर्छन् ।

तिनलाई मैले MO:MO: DISTRICT मा त्यो साँझ भनेको थिएँ- *तपाईं डोल्पा जाँदा मलाई एक जोर दोचा ल्याइदिनुस् न !* मेरो कुरा सुनी हैरान हुँदै उनले भनेः

- कुमार दाइ ! डोल्पामा आजकल दोचा बनाउने मान्छेहरू नै भेटिन्नन् । युवाहरू विदेशको मरूभूमितिर छन् । गाउँमा बूढा मान्छेहरूमात्र छन् । तिनका पनि रक्सीले गर्दा हात काँप्छन् । आजकल कसैकसैले मात्र दोचा बनाउँछन् । म अप्रिलमा डोल्पा जाँदै छु । दाइका निम्ति एक जोर दोचा ल्याइदिने भएँ । एक जना दोचा बनाउने मानिस चिनेको छु । तर, दाइलाई दोचा किन चाहियो ?

विनोदसित मैले आफ्नो दोचा-प्रेमबारे SHORT HAND शैलीमा बात मारें । मेरो दोचा बनाइदिने बाल्यकालीन मित-आमा -धारापानी माइली- बारे बताएँ । त्यो हिमाली जुत्तामा मैले आफ्नो बालापनका गुप्त स्मृतिहरू सङ्ग्रह गर्ने गरेको किस्साहरू सुनाएँ । दोचा मेरा निम्ति फगत एक जुत्ता मात्र थिएन, अपितु एउटा सङ्ग्रहालय थियो भन्ने कुरा गरें । एउटा अधुरो इच्छा/चाहना जो बुवाको सुटकेसमा छुट्यो भनें । र, भनें:

- मलाई त्यो चाहना-चक्र, CYCLE OF DESIRE पूरा गर्नुछ । इच्छाको चक्र कम्प्लिट गर्नुछ । डोल्पाबाट तपाईंले मेरा निम्ति एक जोर दोचा ल्याइदिनुभयो भने त्यो स्मृतिको चाहना-चक्रले आफ्नो नियति पूरा गर्छ । सुषुप्त मनको CYCLE OF DESIRE बाट मलाई मुक्ति मिल्छ ।

त्यो साँझ विनोदले आफ्नो गोडासित मेरो गोडाको नाप लिए। र, भनेः

- एक जोर दोचामार्फत् तपाईं इच्छा-चक्रबाट मुक्त हुने भए कुमार दाइ, तपाईंको मुक्तिका निम्ति म अवश्य पनि सहायक बनुँला। डोल्पाबाट एक जोर दोचा ल्याइदिउँला।

***

डिङ्गो प्याक गरिएको अटैची हल्लाउँदै म पुतलीसडकको तिरूपति होटल पुगें। कर्नरको टेबलमा राजन गोदार मेरो प्रतीक्षा गरी बसेका रहेछन्। अटैंचीबाट उनले डिङ्गो निकाले र फोटो खिचे। डिङ्गो-प्रेमी राजनलाई शायद आफ्ना पूर्वस्मृतिहरूले डसे।

कुनै बखत गोदार डिङ्गो लगाई आफ्नो गर्लफ्रेन्डलाई बाइकको पछिल्लो सिटमा राखी लामो यात्रामा निस्कन्थे। सुफी दर्विशको –WHIRLING DANCE– आफ्नो मनभित्र कैद गरी यिनले यायावरी जीवन बिताए। फकीर जिन्दगी बाँचे। मैले जस्तै दोचामा त होइन, बरू डिङ्गोभित्र आफ्ना यादहरू साँचे। ब्राउन स्पेनिस डिङ्गोलाई पारखीका आँखाले नियालेपछि यिनले भनेः

- दाइ, डिङ्गोसित तपाईंले गगल्स पनि लगाउनुपर्‍यो। मसित सनग्लासका सेटहरू छन्। तपाईंलाई दिन चाहन्छु।

अच्छा! कुरा त्यसो पो हो ?

राजन गोदारलाई मैले ०७१ सालको माघमा फेला पारेको थिएँ। भेटेको थिएँ भन्नु उपयुक्त हुँदैन। एक दिन एउटा फोन कल रिसिभ गरेको थिएँ- म राजन गोदार हुँ। -फोनमा भनियो- अन्त्यमा मैले तपाईंलाई फेला पारें। के तपाईं पनि मलाई फेला पार्न चाहनुहुन्छ ?

- राजन के रे ? - फोनमा सोधेको थिएँ।

- गोदार।

मैले उनलाई कृष्णमन्दिर पछिल्तिरको रेस्टुराँमा बोलाएँ। खासमा राजनको प्रस्ताव अनौठो थियो। 'मोक्षान्तः काठमान्डु फिभर' र 'फोसिल' प्रकाशन भएपछि अजीव खालका फोनकल्ससित मेरो बानी परिसकेको

थियो । ती फोनकल्समा व्यक्त गरिइने आसय लगभग एकनासका हुन्थे- घाट, सेक्स र खुक्स । तर, राजनको अन्दाज केही बेग्लै लाग्यो- के तपाईं पनि मलाई फेला पार्न चाहनुहुन्छ ? यिनै राजनले एक दिन अनौठो प्रस्ताव राखे- के तपाईं मलाई आफ्नो लिट्रेरी एजेन्ट स्वीकार्नुहुन्छ ? तपाईं मस्तसित लेख्नुस्/तपाईंको तपसिल-कामहरू म हेर्छु ।

त्यो पहिलो फोन-कलमा जब यिनले आफ्नो नामसितै 'गोदार' भने/म यो शब्दसित इन्स्टान्ट प्रेममा परें । सरनेम पनि कस्तो दमदार- गोदार ! यस्तो शब्द त्यसअघि मैले कहीं कतै सुनेको थिइनँ । कति सुन्दर ! जोन किट्सको -ODE ON A GRECIAN URN- मा भन्याझैं -HEARD MELODIES ARE SWEET, BUT THOSE UNHEARD ARE SWEETER.

यो 'गोदार' शब्द -JUST A WORD, NOT A GOD DAMN CASTE- यति सुन्दर/सुरूचिपूर्ण लाग्यो कि कालान्तरमा 'मिस्टिका' लेख्दा एउटा पात्रको नाम राखिदिएँ- डाक्टर कलब्रेक गोदार ।

र, डाक्टर गोदारको चरित्रचित्रण यसरी गरें:

डाक्टर गोदारको नाम पप्लु, किट्टी, फरॉंस, चलाफरॉंस, म्यारिज, जुटपत्ती, ट्वान्टीनाइन इत्यादि नभई किन CALLBREAK थियो भन्ने कुरा हामी कसैलाई थाहा थिएन ।

डाक्टर गोदार झुर टाइपको फन्नी म्यान थियो । स्कुलमा उसका बारे अनेक रमाइला, उटपट्याङ कथाहरू प्रचलनमा थिए । उसको क्लिनिकमा जाने सबै बिमारीहरूलाई ऊ आयोडेक्स मलमले उपचार गर्थ्यो । कसैको पेट दुख्यो, आयोडेक्स । कसैलाई ज्वरो आयो या टाउको दुख्यो आयोडेक्स । यहाँसम्म कि कसैलाई पिनास भयो, आयोडेक्स ।

डाक्टर गोदारको आयोडेक्स प्रेस्क्रिप्सन चर्चित थियो ।

उपचारपद्धतिमा डाक्टर गोदारको आयोडेक्स फर्मुला एक मौलिक आविष्कार थियो । कसेको मुत्रनलीमा समस्या देखापऱ्यो, फटाक से आयोडेक्स हाजिर !

आयोडेक्स जिन्दावाद !

डाक्टर गोदार जिन्दावाद !

डाक्टर गोदारको वार्डभरि आयोडेक्सको आलो गन्ध गन्हाउँथ्यो । कोहीकोही उसलाई 'डाक्टर आयोडेक्स' पनि भन्ने गर्थे । उसको एउटा भनाइ पुलिस स्कुलमा ज्यादै लोकप्रिय थियो ।

डाक्टर गोदारको लोकप्रिय भनाइ यस्तो थियो:

खानु छ सागपात

फाल्नु छ घिउ

अनि भुत्रो बन्छ त

तेरो थाङ्ने जीउ

यो त भयो -मिस्टिका-मा मैले रचना गरेको पात्र डाक्टर गोदारको प्रसङ्ग । अब विषय र प्रसङ्गले अन्य अर्थ नलागे कुरा गरूँ क्यारे राजन गोदारको जसले पहिलो भेटमा नै एक सन्दर्भमा यस्तो वजनदार संवाद मसित बोले, जुन कर्णपान गर्दा म स्वयम् चमत्कृत र झङ्कृत भइगएँ । कुनै तत्वज्ञानी पुरूषले जिज्ञासु भक्तजनहरूसामु दिएको प्रवचनझैं राजन गोदारले बोलेको THRILLING & STEALING डाइलग यस्तो थियो:

- कुमार दाइ ! मेरा कतिपय मित्रहरू कम्युनिस्ट ब्याकग्राउन्डका छन् ।
- अच्छा ! द्याट्स गुड !
- बैंसमा कम्युनिस्ट नहुने त यो असार संसारमा को नै पो होला र ? बैंसमा त कुमार दाइ, स्याल पनि घोर्ले हुन्छ भन्छन् ।
- A POINT TO BE NOTED, MY LORD !
- मलाई लाग्छ ।
- के लाग्छ ?
- के लाग्छ भने नि कुमार दाइ ! युवाकालमा समेत कम्युनिस्ट नहुने मान्छेको बैंसमा पक्कै पनि कुनै हार्मोनको समस्या हुनुपर्छ । तर, यदि त्यो मान्छे दुर्भाग्यवश बुढेसकालमा समेत कम्युनिस्ट नै

रहिरहन्छ भने त्यसबखत निजमा हार्मोन होइन, बरू मानसिक गडबडी हुनुपर्छ । देशका सम्पूर्ण युवाहरू COMMUNIST - MEN OF ACTION भएको राम्रो/REBEL AND REVOLUTIONARY भएको राम्रो र SENIOR CITIZEN हरूचाहिं GRACEFULLY WISE AND MYSTICALLY VISIONARY भएको राम्रो ।

GRACEFULLY WISE AND MYSTICALLY VISIONARY ! WOW !

WONDERFUL O WONDERFUL !

... AND THAT WAS RAJAN GODAR I FOUND AT THE RESTAURANT WHO LATER BECAME MY LITERARY AGENT AND A CLOSE FRIEND. REMARKABLY THE ONLY FRIEND WHOM A I ALWAYS PREFER TO MEET ONLY IN THE HELL AND PURGATORY.

THE HELL & PURGATORY WE CALL THE CAFES & RESTAURANTS.

गोदारसित पहिलो बसाइमा नै चार घण्टा कुराकानी भयो । मैले आजसम्म कुनै पनि नौलो मान्छेसित त्यति लामो समय बिताएको छैन । र, त्यस्तो कल्पना गर्दा नै पनि मेरो ज्यान सिरिङ्ग भैंजान्छ । तर, गोदार अपवाद हुन पुगे । AN EXCEPTIONAL MAN, YOU SEE ! मान्छे अपवाद भएको राम्रो ।

वादग्रस्त मान्छेहरू त शहरमा जहाँकहीं पाइन्छन् ।

K-TOWN मा वादग्रस्त मान्छेरूको बिगबिगी त छँदै छ ।

GODAR शब्दसित म त्यतिविघ्न आकर्षित हुनुको पछाडि अर्को एउटा पनि कारण थियो- GODARD ! स्वीस-फ्रेन्च फिल्ममेकर JEAN LUC GODARD । मैले रूचाएको फिल्मकर्मी । राजनसित त्यो दिन मैले भनेको पनि थिएँ:

- तपाईंलाई गोदार्दका सिनेमाहरू कस्तो लाग्छ ?
- राम्रो लाग्छ । किन र दाइ ?
- तपाईंको गोदार मलाई कताकता गोदार्दजस्तो पो लाग्यो । GODARD SOUNDS LIKE GODARD . DON'T YOU FEEL LIKE

THAT ?

- NEVER, DAI ! - उनले भनेका थिए – I DON'T FEEL LIKE OTHERSELF. I FEEL LIKE MYSELF.

... AND, THAT WAS THAT !

अर्को भेटघाटमा मैले गोदारलाई गोदार्दको BREATHLESS र लेटेस्ट फिल्म GOODBYE TO LANGUAGE हस्ते गरेको थिएँ । GODARD का ती फिल्म MISTER GODAR ले हेरे कि हेरेनन्, मैले कहिल्यै खोजिनिती गरिनँ ।

माथि अघि नै भनियो गोदारलाई म –HELL / PURGATORY– मा भेट्न PREFER गर्छु । THAT IS TO SAY: गोदारलाई म सदा क्याफे र रेस्टुराँहरूमा मात्र भेट्न रूचाउँछु । जसरी आज पुतलीसडकको तिरूपतिमा भेटेको थिएँ । म चाहन्छु, हाम्रो भेटघाट AND मुलाकात बाटोघाटोमा, घर तथा घाटमा अथवा कुनै कार्यक्रमहरूमा कहिल्यै नहोस् । पहिलो भेट रेस्टुराँमा भएको थियो र अन्तिम भेट पनि कुनै अमूक क्याफेमा होस् ।

कमसेकम शहरमा एउटा यस्तो साथी छ, जसलाई म केवल क्याफेहरूमा भेट्छु ।

मेरो SO-CALLED DEATH मा समेत राजन गोदारलाई घाट या मेरो चितावरपर धुआँसरी मडारिने सुविधा कदापि नहोस् । हाम्रो मित्रता, प्रेम र आत्मीयताको अन्त्येष्टि उसले कुनै क्याफेमा नै गरोस् । मेरो श्रद्धाञ्जलीको HOLY CELEBRATION उसले VAT 69 या OLD DURBAR को अन्तिम पेग CHEERS गर्दै मनाओस् ।

र, उसको सामु

मैले पिएर छाडिसकेको

ESPRESSO या AMERICANO-DOUBLE SHOT को

रित्तो COFEE-MUG होस् । क्रिस्टल काँचको । अनि छेउमा

क्रिस्टल काँचको अनाथ ASH-TRAY मा मेरो नामको एक ठुटा

याद होस् । बस् !

प्रिय मृत्यु !

क्याफेमा एउटा कुना होस् ।

कुनामा एउटा पहेंलो टेबल होस् ।

पहेंलो टेबलमा काँचको कफी-मग होस् । एस-ट्रे होस् । त्यतै कतै राजन गोदारले लेखेको कार्यपत्र -एक फिक्सन डिजाइनको ठगाह कामः अक्षरगन्ज-को भर्जिन मनुस्क्रिप्ट होस्, जसलाई उसले हाम्रो प्रथम भेट भएकै हप्ता लेखेको थियो र RANDOM READERS SOCIETY OF NEPAL, पोखराको स्वर्ण शृङ्खलाको कार्यक्रममा सुफियाना अन्दाजका साथ वाचन गरेको थियो, २०७१ माघ २४ गते, शनिबार ।

प्रिय ज्याक निकोल्सन !

यी सब म किन लेखिरहेछु- खुदा जाने । या ना जाने ! NOW, WHO THE HELL CARES! ज्ञानीहरू भन्छन् -EMPTY MIND IS DEVIL'S WORKSHOP ! अथवा यो प्रख्यात स्टेटमेन्टको हिज्जे बिग्रेर कहिलेकाहीं –EMPTY MIND IS DEVI'S WORSHIP– पनि बन्दो हो । मलाई थाहा छैन । म अज्ञानी छु र छु शैतानी । सावित्रीसित ३ हजार सापटी लिई एसट्रे किन्न हिंडेको मान्छे स्पेनिस डिङ्गो र कालो चश्मा लिई फर्केको छु । ह्वाट ननसेन्स ! कस्तो ठिस हुँ म ?

कालो चश्मा ?

अँ । कालो चश्मा राजन गोदारले मलाई भेटी चढाएको हो । कालोसित म किन यतिविघ्न मोहित, आकर्षित छु ? कालो वस्त्र लगाउँछु । कालो-कालो वर्णको छु । आफ्नो किताबका कभरहरू पनि प्रायः कालो नै डिजाइन गर्छु । कालो कफी त छँदै छ, कालो मसीले काला अक्षरहरू लेख्छु ।

शायद मेरो मन नै कालो छ । आत्मा कालो छ ।

I'M A DEVIL WITH A BLACK SOUL, PERHAPS!

दिउँसो राजनले DISPLAY गरेको SUNGLASSES को कलेक्सनबाट अनेक रङहरूमध्ये कालो गगल्स नै रोजें । गोदारका अनुसार NAGARKOTI,

THE DEVIL लाई स्पेनिस डिङ्गोसित कालै चश्मा सुट गर्छ । पर्फेक्ट म्याच गर्छ ।

IF SO, THEN SO IT IS !

बाँकी सब खुदा जाने !

खुदा हाफिज् !

आमिन !

ॐ !

***

कार्तिक १३ । शनिबार
फिक्सन-साँझ ।

पापा, एउटा कथा सुनाउनुस् न ! कत्ति भो, पापाले मलाई कथा नै सुनाउनु भा'छैन । आज एउटा सुनाउनुस् न । प्लिज, पापा !

बाबुलाई कस्तो कथा सुन्न मन ला'छ ?

मलाई राम्रो कथा सुन्न मन ला'छ ।

राम्रो भनेको कस्तो ? कति राम्रो ? अलिकति राम्रो ? धेरै राम्रो ? कि भयानक राम्रो ?

भयानक राम्रो !

ओके ! सुन, है त ! सिरक राम्रोसित ओढ । बाबुलाई नत्र चिसो लाग्छ । पापासित अलि टाँस्सिएर सुत । सुसु आ'छ कि छैन ? कथाको बीचमा सु आयो चाहिं भन्न पाइँदैन नि !

सु आ'छैन । कथा सुन्ने बेला मलाई सु आउँदैन । त्यत्ति पनि थाहा छैन । पापा त कस्तो ?

ए, हो त है ! कथा अङ्ग्रेजीमा सुन्ने कि नेपालीमा ?

अङ्ग्रेजीमा त स्कुलमा मिसले सुनाइहाल्नुहुन्छ नि ! पापाले अङ्ग्रेजीमा भनेको कथा मलाई मनै पर्दैन । नेपालीमा नै सुन्ने ।

एकादेशमा एउटा जङ्गल थियो । जङ्गल भयानक ठूलो थियो । जङ्गलको बीचमा एउटा ठूलो पोखरी थियो। त्यो पोखरीको पानी सङ्लो थियो। तिम्रो मम्मीको मनजस्तै सफा थियो । त्यो पोखरीमा चराहरू आउँथे ।

कस्तो चरा ?

बाबुलाई मनपर्ने चराहरू के-के हुन् ?

डाँफे । नेपाली मिसले भन्नुभा'को डाँफे हाम्रो देशको नेसनल एनिमल हो ।

एनिमल ?

होइन-होइन । आई एम सरी ! नेसनल बर्ड हो । पापा, तपाईंलाई थाहा छ ? पिकक् इन्डियाको नेसनल बर्ड हो नि ! मिसले भन्नु भा'को ।

हो र ?

हो नि त !

बाबुलाई पिकक्चाहिं मन पर्दैन ?

पर्दैन । त्यो त इन्डियाको चरा हो । मम्मीले भन्नुभा'को अस्ति इन्डियाले हामीलाई ग्यास नदिएको रे ! ठूलो भएपछि म पनि इन्डियालाई ग्यास दिन्नँ । मलाई त त्यो देशको पिकक् मन पर्दैन । डाँफे मन पर्छ । पापालाई थाहा छ, डाँफेलाई अङ्ग्रेजीमा के भन्छ ?

के भन्छ ?

त्यत्ति पनि थाहा छैन ? हाम्रो मिसलाई त कति थेरै थाहा छ ! डाँफेलाई लोफोफरस भन्छ नि !

ए, हो र ?

हो, त !

लोफोफोरसको हिज्जेचाहिँ के नि ?

ह्वाट इज हिज्जे ?

स्पेलिङ । लोफोफोरसको स्पेलिङ के हो ?

त्यसो भन्नुस् न । स्पेलिङलाई हिज्जे किन भनेको ?

बाबुले नेपाली शब्द सिक्नुपर्छ नि त । हो कि होइन ? कुनै पनि भाषाको शब्दलाई बाबुले माया गर्नुपर्छ । पर्छ कि पर्दैन ?

पर्छ-पर्छ । तर, मिसले हिज्जे सिकाउनु नै भा'छैन ।

पापाले सिकाउनुभयो नि त ! अब लोफोफोरसको हिज्जे भन त ।

L.O.P.H.O.P.H.O.R.O.S. –**लोफोफोरस । लोफोफोरस इज अ नेसनल बर्ड अफ् आवर कन्ट्री । आई लभ माई कन्ट्री । लोफोफोरसलाई नेपालीमा डाँफे भन्छ । डाँफेले टाउकोमा श्रीपेच लगाउँछ । किनभने डाँफे चराहरूको किङ हो ।**

बाबुलाई अरू के-के चराहरू मन पर्छ ?

मलाई सुगा मन पर्छ । गौँथली मन पर्छ । कुक्कु बर्ड मन पर्छ । कोइली मन पर्छ । मलाई सप्पै चराहरू मन पर्छ ।

ती सप्पै चराहरू जङ्गलको पोखरीमा आउँथे । पानीमा पौडी खेल्थे । नुहाउँथे । पानी बाबुलाई मनपर्ने ओरेन्ज जुसजस्तै मीठो थियो । चराहरू मीठो मानी पानी खान्थे । त्यो पोखरीमा एउटा ठूलो माछा बस्थ्यो । वास्तवमा पोखरी त्यही ठूलो माछाको थियो ।

त्यो माछा साह्रै दयालु थियो । पानीबाट ढाड निकाल्थ्यो र चराहरू उसको ढाडमा बस्थे । सुगा, गौँथली, कोइली, कुक्कु बर्डहरूलाई आफ्नो ढाडमा राखी त्यो ठूलो माछा पानीमा सुलुलुलुलुलुलुलुलु बग्थ्यो, तैरन्थ्यो ।

त्यो पोखरीको छेउमा एउटा सानो घर थियो । त्यो घर साह्रै सुन्दर थियो । चिटिक्क परेको थियो । घरको बगैंचामा बाबुलाई मनपर्ने फूलहरू सधैं फुलेका हुन्थे । फूलवरपर पुतलीहरू उडिरहन्थे ।

पापा, त्यो घर कसको थियो ? त्यो घरमा को बस्थ्यो ?

त्यो घर त्यही ठूलो माछाको थियो । त्यो घरमा त्यही ठूलो माछा बस्थ्यो ।

ह्या पापा पनि ! माछा त पोखरीमा पो बस्छ । घरमा काँ बस्छ ?

त्यो वास्तवमा मान्छे-माछा थियो क्या !

मान्छे-माछा ?

हो, मान्छे-माछा । फिस-म्यान । स्पाइडर-म्यान र ब्याट-म्यानझैं फिस-म्यान । मान्छे-माछा । त्यो माछा सनसेटपछि मान्छे बन्थ्यो र राति घरमा सुत्थ्यो । बिहान सनराइजपछि त्यो मान्छे माछा बन्थ्यो र दिनभरि पोखरीमा बस्थ्यो ।

धत् ! यस्तो पनि हुन्छ र ?

लौ, हुन्छ नि ! तिम्रो पापाको कथामा यस्तै हुन्छ । कथा सुन्ने कि नसुन्ने ?

सुन्ने-सुन्ने ।

त्यो मान्छेलाई श्राप लागेको थियो । त्यसैले ऊ दिनमा मान्छे-माछा र रातमा मान्छे बन्थ्यो ।

त्यल्लाई कसले सराप दिएको थियो ?

जलदेवताले ।

किन ?

त्यो मान्छे बच्चामा साह्रै बदमास थियो । चकचके थियो । तिम्रो क्लासको सबैभन्दा बदमास –naughty boy– को हो ?

प्रयत्न ।

त्यो मान्छे बचपनमा प्रयत्नझैं बदमास थियो । गुलेलीले चरा मार्थ्यो ।

पापा, प्रयत्नसित गुलेली छैन ।

तर त्यो बदमास बच्चोसित चाहिं थियो । गुलेलीमात्र काँ हो र ! त्योसित त माछा मार्ने बल्छी पनि थियो । बल्छी र गुलेली बोकी ऊ जङ्गल जान्थ्यो । चरा र माछाहरूको सिकार गर्थ्यो । ऊ वास्तवमा छोटेमोटे सिकारी थियो । चराहरूको अण्डा चोर्नमा सिपालु थियो । एक दिनको कुरा हो । कति दिनको कुरा हो रे ?

एक दिनको ।

दुई-तीन-चार दिनको होइन । एक दिनको कुरा हो । त्यो दिन सदाझैं ऊ जङ्गल गयो । चराको गुँडबाट अण्डा चोर्‍यो र जङ्गलको त्यही पोखरीको डिलमा बसी माछा मार्न बल्छी थापी बस्यो । तर, त्यो दिन अचम्मै भयो । के भयो रे ?

अचम्मै ! अचम्मै भयो ।

त्यो दिन उसको बल्छीमा माछा परेन । बरू बल्छीमा त जलदेउता पो पर्नुभयो । जलदेउताले फुच्चेलाई चराको अण्डा क्वाप्लक्क खाएको देख्नुभयो । त्यो देखी जलदेउतालाई जङ चल्यो र तत्कालै श्राप दिनुभयो- *चराको अण्डा खाने तँ ? तेरो घाँटीमा गलगाँड आओस् !*

त्यसपछि फुच्चेको घाँटीमा फुत्त एउटा गलगाँड निस्क्यो । जलदेउताले फुच्चेलाई अर्को श्राप पनि दिनुभयो- *चरा र माछाको सिकार गर्ने तँ ! तँ अबदेखि दिनमा माछा हुनेछस् र रातमा मान्छे ! यसरी त्यो बदमास केटो माछा बन्यो ।*

त्यो फुच्चे रोएन पापा ?

रोयो नि ! किन रोएन ? तर, श्राप फिर्ता लिने कुरा भएन क्यारे ! फुच्चेलाई जलदेउताले यो पनि भन्नुभयो- *तँ साह्रै नै*

ब्याड ब्वाई रहेछस् । तँसित दयामाया भन्ने चिज रहेनछ । जुन दिन तैंले आफ्नो गलगाँडमार्फत् कसैलाई दयामाया गर्लास्, त्यही दिन तँ मेरो श्रापबाट फ्रि होलास् ।

वाफ्रे ! कस्तो ड्यान्जर सराप रै'छ, है पापा ?

हो नि त ! चराचुरुङ्गीहरूलाई तिमीले पनि दयामाया गर्नुपर्छ ।

अस्ति न मैले मेरो बर्थ-डेमा परेवाहरूलाई मकै दिएको थें, है पापा ? केक पनि दिएको थें ।

हो, हो । बाबु त गुड ब्वाई हो नि त ! तिम्रो क्लासको प्रयत्नलाई पनि गुड ब्वाई बन्नुपर्छ भन ल ! नत्र त जङ्गली फिस-म्यानजस्तै उसको घाँटीमा पनि गलगाँड आउँछ ।

साँच्ची हो ? गड प्रमिस ?

तिमीलाई गड प्रमिस भन्न कसले सिकायो ?

इभिनाले । पापा, तपाईंलाई थाहा छ ? इभिना सुयोगको गर्लफ्रेन्ड हो नि !

अच्छा ? बाबुको चैं गर्लफ्रेन्ड छैन ?

मेरो त छैन । मम्मीले भन्नु भा'को गर्लफ्रेन्ड बनाएपछि म ज्ञानी बच्चा हुन्न रे ! पढाइ बिग्रिन्छ रे !

तिम्रो मम्मीले त्यसो पो भन्नुभयो ?

हो । पापा, तपाई पनि गर्लफ्रेन्ड नबनाउनुस् ल ! नत्र तपाईंको पनि पढाइ बिग्रिन्छ ।

सुयोगको पढाइ बिग्रियो त ?

ल ! पापालाई थाहै छैन । सुयोग सेकेन्ड टर्ममा सेकेन्ड भयो । इभिना फर्स्ट भई । इभिनाले सुयोगको पढाइ चोरिदिई नि ! थाहा छ पापा ? सुयोग मेरो बेस्ट फ्रेन्ड हो । उसको पापा काम गर्न विदेश जानु भा'छ । विदेशबाट उसलाई चकलेट पठाइदिनुहुन्छ । सुयोगले मलाई पनि चकलेट दिन्छ । मःमः दिन्छ । मःमः मलाई कस्तो मन पर्छ !

तिम्रो मम्मीले अस्ति लगनखेलबाट मःमः बनाउने भाँडा किनेर ल्याउनु भा'छ नि ! बाबुलाई थाहा छ ?

काँ छ ?

मम्मीले लुकाएर राख्नु भा'छ । तिमीलाई चाँडै नै मःमः बनाएर खुवाउने रे ! घरैमा ।

साँच्ची हो ? गड प्रमिस ?

साँच्ची हो । गड प्रमिस !

पापाले एकपटक आकाशबाट मःमः, चाउमिन र आइसक्रिम खसेको कथा सुनाउनुभा'को थ्यो नि ! त्यो कथा फेरि सुनाउनुस् न ! कस्तो राम्रो थियो ! त्यो मेरो फेभरेट स्टोरी हो नि !

फिस-म्यानको कथा चैं नसुन्ने ?

त्यो पनि सुन्ने । दुइटा कथा एकैपटक सुन्ने । हुँदैन पापा ?

हुँदैन । काँ हुन्छ ? एकपटकमा एउटा मात्र काम गर्नुपर्छ क्या ! पढ्ने बेला पढ्नु मात्र पर्छ । खेल्ने बेला खेल्नु मात्र पर्छ । टिभी हेर्ने बेला टिभीमात्र हेर्नुपर्छ । मःमः खाने बेला मःमः मात्रै खानुपर्छ ।

हामीले घरमा मःमः कहिले बनाउने ?

तिम्रो मम्मीलाई सोध्नुपर्छ ।

पापा, यसो गरौं ।

कसो गरौं बेटा ?

ऐले नै मःमः बनाएर खाइदिऊँ । हुँदैन ?

हुँदैन । काँ हुन्छ ? तिमी मःमः खाने कि कथा सुन्ने ?

मःमः खाँदै कथा सुन्ने । हुँदैन ?

हुँदैन । काँ हुन्छ ? पापाले भर्खरै भन्नुभा हैन ? एकपटकमा एउटा मात्र काम गर्ने । बुझ्यौ ?

बुझें-बुझें । म अब फिस-म्यानको कथा मात्र सुन्ने । मःमः पछि खाने । ओके पापा ?

ओके ! द्याट्स लाइक अ गुड ब्वोई । यु आर माई गुड छोरा ।

थ्याङ्क थु पापा !

यु आर मोस्ट वेलकम, माई सन । अब कथा नै सुनौं, ल !

ल, ल, ल, ! कथा नै सुनौं ।

जङ्गलको पोखरीलाई फुच्चे केटोको जिम्मा लगाइवरी जलदेउता त्यसपछि गायब हुनुभयो । त्यो फुच्चे सनसेटपछि रातमा मान्छे र सनराइजपछि माछा बनी हुर्कंदै गयो । ठूलो भयो, जवान भयो । उसको गलगाँड पनि ठूलो हुँदै गयो ।

जलदेउताले बनाइदिएको घरमा पछि ऊसितै चराहरू पनि बस्न थाले । चराहरूले घरमा गुँड बनाए । ती गुँडहरूलाई उसले भत्काएन किनभने अब त ऊ चराचुरुङ्गीहरूलाई दयामाया गर्ने दयालु र मायालु मान्छे भइसकेको थियो । तिमीजस्तै ।

एक दिनको कुरा हो । कति दिनको कुरा हो रे ?

एक दिनको ।

दुई-तीन-चार दिनको होइन । एक दिनको कुरा हो । त्यो दिन त्यो घरमा नयाँ चराहरू पाहुना बनी आए । एक जोडी चरा । ती परेवाका जोडी थिए ।

हाम्रो परेवाजस्तै ?

हो, हाम्रै परेवाजस्तै । तिनीहरूको नाम पनि ठ्याक्कै हाम्रै परेवाहरूको जस्तै थियो ।

ज्याक र किम्या !

यस् अफकोर्स ! यु आर हन्ड्रेड पर्सेन्ट करेक्ट । भाले परेवाको नाम ज्याक थियो र पोथी परेवाको नाम किम्या । तिनीहरू

एकार्कालाई असाध्यै माया गर्थे । सधैं सँगसँगै बस्थे । पोखरीमा पौडी खेल्थे, नुहाउँथे र माछाको ढाडमा बसी परपर घुम्न जान्थे । बाबुको फेभरेट सिजन कुन हो ? तिमीलाई मनपर्ने मौसम कुन हो ?

स्प्रिङ सिजन ।

रेनी सिजन मन पर्दैन ?

छ्या ! मन पर्दैन । रेनी सिजनमा पानीमात्रै पर्छ । हिलो हुन्छ । मेरो जुत्तामा हिलो लाग्छ । जुत्तामा हिलो लागेपछि स्कुलमा मिसले हामीलाई लाइनबाट निकालिदिनुहुन्छ ।

मिसको जुत्तामा चाहिं हिलो लाग्दैन ?

लाग्छ नि ! तर, मिस लाइनमा बस्नुहुन्न क्यारे ! मलाई त रेनी सिजन मनै पर्दैन । आई लभ स्प्रिङ सिजन । पापा, तपाईं पनि स्प्रिङ सिजन मन पराउनुस्, ल !

ल, ल, ल ! एकपटकको कुरा हो । बाबुलाई मनपर्ने स्प्रिङ सिजनमा त्यो फिस-म्यानको घरमा गुँड लगाएका सप्पै चराहरूले अण्डा पारे । किसिम-किसिमका अण्डा । ठूला अण्डा । साना अण्डा । अनि रङ्गीचङ्गी, कलरफुल अण्डा । बाबुलाई मनपर्ने कलर के-के हुन् रे ?

येल्लो, पर्पल, रेड, पिङ्क, ब्राउन, ब्लु । मलाई ग्रिन कलर पनि मनपर्छ ।

ओके, ओके । ती अण्डा रेड थिए । येल्लो थिए । पिङ्क, ब्लु थिए । केही अण्डा पर्पल रङका थिए भने केही ब्राउन । ग्रिन अण्डाहरू पनि थिए । कस्ता रङ्गीचङ्गी अण्डाहरू ! कति सुन्दर ! कति राम्रा ! कति लोभलाग्दा ! किम्याले पनि एउटा अण्डा पारी । लु, बाबुले गेस गर त ! किम्याको अण्डा कुन रङको थियो ?

पिङ्क !

यु आर हन्ड्रेड पर्सेन्ट करेक्ट ! किम्याको अण्डा पिङ्क रङको थियो ।

अण्डालाई फुल भने हुँदैन पापा ?

काँ हुन्छ ? हुँदैन । अण्डालाई फुल त तिम्रो मम्मीले भन्नुहुन्छ । बाबु र पापाले चाहिं अण्डालाई अण्डा नै भन्नुपर्छ । ओके ?

ओके, ओके !

द्याट्स गुड ! अनि एक दिनको कुरा हो । कति दिनको कुरा हो रे ?

दुई-तीन-चार दिनको होइन । एक दिनको कुरा हो....

द्याट इज अल्सो गुड ! एक दिन के भयो भन्देखिन् त्यो पोखरीमा घुम्दैफिर्दै कतैबाट एउटा यँमानको सर्प आइपुग्यो । कत्रो ठूलो भने पापाभन्दा ठूलो । पापाभन्दा मोटो । पापाभन्दा डरलाग्दो । त्यो सर्पले एकएक गरी ती सबै रङ्गीचङ्गी अण्डाहरू खान थाल्यो । निल्न थाल्यो ।

चराहरूले सर्पलाई ठुँग्न खोजे । झम्टिन खोजे । धपाउन खोजे । तर, कसैको केही जोर चलेन । केही सीप लागेन । सर्पले अण्डा हसुर्दै गयो ।

चराहरू लाचार भए । तिनीहरूले फिस-म्यानलाई गुहारे । तर, बिचरो फिस-म्यान ! त्यसले पनि के नै पो गर्न सक्थ्यो र ? ऊ पनि लाचार, विवश थियो । केही गर्न नसकेकोमा निक्कै छट्पटायो । उसलाई औडाहा भयो, पानीमै बेस्सरी यताउति बाँकटे हान्न थाल्यो । उफ्रँदै बलजफ्ती गर्न थाल्यो ।

चराहरू च्याँच्याँ, चिँचि-चिँचि, चुँचु गर्दै विलाप गर्न थाले । यता पानीमा फिस-म्यान छप्लाङछुप्लुङ गर्दै मरिहत्ते गर्न थाल्यो ।

उता सर्प सुलुलुलुलुलुलुलुलु परेवाको गुँडमा पुग्नै थाल्यो । किम्याको पिङ्क अण्डालाई भेट्टाउन-भेट्टाउन लाग्यो ।

ठीक यही बेला सूर्यास्त भयो । सनसेट भयो ।

पोखरीको माछा मान्छे बनी पानीबाट फुत्त निस्क्यो । किम्याको पिङ्क अण्डालाई निल्नै आँटेको सर्पले उसलाई झम्टन खोज्यो । डस्न खोज्यो । तर, फिस-म्यानले त्यसको कुनै पर्वाह नगरी गुँडबाट परेवाको पिङ्क अण्डा टिप्यो र यताउति कतै नहेरी हत्त न पत्त अण्डालाई आफ्नै मुखमा हाल्यो र घुटुक्क निल्यो ।

त्यो अण्डा उसको गलगाँडमा गएर बस्यो ।

यसरी उसले परेवाको अण्डालाई सर्पबाट बचायो । जोगायो । तर, अफसोस् ! हाउ स्याड ! परेवाहरूलाई लाग्यो कि उसले अण्डा खाइदियो । ज्याक र किम्या दुःखी भए । त्यही रात उनीहरूले घर छाडे । जङ्गल छाडे । बाँकी सबै चराहरू पनि त्यही रात कहिल्यै नफर्कने गरी उडी गए । फिस-म्यानलाई ज्यादै ननिको लाग्यो । ऊ एक्लो पर्‍यो ।

गलगाँडको अण्डा चैं के भयो पापा ?

के भयो भन्देखिन् नि ! गलगाँडको अण्डा एक दिन गलगाँडभित्रै ह्याच भयो । त्यो अण्डाबाट एउटा बचेराको जन्म भयो ।

अनि के भयो ?

गलगाँडभित्रको त्यो बचेरा नानी हुर्कंदै गयो ।

त्यो केटी-परेवा थियो पापा ?

हो । त्यो केटी परेवा थिई । एक दिन । दिन होइन । आई एम सरी । एक रात त्यो फिस-म्यान निदाइरहेको बेला उसको आँ परेको खुल्ला मुखभित्रबाट त्यो बचेरा नानी फुत्त बाहिर निस्की । उसको आङमा प्वाँख र पखेटा पलाइसकेका थिए । उसले

पखेटा फडफडाई र हेर्दा-हेर्दै घर बाहिर निस्की र अन्धकारमा उडी गई ।

हाउ स्वीट् !

यो सब कुरा फिस-म्यानले वास्तवमा सपनामा देखेको थियो । त्यो सपनाको दृश्य थियो । बुझ्यौ नि ! अनि त्यही सपनामा एक छिनपछि -बचेरा नानी उडी गएपछि- जलदेउता प्रकट हुनुभयो । जलदेउताले फिस-म्यानको कानमा केही भन्नुभयो ।

के भन्नुभयो ?

फिस-म्यानको कानमा जलदेउताले भन्नुभयो- *हे फिस-म्यान ! अण्डालाई आफ्नो गलगाँडभित्र राखेर तिमीले दयामायाको सुन्दर नमुना/उदाहरण देखायौ । गलगाँडमै परेवाको बच्चालाई टिफिन, ब्रेकफास्ट, लन्च, डिनर खुवायौ । बचेरा नानीको हेरचाह गऱ्यौ । लालनपालन गऱ्यो । आई एम ह्याप्पी विथ यु ! यु ह्याभ बिकम अ गुड म्यान !*

पापा, जलदेउताले अङ्ग्रेजी बोल्नुभयो ?

यस, माई सन । जलदेउताले अङ्ग्रेजी बोल्नुभयो । अङ्ग्रेजी मात्र काँ हो र ! जलदेवता त फ्रेन्च, हिन्दी, उर्दू, संस्कृत, स्पेनिश, नेवारी, मैथली सप्पै भाषामा कुराकानी गर्नुहुन्थ्यो । जलदेउतालाई नआउने भाषा त कुनै पनि थिएन । जलदेउतालाई सप्पै भाषा आउँथ्यो । सप्पै भाषालाई जलदेउता प्रेम गर्नुहुन्थ्यो । माया गर्नुहुन्थ्यो ।

हाउ स्वीट ! म पनि ठूलो भएपछि सप्पै भाषालाई माया गर्छु ।

भेरी गुड !

अनि ?

के अनि ?

जलदेवताले फिस-म्यानलाई अनि के भन्नुभयो ?

फिस-म्यानलाई जलदेउताले भन्नुभयो- *आजबाट तिमी मेरो श्रापबाट फ्रि भयौ । हे फिस-म्यान, तिमी अब मुक्त भयौ । तिमीले आइन्दा माछा बनिरहनु पर्दैन किनभने तिमी असल मानिस बन्यौ ।*

त्यसको भोलिपल्ट साँच्चै गज्जब भइगयो । अचम्म भइगयो ।

सनराइज भयो तर उसको जिउमा माछाका कत्लाहरू उम्रेनन् । ऊ माछा बनेन । उसले आफ्नो घाँटी छामी हे-यो । कस्तो अचम्म ! त्यहाँ गलगाँड पनि थिएन । ऊ निकै खुशी भयो ।

मुखबाट निस्केर उडी गएको बचेरा फर्केर आएन पापा ?

बचेरा त आएन । बरू एक दिन त्यो घरमा एकादेशकी राजकुमारी आई । राजकुमारी सिन्ड्रेलाजस्तै सुन्दर थिई । उसले आफूसितै नोकरचाकरहरू लिएर आएकी थिई । ती नोकरचाकरहरूले पोखरीनिर ठूलो महल बनाइदिए । फिस-म्यान र राजकुमारीको धुमधामसित बिहे भयो । उनीहरू सुखपूर्वक बस्न थाले ।

नयाँनयाँ चराचुरुङ्गीहरू फेरि त्यहाँ आउन थाले । ती रङ्गीचङ्गी चराहरूले फिस-म्यानको त्यही पुरानो घरमा गुँड बनाउन थाले । त्यो पुरानो घरलाई फिस-म्यानले सजाएर चराहरूका निम्ति बर्ड-हाउस बनाइदिएको थियो । र, त्यो बर्ड-हाउसमा बाबुलाई मन पर्ने स्प्रिङ सिजनमा चराहरूले रङ्गीचङ्गी अण्डा पार्न थाले ।

पिङ्क-अण्डा । ब्लु-अण्डा । ब्राउन-अण्डा । ग्रिन-अण्डा । पर्पल-अण्डा ।

अण्डा खान सर्प आएन ! है पापा ? मलाई सर्पसित कस्तो डर लाग्छ !

यसपटक सर्प आएन बाबु !

आहा ! कस्तो मज्जा ! अनि राजकुमारी र त्यो फिस-म्यानको के भयो ?

राजकुमारीले एक दिन फिस-म्यानको कानमा भनी- *तिम्रो मुखबाट निस्केको त्यो बचेरा नानी म नै थिएँ । तिम्रो गलगाँडमा ह्याच भएको त्यो पिङ्क-अण्डा म नै थिएँ । जलदेउताले मलाई राजकुमारी बनाएर तिमीकहाँ पठाइदिनुभयो । मेरो नाम सावित्री हो ।*

हाउ स्वीट ! सावित्री त मम्मीको नाम पो हो, पापा !

यु आर हन्ड्रेड पर्सेन्ट करेक्ट । त्यो फिस-म्यानको नामचाहिं कुमार थियो । सावित्री र कुमारको त्यसरी भेट भएको थियो । बुझ्यौ ? जङ्गलको महलमा एक दिन सावित्रीको कोखबाट एउटा सुन्दर बच्चाको जन्म भयो । त्यो सुन्दर बच्चाको नाम थियो, ग्रिश्मिल ।

त्यो त मै हुँ ।

हो, छोरा । त्यो सुन्दर बच्चा तिमी नै थियौ । लौ, अब कथा सकियो । जाऊ मम्मीसित गएर सुत । पापा अब केही बेर पढ्नु हुन्छ । ओके ?

ओके, पापा ! गुडनाइट पापा !

गुड नाइट ग्रिश्मिल !

***

कार्तिक १४ । आइतबार

लक्ष्मी पूजा, दीपावली

९:१७ बजे

प्रिय निकोल्सन फ्यामिली,

शुभ-प्रभात !

हामी मनुष्यहरू विभिन्न चाड-पर्वहरू मनाउँछौं । तिमी पक्षीहरू के चाड मनाउँछौ, कुन्नि !

आज लक्ष्मी पूजा । साँझपख उपत्यका झिलिमिली हुनेछ । घरघरमा दियो जल्नेछ । घर-आँगन बढारकुँडार गरिइनेछ । मजस्तो हरिलम्फूलाई समेत सावित्रीले उर्दी जारी गरिसकेकी छेः *लोग्नेजी ! आफ्नो गुफा सफा गरेर चिटिक्क पार्नुस् । साँझ दियो बाल्नुपर्छ । लक्ष्मीदेवीलाई खुशी पार्नुपर्छ ।*

लक्ष्मीदेवी ?

लक्ष्मी ! त्यो पनि देवी ? ह्वाट नन-सेन्स् ?

लक्ष्मीसित मेरो कहिल्यै ऱ्याङठ्याङ मिल्दैन । वैरीजनहरू लक्ष्मीलाई -द गडेस अफ् इकोनमिक्स- भन्छन् । र, यो इकोनमिक्सले चाहिं मलाई सधैं झ्याउ गऱ्यो । कलेज कालमा इकोनमिक्समा सधैं फेल भैरहन्थें । त्यसैले लक्ष्मी बसोबास गर्ने देव-घरभन्दा -लक्ष्मी नेवारी खाजा घर-ले मलाई बढी आकर्षित गर्छ ।

'लक्ष्मी नेवारी खाजा घर' यही गल्लीमा छ ।

मिक्स्ड बारा, सुकुटी र फ्राइड कचिला, चटामरी र ग्रेभी फिस अनि साँदेको भटमास र बदाम खान म यो ऐला-गृहमा अक्सर छिर्ने गर्छु । मलाई भेट्न चाहने साहित्यिक मित्र तथा पत्रकारहरूलाई पनि म त्यहाँ लैजान्छु । र, साहुनीलाई भन्छुः

- लक्ष्मी माँ ! मेरा पासाहरूलाई स्पेशल खाजा खुवाउनुस् ।

मानवनिर्मित कथित् देवदेवीहरूप्रति मेरो रूचि कहिले नष्ट भयो, ठीक यकिनका साथ यसै भन्न सक्दिनँ । गणेश भगवान्को सुँड देख्दा मलाई

सदैव हाँसो उठ्छ । ब्रह्मा, विष्णु र महादेवका मायावी लीला सुनेर छक्क पर्छु । सम्भोगबिनै पैदा भएका जीजस क्राइस्टको स्वैरकाल्पनिक जीवन सोच्दा पक्क पर्छु । यसो भन्दै गर्दा मलाई आफ्नो कथा -तिम्रो मृत्युको समाचार-को प्रसङ्ग याद आइरा'छ । त्यो कथामा एउटा च्याप्टर छः चौरासी लाख योनि र मान्छेको जुनी । मृतक अर्थात् मबारे उक्त च्याप्टरमा एउटा पुजारी यसो भन्छः

अब, त्यसको के कुरा गर्ने ?

कुमार नगरकोटी एक खराब व्यक्ति थियो । अनैतिक एवम् अवैध अस्तित्व त्यसले भोगचलन गरेको थियो । मृत्युपश्चात् मृतकको असल कुराहरूको मात्र चर्चा गर्नुपर्छ भन्ने के छ र, कसो ?

सही भन्ने हो भने असल कुराहरू उसमा केही थिएन ।

म यही मन्दिरको पुजारी हुँ ।

म ईश्वरको खास मान्छे भएको हिसाबले उसको बेहिसाब दुष्कर्मबारे चर्चा गर्नु सान्दर्भिक हुनेछ । पहिलो कुरा त ऊ ईश्वरको ठूलो निन्दा गर्थ्यो । देवी, देवताहरूलाई सम्बोधन गर्ने उसका शब्दहरू यति घृणित थिए कि तपाईं कल्पना नै गर्न सक्नुहुन्न ।

देवी सरस्वतीको मूर्तिअगाडि ऊ यस्तो प्रार्थना गर्थ्योः

- प्रिय ! म तिम्रो मस्तक चुम्न चाहन्छु ।

त्यसपछि ऊ देवीको मस्तक चुम्थ्यो । अब भन्नुस्, देवीको पवित्र निधारमा कसैले त्यस्तो पाप कर्म गर्नु कति अधार्मिक हो । अनि, देवी लक्ष्मीसित नगरकोटी समुद्र किनारतिर घुम्न जाने मनोकाङ्क्षा राख्थ्यो ।

के देवी लक्ष्मी नगरकोटीको प्राइभेट गर्लफ्रेन्ड हो र ? त्यसो गर्न मिल्छ ? तर, नगरकोटी त्यसै गर्न चाहन्थ्यो । मऱ्यो । ठीकै भएछ ।

प्रिय निकोल्सन फ्यामिली !

यी त भए लक्ष्मीसित सम्बन्धित केही गन्थन । अब म वाचनतर्फ अग्रसर हुन्छु, है त !

आजको वाचन-सेसनमा म तिमीहरूलाई JAMES MALONEY को किताब –100 HEADLINES THAT CHANGED THE WORLD–बाट केही प्रसङ्ग सुनाउँछु । हेडलाइन्स सुनाउँछु । त्यस्ता समाचार-शीर्षक, जसले आफ्नो समयमा विश्वभर तहल्का मच्चाएका थिए ।

कविता, गीत, कथा तथा उपन्यासका च्याप्टरहरू कति वाचन गर्नु ! तिमीहरूलाई पनि दिक्क लागेको हुनुपर्छ । आज केही डिफ्रेन्ट गरौं है त ! त्यसो गर्नुअघि एउटा सिग्रेट सल्काइवरी आफ्नो मुखमा दागबत्ती दिऊँ कि !

पहिलो हेडलाइन यस्तोः

AUDIBLE SPEECH BY **TELEGRAPH**

(*New York Times*, 21 October 1876)

अलेक्जेन्डर ग्राह्म बेलको यो अद्‌भुत आविष्कार थियो ।

दोचा

'न्युयोर्क टाइम्स'मा प्रकाशित यो समाचार शीर्षकले संसारको ध्यान खिच्यो । अमेरिकाको बोस्टन र क्याम्ब्रिजपोर्टबीच भएको पहिलो लामो दूरीको टेलिफोन वार्ताले दुनियाँलाई चकित-ओ-चकित पाऱ्यो । यही डेमोन्स्ट्रेसनपश्चात् सञ्चारको नयाँ युग आरम्भ भयो ।

यो पब्लिक प्रदर्शनअघि ग्राहम बेलले त्यसको पूर्व प्रयोग गरेका थिए । आफूले आविष्कार गरेको यन्त्रमार्फत् उनले आफ्नो असिस्टेन्ट थोमस वाटसनलाई आफ्नो ल्याबमा बोलाएका थिए । बेलले बोलेका ती विश्वचर्चित शब्दहरू यस्ता थिएः WATSON, COME HERE. I WANT TO SEE YOU.

यो घटनाको उल्लेख गर्दै बेलले आफ्नो जर्नलमा यस्तो लेखे -To my delight he came and declared that he had heard and understood whar I said.

मिस्टर निकोल्सन !

भनिन्छ, तिम्रा पितापुर्खाहरू मेसेन्जर थिए । दूत थिए । दूत बनी तिनले मानव समुदायलाई सेवा गरेका थिए । परेवाहरूलाई मानिसले सन्देशबाहकको रूपमा प्रयोग गरेको इतिहास छ । एक ठाउँबाट अर्को ठाउँतिर पिजन/कबुत्तर/परेवा -जे नाम दिए पनि- मानिसका चिठीपत्रहरू बोकी उड्ने गर्थे । गीत नै छ नि !

SSS कबुत्तर जा, जा, जा,
कबुत्तर जा
पहली प्यार की पहली चिठी
साजनको दे आ
कबुत्तर जा, जा, जा SSS

तिम्रा जिजुबाजेहरू मनुष्यका प्रेमपत्र बोकी नील गगनमा उड्ने गर्थे । एकादेशको दुःखी सम्राट शिशमहलमा बसी प्रेमिकाको नाममा वेदनाले भरिएको प्रीतिपत्र लेख्थ्यो र परेवाको खुट्टामा बाँधिदिन्थ्यो । उक्त प्रीतिपत्र बोकी त्यो -बर्ड अफ मेसेन्जर- उड्दै/उड्दै अर्कै देशको साम्राज्ञीको गुप्त खोपीमा पुग्थ्यो ।

परेवाहरू यसै गरी प्रेमीका सन्देश बोकी गगन-यात्रा गर्थे ।

समय बदलियो । परेवाको काम ग्राह्म बेलको यन्त्रले थाल्यो । तिमीहरूलाई म मोबाइलमा Enigma, Kenny G र Kitaro का इन्स्ट्रमेन्टल म्युजिक सुनाउँछु आजकल । जमाना कहाँदेखि कहाँ पुग्यो ! मोबाइल, इन्टर्नेट सबै त्यही प्रोफेसर ग्राह्म बेलले आविष्कार गरेको यन्त्रको विस्तारित प्रोडक्ट हुन् । यही मोबाइलमार्फत् सावित्रीले मलाई एक दिन -म लमजुङमा फिल्म सुटिङ गर्दा- सन्देश पठाएकी थिईः

- लोग्नेजी ! गुँडमा किम्याले अर्को फुल पारी ।

EDISON'S ELECTRIC LIGHT

(*New York Times*, 28 December 1879)

'न्युयोर्क टाइम्स'कै अर्को चर्चित हेडलाइन ।

थोमस एडिसनले 1877 मा फोटोग्राफको अविष्कार गरेका थिए । तिनै वैज्ञानिकले दुई वर्षको अवधि भित्रै इलेक्ट्रिक लाइट आविष्कार गरे । यो डेमोन्स्ट्रेसन उनले मनलो पार्क, न्यु जर्सीमा गरेका थिए । आफ्नै ल्याब्रोटरीमा । मानिसहरू यिनलाई 'विजार्ड-अफ् मेनलो पार्क' पनि भन्थे ।

मेनलो पार्कको क्रिस्टी स्ट्रिटमा संसारमै पहिलोपटक झिलिमिली बत्ती बलेको थियो । क्रिश्चियन पर्वमा । न्यु इयर्स इभ् 1879 मा । जसरी आज लक्ष्मी पूजाको साँझ शहरभरि बल्नेछ । झिलिमिली बत्ती ।

ईश्वरको दरबारबाट अग्नि चोरेर धर्तीमा ल्याएको भनिएको ग्रिक मिथलजिकल पात्र प्रमिथियस त अधिकांश मिथझैं फगत एक मिथ्या हो । वास्तविक दुनियाँको प्रमिथियस त यिनै थोमस एडिसन थिए ।

आजको साँझ शहरमा दीपावली गरिनेछ । यिनैको चमकधमक सर्वत्र देख्न पाइनेछ ।

तमोसमा ज्योतिर्गमय !

LUMIERE'S CINEMATOGRAPHE

(*Sidney Morning Herald,* 22 September 1896)

फ्रान्सका लुमियर बन्धुहरूले एउटा अजीव खालको यन्त्र आविष्कार गरे । यसलाई -CINEMATOGRAPHE- नाम दिइयो, जुन ग्रिक भाषाबाट लिइएको थियो । जसको अर्थ हुन्छ, Movement अर्थात् चलायमान ।

दिस वज् द बर्थ अफ् सिनेमा ।

मनोरञ्जनको दुनियाँमा यसले अद्‌भुत क्रान्ति ल्यायो । मार्लो, सोफोकल्स, शेक्सपियर इत्यादिका नाटकहरूमा बानी परेका दर्शकहरूलाई यसले एउटा नयाँ स्वाद उपहार दियो । प्रिय ज्याक ! तिम्रो नाम पनि मैले मनोरञ्जनको क्षेत्रमा आफ्नो छुट्टै परिचय बनाएका अमेरिकी अभिनेता ज्याक निकोल्सनबाट लिएको हुँ । तिमीलाई चेतना भया ।

THE "TELEVISOR"

SUCCESSFUL TEST OF NEW APPARATUS

(*The Times*, 28 January 1926)

लन्डनको टाइम्स पत्रिकामा यो हेडलाइन ज्यादै कम महत्त्वका साथ प्रकाशन भएको थियो । पेज नम्बर नाइनमा । तर, बीसौं शताब्दीको यो घटना लाइफ चेन्जिङ उपलब्धि साबित हुन गयो । यसका आविष्कारक जे एल बेयर्डले यसलाई टेलिभाइजर नाम दिएका थिए, जो आजकल घरघरमा पाइने IDIOT BOX उर्फ टेलिभिजन हो ।

टेलिभिजनले मानिसको दैनिक जीवनमा निकै दबाबपूर्ण प्रभाव छाडेको छ ।

फेसबुक मार्क जुकरबर्गले सञ्चालन गरेको संसारकै सबैभन्दा विशाल झ्यालखाना हो भने टेलिभिजनचाहिँ झ्यालखानाको गोलघर हो । टेलिभिजनसामु काउचमा विराजमान भई हिन्दी धारावाहिक हेरिरहेकी घरेलु पत्नीको हातबाट रिमोट कन्ट्रोल खोसिदिएको खण्डमा अभागी पतिको दशा त्यो कुकुरको जस्तो शर्मनाक हुन्छ, जसलाई भर्खरै अगुल्टो प्रहार गरिएको छ । पत्नीले पतिलाई ठाउँको ठाउँ डिभोर्स दिने अवस्था आइलाग्न सक्छ । तसर्थ, नगरकोटीयन उक्ति नै छ नि ! आगो, पानी र हिन्दी टेलिसिरियल हेरिरहेकी श्रीमतीसित कहिल्यै खेलाँची नगर्नू । ती ज्यादै खतरनाक हुन्छन् । Beware of Them !

THE CROWNING GLORY: EVEREST IS CLIMBED

(*News Chronicle*, 2 June 1953)

प्रिय किम्या !

स्त्रीको तुलनामा पुरूषलाई यस्ता केही अन्ट न सन्टका स्टन्टहरू गरिरहनुपर्छ, जसले उसको अहङ्कारलाई तृप्त पार्छ । एउटा हीनताभाष उसलाई सदा भइरहन्छ । युगीन लघुताभाष उसको अवचेतन-मस्तिष्कमा ENGRAVED छ । प्रकृतिद्वारा ऊ ठगिएको छ । ठगिएको यस कारण छ कि ऊसित पाठेघर छैन । ठगिएको यसकारण छ कि ऊमार्फत् कुनै दैहिक श्रृष्टि असम्भव छ ।

पुरूष बायोलजिकल्ली सिर्जनशील छैन ।

ऊ बायोलजिकल पिता त अवश्य बन्न सक्छ तर जननी ऊ कदापि बन्न सक्दैन । यो युगीन अभाव उसमा सदा खट्किरहन्छ । त्यही अभावलाई परिपूर्ति गर्न ऊ अनेक क्रियटिभ स्टन्ट गर्न अभिशप्त छ । कहिले कविता रच्छ । कहिले पेन्टिङ गर्छ । कहिले सङ्गीत-सिर्जना गर्छ ।

पाठेघर भएकी स्त्रीलाई त्यसैले ऊ आफूले बनाएको 'घर'भित्र बन्दी बनाउँछ । आफू भने सगरमाथा चढ्न हिंड्छ । पौराणिक शास्त्रहरूमा स्त्रीलाई धर्ती र पुरूषलाई आकाश मानिएको छ । यस्तो खालको छल सदियौंदेखि जगत्मा नित्य चलिआएको छ । तसर्थ स्त्रीलाई प्रिग्नेन्ट गराउँदै/धर्तीमा छाडी पुरूष कहिले अन्तरिक्षतिर उड्छ, कहिले चन्द्रमातिर ।

पुरूष सदा उचाइउन्मुख हुन्छ । स्त्री हुन्छे, गहिराइ उन्मुख ।

आफ्नो उचाइमार्फत् पुरूष स्त्रीलाई सधैं होच्याउन रूचाउँछ । अग्ली होइन, आफूभन्दा होची स्त्रीलाई नै ऊ स्वास्नी बनाउने दमित मनोकाङ्क्षा राख्छ । आफूभन्दा अग्ली युवतीसित सम्भोग गर्न उसको आदिम मनले मान्दै मान्दैन ।

प्रिय किम्या !

सगरमाथाको टुप्पोमा एडमन्ड हिलारी र तेन्जिङ नोर्गेले पाइला टेकेको समाचार केही ढिलो गरी प्राप्त भए पनि बेलायतका निम्ति भने त्यो घटना 'पर्फेक्ट टाइमिङ'मा घटेको थियो । महारानी एलिजाबेथ द्वितीयाको राज्याभिषेकको बेला 'न्युज क्रोनिकल'मा छापिएको यो हेडलाइनले ब्रिटेनको माहोललाई थप उल्लासित बनाएको थियो ।

उचाइलाई च्यालेन्ज गर्दै हिलारीले भनेको कुरा तिमी पनि सुन, है त ! सगरमाथालाई सम्बोधन गर्दै हिलारीले भनेका थिएः

– I WILL COME AGAIN & CONQUER YOU BECAUSE AS A MOUNTAIN YOU CAN'T GROW, BUT AS A HUMAN, I CAN.

THE INNOCENCE OF LADY CHATTERLY

(*Evening Standard*, 2 November 1960)

यो एक चाखलाग्दो हेडलाइन हो ।

उपन्यासकार होइन कि, उपन्यासचाहिं अदालतमा ? किन त भन्दा सेक्स र अश्लीलताका कारण । अदालतमा मुद्दा चल्दै गर्दा उपन्यासकारको देहावसान भएको ३० वर्ष भइसकेको थियो । लेखकलाई चिहान खोतलेर कठघरामा उभ्याउनु शायद नाजायज हुन्थ्यो कि !

डि.एच. लरेन्सको उपन्यास -लेडी च्याटर्लिज लभर-ले बेलायतको अदालतमा ६ दिने ट्रायलको सामना गर्नुपऱ्यो ।

मलाई लाग्छ, लरेन्सको यो कृति लिवरल लिट्रेचरको उदाहरण थियो तर बेलायतजस्तो लिवरल मुलुकले उपन्यासमा वर्णित सेक्सको ग्राफिक चित्रण तथा अश्लील भाषाका कारण यसलाई प्रतिबन्ध लगाइदियो । ये तो बहोत नाइन्साफी की बात हो गई, है न ?

यद्यपि 1959 मा –OBSCENE PUBLICTION ACT– सदनमा पारित भएपछि पेन्गुइन प्रकाशन गृहले त्यसैको फाइदा उठाउँदै दुई लाख प्रति

–LADY CHATTERLY'S LOVER– छाप्यो । लगत्तै अदालतमा मुद्दा चल्यो, बहस पैरवी भए । मुद्दा अन्ततः पेन्गुइनले जित्यो ।

अदालतद्वारा लेडी च्याटर्लीलाई निर्दोष घोषणा गरियो ।

एक प्रकारले भन्ने हो भने अदालतको बहसले उपन्यासको विज्ञापन गरेको जस्तो पनि भयो । उपन्यास एकै दिनमा बजारबाट सफाचट भयो । दुई लाख प्रति एकै दिनमा बिक्री भयो ।

यो उपन्यास मैले पचासको दशकमा पढेको थिएँ । एकताका म डि. एच. लरेन्सको अघोरी फ्यान थिएँ । यी लेखकलाई मैले सर्वप्रथम कवितामार्फत् चिनेको थिएँ । यिनका अधिकांश किताब मैले सङ्ग्रहण गरेको थिएँ । आजकल एउटाबाहेक अरू किताब छैनन् । सबै बाँडेर सकें ।

बाँकी रहेको एउटै मात्र किताब हो- THE PLUMED SERPENT.

विक्रम संवत २०५५ सालको कुरा !

मकहाँ एसएलसीका विद्यार्थीहरू अङ्ग्रेजीको क्लास लिन आउँथे । साँझपख । पढाइको बीचतिर उनीहरूलाई काम दिएर म केही बेर कोठाबाट बाहिरिन्थें, सिग्रेट र पेग पिउन । यो आदतजस्तो भएको थियो । कहिलेकाहीं त कस्तो हुन्थ्यो भने लुःखुसी टोलको दारूमहलमा दुई पेग ऐला पिएपछि म गुण सिनेमा हलमा नाइट-शो फिल्म हेर्न जान्थें ।

विद्यार्थीहरू कुरी बस्थे ।

सरचाहिँ फिल्म हेरी बस्थ्यो ।

एक साँझ सिग्रेट पिउन निस्कँदा भित्तामा 'मुकुण्डो'को पोस्टर देखें । छिरिङ रितार शेर्पाको फिल्म । कोठामा गई विद्यार्थीहरूलाई भनें:

- तिमीहरूलाई म आज फिल्म देखाउँछु ।
- कुन फिल्म सर ?
- मुकुण्डो ।

नेपाली फिल्म भनेपछि उनीहरू खङ्ग्रङ्ग परे । फिल्म हेर्ने उत्साहले चञ्चल भएको उनीहरूको मन नेपाली फिल्म भनेपछि एकाएक शिथिल लिङ्गझैं चाउरियो । श्यामला महर्जनले साथीहरूलाई कन्भिन्स गर्न खोजी:

- कुमार सरले भनेपछि फिल्म राम्रै होला । अफबिट होला ।

सात जनालाई लिएर हल पुगें । अरू घरतिर तितरबितर भए । श्यामलाचाहिं कोठामै बसेर काम गर्न चाही । मैले उसलाई तिमी घर जाँदा ढोकामा ताल्चा लगाउनू र चाबी जुत्तामा हालिदिनू भनें ।

'मुकुण्डो' गज्जबको थियो ।

नेपाली फिल्मप्रति गर्व लागेर आयो । यो कुरा बेग्लै हो कि 'मुकुण्डो'पश्चात् लामो समय त्यस्तो नेपाली फिल्म बनेन र मैले नेपाली फिल्म हेर्दा पनि हेरिनँ । साथीहरूलाई भन्ने पनि गर्थें, "मलाई तिमीहरूले एक बोतल ब्ल्याक लेबल र एक बट्टा मार्लबोरो देओ । त्यसमाथि रू. पाँच हजार पनि देओ । तर, म नेपाली फिल्म हेर्न सक्दिनँ । बरू ब्लु फिल्म हेर्छु ।"

'मुकुण्डो'पछि धेरै वर्ष नेपाली सिनेमाले व्यर्थमा आफ्नो आयु खेर फाल्यो । लामो धैर्यपश्चात् मात्र 'नुमाफुङ' आयो । 'साँघुरो'जस्तो फिल्म आयो । यो वर्ष त झन् 'कालो पोथी' नै पो आयो !

खैर !

फिल्म हेरेर फर्केपछि जुत्ताबाट साँचो निकालें ।

श्यामला महर्जन थिइन र बुक शेल्फमा 'लेडी च्याटर्लिज लभर' पनि थिएन । वर्डस्वर्थ क्लासिकले प्रकाशन गरेको उक्त किताबको कभरमा एउटी न्युड युवतीको पेन्टिङ थियो । श्यामलाले न्युड युवती किन पो लगी ? अर्को दिन एकान्तमा उसलाई भनें:

- लेडी च्याटर्लिज लभर किन झ्याप हानेकी ?

- कभरको पेन्टिङ मन पर्‍यो सर । - उसले भनी । लजाउँदै । आँखा झुकाउँदै ।

पेन्टिङमा रूचि राख्ने श्यामला सुन्दर पेन्सिल स्केच गर्थी । अक्षरहरू पनि सुन्दर थिए । भविष्यमा ऊ पेन्टर बन्न चाहन्थी । मैले ट्युसन क्लास लिएको त्यो ब्याचमा गायक दीपक बज्राचार्यकी बहिनी पनि थिइन् । कजन सिस्टर । तिनी श्यामलासितै आउँथिन् । श्यामलासितै जान्थिन् ।

एसएलसीको परीक्षापछि उनीहरूसित मेरो भेट भएन ।

श्यामलाकै ब्याचमा पढ्ने एउटा विद्यार्थीलाई मैले एक दिन पाटन म्युजियम अगाडिको बेन्चमा भेटें । राजा वीरेन्द्रको वंशनाश भएको बेला थियो र मेरो प्रथम विवाह पनि नष्ट भएको थियो ।

विद्यार्थीले भन्योः

- मैले 'लेडी च्याटर्लिज लभर' पढें नि सर !
- अच्छा गऱ्यौ । - भनें ।
- त्यो किताब मैले सरको कोठामा देखेको थिएँ । झ्याप हानुँला भनेको थिएँ तर सरले कता लुकाउनुभयो, थाहै भएन । पछि आफैं किनेर पढें ।
- अच्छा गऱ्यौ ।
- डि.एच. लरेन्सको 'वुमन इन लभ' पनि भ्याएँ सर ।
- अच्छा गऱ्यौ ।

कुरैकुरामा श्यामलाबारे सोध्दा उसले भन्यो, "उसको फादरलाई युनाइटेड स्टेट अफ अमेरिकाको ग्रिन कार्ड लाग्यो र श्यामला उतै गई ।"

यदाकदा श्यामलाबारे सोच्दा मेरो मनमस्तिष्कलाई एउटा भिजुअल मेटाफोरले छोप्छ । मेरो मेन्टल ल्यान्डस्केपमा एउटी युवती पाटनका अँध्यारा, सुनसान गल्लीमा चुपचाप एक्लै हिंडिरहेकी छे । उसको स्कुल ब्यागमा भर्खरै इङ्लिश टिचरको कोठाबाट झ्याप हानिएको किताब -लेडी च्याटर्लिज लभर- छ । यो रात उसलाई घर होइन, कुनै पेन्टिङ स्टुडियो पुग्नु छ शायद । त्यहाँ किताबको न्युड कभर हेर्दै उसलाई लेडी च्याटर्लीको पेन्सिल स्केच उतार्नु छ ।

खैर !

अमेरिकन ग्रिन कार्डले एउटी सम्भावित नेपाली लेडी पेन्टरलाई दुर्भाग्यवश उतै लगेर न्युयोर्क या लस भेगासका स्ट्रिटहरूमा मिल्काइदियो । त्यसैगरी मिल्काइदियो, जसरी मिल्काइएका छन्- नेपाली लेखक, कवि, अभिनेता, अभिनेत्री, चिन्तक, विद्वान्, गायक/गायिकाहरू अमेरिकाका ब्रोथल-लाइक ग्यास स्टेसन, रेस्टुराँ/बार या पार्कहरूमा ।

खैर !

अदालतमा ट्रायलको बेला प्रोसेक्युसन काउन्सल मिस्टर ग्रिफिथ्-जोन्सले जुरीसमक्ष एउटा यस्तो काइदाको प्रश्न सोध्यो, जुन पछि निकै चर्चित पनि भयो । प्रिय निकोल्सन फ्यामिली ! तिमीहरू पनि सुन मिस्टर ग्रिफिथ्-जोन्सले -लेडी च्याटर्लिज लभर-बारे जुरी सदस्यहरूलाई के भन्यो !

॥ ग्रिफिथ्-जोन्स उवाच ॥

Would you approve of your young sons, young daughters –because girls can read as well as boys– reading this book? Is it a book that you would have lying around in your own house?

Is it a book that you would even wish your wife or your servants to read?

यो प्रश्नको सटिक जवाफ डिफेन्स टिमका लिडर जेराल्ड गार्डिनरले दिए, जसको कारण फैसला लेडी च्याटर्लिजको पक्षमा भयो, जसको कारण अदालतले लेडी च्याटर्लीलाई INNOCENT करार गरिदियो । तिमीहरूलाई आश्चर्य लाग्ला ! डिफेन्स टिममा ई.एम. फोस्टर, सेसिल डे लेविस, डेम रेवेक्का वेस्टजस्ता प्रसिद्ध लेखकलगायत ३५ जना विद्वान्, साहित्यकार, कविहरू पनि थिए, जसले यो लडाइँमा अन्तिमसम्म लेडी च्याटर्लीलाई साथ दिए । जेराल्ड गार्डिनरले दिएको CONCLUDING SPEECH तिमीहरू पनि सुन !

॥ जेराल्ड गार्डिनर उवाच ॥

Isn't everybody, whether earning £ 10 a week or £ 20 a week, equally interested in the society in which we live, in the problems of human relationships including sexual relationships ?

In view of the reference made to WIVES, aren't women equally interested in human relation, including sexual relations?

KENNEDY SLAIN ON DALLAS STREET

(*Dallas Morning News,* 23 November 1963)

ह्यान्डसम अमेरिकन प्रेसिडेन्ट जे एफ केनेडी दोस्रो कार्यकालको प्रेसिडेन्सियल निर्वाचनको क्याम्पेनमा हिंडेका थिए । यो टेक्सासको कुरा हो । उनकी पत्नी ज्याकलिन पिङ्क पहिरनमा थिइन् र कसैले उनको हातमा रातो गुलाबको बुके थमाइदिएको थियो ।

लिमोजिन मन्द गतिमा भीडहरूमाझ गुडिरहेको थियो ।

यस्तैमा एक अकल्पनीय नजारा देखा पर्‍यो । अल अफ् अ सडन गोली चल्यो । ३ वटा । ३ पटक । राष्ट्रपतिलाई प्रहार गरिएको गोली राष्ट्रपतिलाई नै लाग्यो । भन्छन् नि ! अचुक निशाना । त्यो शुट आउट भएको थियो, टेक्सास स्कुल बुक डिपोजटरी बिल्डिङको झ्यालबाट ।

जोन एफ केनेडीको घाँटी र टाउकोमा गोली लाग्यो । उनी ढले, ज्याकलिनको अङ्गालोमा ।

पत्नीको अङ्गालोमा ढल्नु मलाई ज्यादै उचित लागेको हो । आफ्नो पति कुनै रखैल या परस्त्रीको अङ्गालोमा ढलेको भए प्रथम महिला ज्याकलिनलाई कति पीडा, औडाहा हुँदो हो ! त्यसो त –THE MOST BELOVED PRESIDENT– केनेडी जीवित छँदा चर्चित अभिनेत्री –THE MOST ICONIC SEX SYMBOL– मर्लिन मुन्रोको अङ्गालोमा पनि बेला-कुबेला ढलेका थिए भन्ने चर्चा चलि नै रहन्छ ।

जे-होस्, स्त्रीको अङ्गालोमा ढल्नु -मलाई लाग्छ- ज्यादै उचित थियो । लिभिङ अर डेड !

हत्याराको नाम थियो, ली हार्भी ओस्वाल्ड । झ्यालबाट गोली चलाएपछि ऊ बिल्डिङबाट बाहिरियो र चुपचाप आफ्नो बाटो लाग्यो । बाटोमा

उसलाई एक जना प्याट्रोल अफिसरले रोक्न खोज्दा ओस्वाल्डले खल्तीबाट रिभोल्भर निकाल्यो र उसलाई पनि रामनाम सत्य बनाइदियो ।

त्यसपछि ली हार्भी ओस्वाल्ड फिल्म हेर्न सिनेमा हलभित्र छिऱ्यो । उसलाई त्यहीं पक्राउ गरियो ।

राष्ट्रपतिको सनसनीपूर्ण हत्या भएको अर्को दिन देशभरका मानिसहरू आआफ्नो घरको टेलिभिजन सेटसामु भेला भए । प्रत्यक्ष प्रसारणमा ती सबै असासिनेटर ली हार्भी ओस्वाल्डलाई हेर्न आतुर थिए । ओस्वाल्डलाई प्रहरी हेडक्वार्टरबाट काउन्टी जेलमा चलान गरिइँदै थियो । यस्तैमा भीडबाट अकस्मात -आउट अफ् ब्लुज- एउटा मानिस टिभी स्क्रिनमा देखा पऱ्यो, जसले पिस्तोल समातेको थियो । ओस्वाल्डलाई उसले गोली प्रहार गऱ्यो -पोइन्ट ब्ल्याङ्क रेन्ज-बाट ।

त्यो गोली चलाउने मानिस स्थानीय नाइट क्लबको मालिक थियो । नाम ज्याक रूबी । २४ वर्षीय ली हार्भी ओस्वाल्ड दुई घण्टापछि पार्कल्यान्ड अस्पतालमा मऱ्यो ।

प्रिय चराहरू !

त्यो हत्याको रचना कन्स्पिरेसी थ्योरीअनुसार भएको थियो भन्ने बारे अनेक किताब लेखिएका छन् । फिल्म तथा वृत्तचित्रहरू निर्माण गरिएका छन् । ओलिभर स्टोनको फिल्म JFK चाहिं मैले निकै रूचाएको फिल्म हो ।

वेल !

लेट्स टक समथिङ अबाउट ओलिभर स्टोन ।

मेरो एक जना पासा छः वीरेन्द्र थापा । ओलिभर स्टोनको फ्यान । स्कुलदेखिको साथी । ऊ डिभिडी बोकी मकहाँ आउँथ्यो फिल्म हेर्न । मसित फिल्म हेर्न ऊ मरिहत्ते गर्थ्यो । ओलिभर स्टोनका फिल्महरू –PLATOON/NATURAL BORN KILLER/JFK/BORN ON THE FOURTH OF JULY/NIXON/LOOKING FOR FIDEL– मैले ऊसितै बसी घरको भिडियोकनमा हेरेको हुँ ।

पासा पेसाले इन्जिनियर । साथी-भाइहरूमाझ बोलाउने नाम बिरू ।

बिरू ओलिभर स्टोनलगायत WAR MOVIES को पनि जबर्दस्त फ्यान । हामी दुईमाझ शर्तजस्तै बनेको थियो- उसले मलाई WAR MOVIES देखाउने र मैले उसलाई OFFBEAT FILMS । अन्त्यमा म WAR MOVIES को छोटेमोटे EXPERT जस्तै बनें । तर, बिरूलाई भने मेरा OFFBEAT आर्ट हाउसका INDEPENDENT सिनेमाहरूले बोर पार्न थाले । बरु बिरूले ब्लु फिल्मका मेरा कलेक्सनमा आँखा गाड्न थाल्यो ।

बिरू त ब्लु फिल्ममा पो मग्न हुन थाल्यो ।

ऊ यति डिमान्डिङ भएर निस्क्यो कि ब्लु फिल्मको स्टक सिद्धियो तर उसको धित मरेन । पासाको प्यास मेटिएन । एक दिन उसले भन्यो, फोनमाः

- कुमार ! सन्नी लियोनीको छैन ?

- छैन । - भनें ।

- खोज न । हेर्नुपर्‍यो ।

अब मूलालाई सन्नी लियोनी काँबाट खोज्ने ? सन्नी देओल भए कुरा बेग्लै हुन्थ्यो !

त्यसताका स्कुलमा पढाउँथें । क्लास सिध्याएर बजारतिर सन्नी लियोनी हन्ट गर्न निस्कें । साथमा बाल्यकालमा साथी थिए, हर्कबहादुर थापा । लगनखेलको डिभिडी पसलमा छिर्‍यौं । साहुनी बसेकी थिई ।
ऊसित भनें:

- सन्नी लियोनीको ट्रिपल एक्स छ ?

- छैन । - उसले भनी ।

- त्यसो भए के-के दामी छ ? निकाल्नुस् ।

साहुनीले गुप्त ड्रअरबाट पाँचवटा खोलविहीन सिडी निकाली र मलाई थमाइदिई । साहुनीलाई मैले यीमध्ये दामी र भव्य कुन छ भनी सोध्दा उसले खै कुन्नि, मैले हेर्‍या छैन भनी ।

- तपाईं ब्लु फिल्म हेर्नु हुन्न ? - सोधें ।

- कैलेकाहीं मात्र हेर्छु । - उसले भनी ।

सन्नी लियोनी कतै पाइएन । बिरू विदेश गयो । अस्ट्रेलिया । सन्नी लियोनीको ट्रिपल एक्सचाहिँ वर्षौंपश्चात् गुरूङ सुशान्तले मलाई आर्यघाटमा उनकै मोबाइलमा देखाए । चितामा श्रद्धेय साहित्यकारको लास जल्दै गर्दा मैले लियोनीको ब्लु फिल्म हेरें । सिडी पसलकी साहुनीसित भएको मेरो वार्ताबारे हर्कबहादुर थापा आजकल पनि स्मरण गर्छ । भन्छः

- साहुनीसित तिमीले सीधै ब्लु फिल्म माग्यौ कुमार ! तिमी त कस्तो बोल्ड !

- म होइन हर्क, साहुनी पो बोल्ड । - म भन्छु ।

यही हर्कबहादुर थापाले मेरो विवाह गराइदिएको थियो । मङ्सिर २८, २०६५ मा ।

शनिबारको दिन थियो । गाउँबाट आमा आउनुभएको थियो । मेरो पहिलो विवाह नष्ट भएकोमा उहाँ मेरो भविष्यलाई लिएर निकै चिन्तित हुनुहुन्थ्यो । कुरैकुरामा विवाहको कुरो उठाउनुभयो । मैले सावित्रीलाई बोलाएँ । हर्कलाई बोलाएँ । आमाले विवाहको छिनोफानो गर्नुपर्छ भन्नुभयो । साइत हेर्नुपर्छ भन्नुभयो ।

हर्कले भित्तेपात्रो निकाल्यो । विवाहको लगन अब एक्कैपटक माघमा मात्र भएको कुरा गर्‍यो । मैले भनें:

- मङ्सिरमा लगन छैन हर्क ? विवाह त मङ्सिरमै गर्न पाए गज्जब हुन्थ्यो ।

- मङ्सिर अट्ठाईसमा मात्र छ । - उसले भन्यो ।

- त्यो भनेको कहिले ? - सोधें ।

- आज । - उसले भन्यो ।

त्यसो भए आजै गरौं । अहिले गरौं, कसो सावित्री ? कसो हर्क ? कसो आमा ? मेरो कुरा सुनी सबै ट्वाँ परे । हर्कसित पन्ध्र हजार सापटी मागें । लगनखेल गएर एक बट्टा सिन्दूर, दुबोको माला, सावित्रीले लगाउनुपर्ने दुलही-वस्त्र किनें । आमा, सावित्री र हर्क (साक्षी)लाई लिई नजिकैको बालकुमारी मन्दिर गएँ । टीकोटालो गरें । चुट्की भरमा शुभ-विवाह सु-सम्पन्न । केको लठारो ! रातमा तीनपटक सु-सम्भोग । सुहागरात खल्लास । केको लठारो !

प्रिय चराहरू !

तपसिलका विषय-प्रसङ्गहरूमा अनायास बरालिएछु । लेट्स स्टिक टु जोन एफ केनेडी । या श्याल वि जम्प इन्टु द नेक्स्ट हेडलाइन ?

थप एउटा कुरा, है त !

स्टेफन किङ्को उपन्यास -11/22/63-मा टाइम-ट्राभलर जेक एप्पिङ नामक पात्रको रोचक कथा छ । ऊ टाइम-ट्राभल गर्दै जे एफ के मर्डरको समयमा पुग्ने र त्यो घटनालाई रोक्न चाहने प्रसङ्ग ज्यादै रोमाञ्चकारी छ । यसबारे कुनै दिन चर्चा गरूँला, है त !

MAN WITH A NEW HEART

(*Cape Argus*, 6 December 1967)

केपटाउन, दक्षिण अफ्रिकामा प्रथमपटक मानव मुटु प्रत्यारोपण गरियो ।

मेडिकल साइन्सको इतिहासमा यस्तो चमत्कार गर्ने सर्जन अझ भनूँ सर्जक थिए, क्रिश्चियन बर्नार्ड । त्यसअघि साइन्स फिक्सनमा मात्र सम्भव हुने कामलाई एउटा सर्जनले यथार्थमै सम्भव गरेर देखाइदिए । रियालिटी स्ट्रेन्जर द्यान फिक्सन !

डाक्टर बर्नार्ड एकाएक सेलिब्रिटी भए ।

उनको प्रशंसा सर्वत्र गरियो । यद्यपि, यस्तो चामत्कारिक उपलब्धिलाई लिएर अनेक बहस, विवादहरू पनि भए । धार्मिक एवम् नैतिक प्रश्नहरूसमेत अनेक कोणबाट उठे । मेडिकल नैतिकता एवम् आचार संहितामाथि गम्भीर प्रश्नहरू गरिए । तर, डाक्टर बर्नार्डले यसलाई किञ्चित महत्त्व दिएनन् । कुत्ताहरू भुक्दै गर्छन्, हात्ती लमकलमक लम्किरहन्छ भनेझैं यिनले मानिसका मुटुहरू प्रत्यारोपण गरिरहे ।

संसारभरका मुटु रोगीका निम्ति डाक्टर बर्नार्ड आस्थाका केन्द्र बने ।

प्रिय चराहरू !

आफ्नो मुटु पुरूषलाई हस्तान्तरण/गिफ्ट गर्ने स्त्रीको नाम थियो, डेनिस आन डार्भल । दुवै एक अर्कासित अपरिचित/अज्ञात । एउटा कार दुर्घटनामा डार्भलको ब्रेन-डेड भएको थियो । केपटाउनको GROOTE SCHUUR HOSPITAL मा तिनलाई भर्ना गरिएको थियो । जहाँ लुइस बासान्स्की नामक मान्छे मृत्यु कुरी बसेको थियो । डाइबिटिजको दीर्घ रोगी मिस्टर वासान्स्कीको मुटु क्षतविक्षत भई काम नलाग्ने भइसकेको थियो ।

डेनिस आन डार्भल र मिस्टर वासान्स्कीको रक्त समूह म्याच गऱ्यो ।

डाक्टर बर्नार्ड र उनको टिमले डार्भलका पितासित मुटु प्रत्यारोपणसम्बन्धी कुरा गर्दा उनी राजी भए । त्यसपछि डाक्टर बर्नार्ड अपरेसन थिएटरभित्र छिरे र चमत्कार गरे । डार्भलको मुटु वासन्स्कीको छातीभित्र चलमलाउन थालेपछि बडो प्रसन्न मुद्रामा डाक्टर बर्नार्डले आफ्नो टिमसमक्ष अफ्रिकी लवजमा भनेः

- DIT GAAN WERK !

अर्थात् !

IT IS GOING TO WORK !

यो चमत्कार भएको दिन थियो -3 DECEMBER 1967- अर्थात् मङ्सिर १७, २०२४ । ठ्याक्कै मेरो जन्म भएको ६ वर्षअघि ।

MY BELOVED BIRDS !

स्त्रीको मुटु पुरूषमा प्रत्यारोपण गरिएको यो घटना मलाई बडो सिम्बोलिक लाग्ने गर्छ । त्यो के भने स्त्रीको मन सदैव GIFTED हुन्छ । स्त्री मन गिफ्ट गर्न/दिन रूचाउँछ ।

WOMEN HAVE A GIFTED HEART B'COZ THEY ALWAYS OFFER GIFTS TO BLOODY FUCKING MEN !

पुरूषलाई ऊ कहिले प्रेम गिफ्ट गर्छे, कहिले त्याग, समर्पण, कहिले सन्तान गिफ्ट गर्छे । यो जगत्मा स्त्री गिफ्टहरू बाँडी बस्छे र पुरूषहरूलाई ऋणी बनाउँछे । अनि, पुरूष यति निर्धन छ कि ऊसित ऋण मोचन गर्ने कुनै उपाय छैन, धन छैन । स्त्रीको तुलनामा पुरूष फगत एक निर्धन

पुत्र, निर्धन पति र निर्धन पिता हुन्छ किनभने ऊसित GIFTED मन नै छैन । GIFTED मन त पुत्रीसित हुन्छ, प्रेयसीसित हुन्छ, पत्नीसित हुन्छ । र, आमासित हुन्छ ।

खैर !

स्त्री-मनबारे चर्चा गर्दै गरौंला । अहिलेलाई भने एउटा फोन रिसिभ गर्छु, है त ! सिमाटोक्ने सामसुङ बज्याबज्यै छ । घियु उर्फ घिमिरे युवराजको फोन-कल रैंछ । उठाउँछु, ल !

घियु : गुड मर्निङ सरजी ! के गर्दै हुनुहुन्छ ?

म : चराहरूलाई हेडलाइन्स सुनाउँदै छु, महाराज !

घियु : हेडलाइन्स ! कस्तो हेडलाइन्स ?

म : हेडलाइन्स द्याट चेन्ज्ड द वर्ल्ड ।

घियु : चराहरूलाई ?

म : यस्, योर म्याजेस्टी !

घियु : तपाईं हिजोआज चराहरूसित मात्रै रमाउन थाल्नुभयो । हामी विचराहरूको चाहिं ख्याल गर्नुपर्दैन ?

म : भनियोस् महाराज ! मौसुफको जुनाफमा के सेवा गरूँ ?

घियु : चरा चरा चरा ! चराहरू मात्र किन ? हामी बिचराहरूका निम्ति पनि कहिलेकाहीं समय निकाल्नुस् न !

म : समय पर्स हो र खल्तीबाट निकालेजस्तो गर्ने ? समय घडी हो र नुहाउने बेला नाडीबाट निकालेजस्तो गर्ने ? या समय कन्डोम हो, सेक्सपश्चात् लिङ्गबाट निकालेजस्तो गर्ने ?

घियु : बिहानबिहान यस्तो दार्शनिक डाइलग नपेल्नुस् न सरजी ! गुफाबाट निस्कनुस् र यता शिल्पी थिएटरमा पधार्नुस् भन्न फोन गऱ्या ! WE ARE WAITING सरजी !

म : अच्छा अच्छा ! WAITING FOR ME –WAITING FOR GODOT– म स्यामुअल बेकेटको पात्र हुँ र तपाईंहरूले पर्खनुपर्ने ? म नआउँदा कसो होला ?

घियु : त्यसो नभन्नुस् सरजी ! म तपाईंलाई लिन मान्छे पठाउँछु ।

म : को मान्छे ? VLADIMIR कि ESTRAGON?

घियु : SAMUEL BECKETT लाई नै लिन पठाउँछु नि ! मोटरसाइकलमा । तपाईं तयार भई बस्नुस् ।

म : तयारचाहिं किन हुनुपर्ने ? मौसुफजी, आज्ञा होस् !

घियु : तास खेल्नु पऱ्यो । लक्ष्मी पूजाको दिन तास खेल्नु परेन ? कलब्रेक, म्यारिज खेल्नु परेन ? खै कुरा बुझेको ?

म : लक्ष्मी पूजाको दिन लक्ष्मीप्रसाद देवकोटाको कविता पढ्नुस्, निबन्ध पढ्नुस् । कुन मन्दिरमा जान्छौ यात्री भन्ने गीत गाउनुस् । बाइ द वे, तासमा तपाईंहरू मसित प्रायः हार्नु हुन्छ । के खेल्नु ?

घियु : कोलकाताको ट्रेन-यात्रामा हारियो भन्दैमा सधैं कहाँ हारिन्छ र सरजी ! आज त जितिन्छ । त्यसैले हार्नका निम्ति भए पनि आइहाल्नुस् ।

म : भो ! तास नखेलूँ क्यारे ! तास त हतास मानिसले खेल्छ ।

घियु : हतास होइन सरजी ! तास त तपाईंजस्तो बिन्दास मान्छेले पो खेल्छ ।

म : त्यसो भए यसो गरौं ।

घियु : त्यसो भए कसो गरौं ?

म : मलाई लिन ठीक बाह्र बजे स्यामुअल बेकेटलाई पठाउनुस् । त्यतिन्जेल चराहरूलाई हेडलाइन्स सुनाउने सेसन पनि सकिन्छ । पहिला चराहरूको सत्सङ्ग सिद्धियोस् । त्यसपछि तपाईं विचराहरूको ख्याल गरूँला । ओके महाराज ?

घियु : ओके सरजी !

म : लौ त ! मौसुफको जय होस् !

BIRTH CONTROL PILL APPROVED BY COMMISSION

(*Reno Evening Gazette*, 9 May 1960)

प्रिय किम्या !

महिला प्रजनन स्वास्थ्यको क्षेत्र/सन्दर्भमा -मलाई लाग्छ- यो एक माइलखुट्टी छलाङ थियो ।

ग्याजेटमा प्रथम पृष्ठको सबैभन्दा पुछारमा छापिएको यो ज्यादै सङ्क्षिप्त समाचार सामग्रीले भलै न्युजपेपर पाठकहरूको कमै ध्यानाकर्षण गरेको किन नहोस् तर के भन्न सकिन्छ भने यो बीसौं शताब्दीको एक महानतम् वैज्ञानिक, सांस्कृतिक र सामाजिक उपलब्धीपूर्ण घटना थियो ।

अनावश्यक गर्भधारणको कष्टपूर्ण नियतिबाट पहिलोपटक महिलाहरूले मुक्ति पाएका थिए ।

गर्भनिरोधक पिल्सले विभिन्न देशहरूमा कानूनी लडाइँ लड्नु पऱ्यो । अनेक बहस र विचारहरू देखा परे । स्त्री-देहमाथि वाहियात BODY-POLITICS पनि गरिए । आफू कहिले गर्भवती हुने र कहिले बच्चा जन्माउने भन्ने अधिकार केवल महिलामा निहीत हुन्छ भन्ने बहस जन्म्यो । मलाई लाग्छ, यो एक महान सेक्सुअल रिभोलुसन थियो । आज विश्वका करोडौं महिलाहरू बर्थ-कन्ट्रोलका निम्ति पिल्स प्रयोग गर्छन् । यसको श्रेय पिल्सको वान अफ् द पायोनियर्स मार्गरेट स्यान्गरलाई दिनु उचित हुन्छ, जो क्याथोलिक नर्स थिइन् र बर्थ कन्ट्रोलकी एक निर्भीक अभियन्ता । मार्गरेट तिनै महिला थिइन्, जसले 1916 मा पहिलोपटक अमेरिकामा बर्थ-कन्ट्रोल क्लिनिक खोलेकी थिइन् ।

प्रिय किम्या !

मैले त कतै पढेको थिएँ कि परेवाहरू एकपटकमा दुइटा अण्डा पार्छन् । दुइटा अण्डा कोरल्छन् । दुइटा बच्चा हुर्काउँछन् । तिनै बच्चाहरू

पछि भालेपोथी बन्छन् । तर, तिमीले त एउटा अण्डा मात्रै पाऱ्यौ । दुवैपटक ।

कतै तिमीले पनि पिल्स त खाएकी थिइनौ ?

TEST TUBE MOTHER HAS GIRL

(*Guardian*, 26 July 1978)

भिट्रो फर्टिलाइजेसनद्वारा टेस्ट-ट्युवमार्फत् जन्मिएकी लुइस ब्राउनबारे गार्जियनको प्रथम पेजमा प्रकाशित हेडलाइनले तहल्का मच्चायो । विश्वको ध्यान खिच्यो । यो घटनाले मानव प्रजननको एउटा नयाँ युगको सूत्रपात गऱ्यो । निःसन्तान दम्पतीहरूका निम्ति यो एक वरदान सावित भयो ।

लुइस ब्राउन -द फर्स्ट टेस्ट-ट्युब बेबी- ३८ वर्ष बाँचेर गत साल 2016 को अगस्टमा बितिन् । नेपालमै पनि आजकल भिट्रो फर्टिलाइजेसन पद्धतिबाट बच्चा जन्माउने दम्पतीहरू प्रशस्त भइसकेका छन् ।

प्रिय बेबी बर्ड !

तिमीचाहिँ टेस्ट-ट्युब बेबी होइनौ नि ! तिमीलाई त मम्मी किम्याले अण्डा पारेर जन्माएकी हुन् । तिमी त मम किम्या र ड्याड ज्याक निकोल्सनको प्राकृतिक वरदान हौ । बुझ्यौ त !

JOHN LENNON SHOT DEAD

(*Liverpool Echo*, 9 December 1980)

॥ John Lennon, leader of the legendary Liverpool pop group, The beatles, was shot dead in New York today by a crazed gunman ॥

प्रिय किम्या !

त्यो क्रेजी गन-म्यानको नाम थियो, मार्क च्यापम्यान ।

गन-म्यान उर्फ मार्क च्यापम्यान ।

गनम्यान च्यापम्यान !

२५ वर्षीय मार्क च्यापम्यान लेनन -यो शब्द मलाई किन लेनिनजस्तो लाग्छ, थाहा छैन- को डाइहार्ड फ्यान थियो । ऊ होनोलुलु, हवाई द्वीपको बासिन्दा थियो । पेसाले सेक्युरिटी गार्ड, ऊ डिप्रेसन र मानसिक विक्षिप्तताद्वारा ग्रस्त थियो । उसको मुडको ब्यारोमिटर अकसर फ्लक्चुएट भइरहन्थ्यो ।

मार्क च्यापम्यानको मानसिक मौसम तथा स्वास्थ्य बडो खेदजनक थियो।

ऊ जोन लेनन, द लेजेन्डरी सिङ्गरको अन्धभक्त थियो तर पछिल्लो कालमा ऊ केही दिग्भ्रमित भएको थियो । कारण के भन्देखिन् नि ! लेनन विश्वप्रेम, ब्रदरहुड तथा शान्तिका गीत त अवश्य गाउँथे तर उनको जीवन -कम्तीमा च्यापम्यान ठान्थ्यो- ल्याभिश, शानदार एवम् अकल्पनीयरूपले विलासी थियो । च्यापम्यानलाई लेननको जीवन विरोधाभासपूर्ण लाग्न थाल्यो । कताकता केही मिलिरहेको छैन । यो त एक अमिल्दो प्याराडक्स भइगयो । ढोंग भयो । र गायकको यही ढोंग, यही आडम्बरलाई ऊ नष्ट गर्न चाहन्थ्यो ।

प्रिय किम्या !

मार्क च्यापम्यान जे.डी. स्यालिङगरको क्लासिक उपन्यास –THE CATCHER IN THE RYE–को पनि ठूलो फ्यान थियो भन्ने कुरा हामीले मनन गर्नु उपयुक्त हुनेछ । कमसेकम मलाई यस्तै लाग्छ । उसको जीवनमा यो उपन्यास यसरी जोडिएको थियो, जसरी फ्रेडरिक नित्सेको जीवनमा सिफलिस उर्फ भिरिङ्गी जोडिएको थियो । जसरी कार्ल मार्क्सको जीवनमा –DAS CAPITAL– जोडिएको छ । जसरी तिमीले कोरलेको बेबी-बर्ड तिम्रो जीवनसित जोडिएको छ । जोन लेननपछि यो उपन्यास –THE CATCHER IN THE RYE– मिस्टर च्यापम्यानको दोस्रो सङ्क्रमित अनुराग थियो ।

AN INFECTIOUS OBSESSION, YOU SEE !

काँसम्म भने आफू स्वयम्लाई ऊ कहिलेकाहीं उपन्यासको दिग्भ्रमित टिनेजर-पात्र होल्डन कौफिल्ड नै ठान्ने गर्थ्यो । मिस्टर च्यापम्यान उपन्यासलाई सदा आफूसितै राख्ने गर्थ्यो । मौका मिल्नासाथ उपन्यासको पेज-सर्फिङ गर्न थाल्थ्यो । जोन लेननको हत्या गर्दासमेत ऊसित यही उपन्यास थियो ।

लेननको हत्यापश्चात् मिस्टर च्यापम्यानले प्रहरीसमक्ष विचित्रको कुरा गरेको थियो । प्रहरीलाई दिइएको बयानमा उसले भनेको थियो कि गायक-हत्याका निम्ति उसलाई एउटा दैत्य उर्फ दानवले प्रेरित गरेको थियो/उक्साएको थियो । यस्तो दैत्य, जो उसको खप्परभित्र विराजमान थियो । यस्तो दानव, जो उसको मनभित्र बसेको थियो ।

प्रिय किम्या !

मान्छे बिचित्रको प्राणी हो । उसको मनमस्तिष्कमा ईश्वर बास बस्दा ऊ मानव हुन्छ र दैत्य विराजमान हुँदा ऊ दानव बन्छ । दानव र मानवको सङ्घर्ष ऊभित्र सदियौंदेखि चल्दै आएको छ । मान्छेलाई वास्तवमा ठूलो टेन्सन छ । ऊ लाचार, विवश छ । मनको यस्तो VICIOUS CIRCLE उर्फ दुष्चक्रमा फस्न ऊ अभिशप्त छ । उसको कानमा अनेकले अनेक युगमा अनेक कानेखुसी गरेका छन् ।

ती अनेक कानेखुसीलाई ऊ पवित्र वाणी ठानी आफ्नो अस्तित्वको भोगचलन गर्छ ।

नित्सेले उसको कानमा भनिदिन्छ –GOD IS DEAD– र ऊ मृत ईश्वरको मलामी जान आतुर हुन्छ । मार्क्सले उसको कान फुक्छ –RELIGION IS POISON, AN OPIUM– र ऊ धर्मलाई कात्रो ओढाउन अग्रसर भइहाल्छ । मान्छेलाई वास्तवमा बढो टेन्सन छ । माओ त्से तुङको कल्चरल रिभोलुसनमा शस्त्र-गान गाउँदै हिंड्नु पनि छ र मोहनदास करमचन्द गान्धीको सत्याग्रही उपवासमा शान्तिको परेवा पनि उडाउनु छ । मान्छे वास्तवमै टेन्सनमा छ ।

खैर !

प्रिय किम्या नानी !

1980 अक्टोबरको अन्त्यतिर मार्क च्यापम्यानले एउटा रिभोल्भर किन्यो । जोन लेननको हत्या गर्ने मनसुवाले । त्यसपछि ऊ प्लेन चढी न्युयोर्क गयो ।

न्युयोर्क शहरमा मिस्टर च्यापम्यानले एउटा फिल्म हेर्‍यो- ORDINARY PEOPLE.

फिल्मले पछि चारवटा एकेडेमी अवार्ड जितेको थियो:

INCLUDING BEST PICTURE/BEST DIRECTOR: ROBERT REDFORD/BEST ADAPTED SCREENPLAY: ALVIN SARGENT/BEST ACTOR IN A SUPPORTING ROLE: TIMOTHY HUTTON.

युवा अभिनेता टिमोथीको पात्रताद्वारा च्यापम्यान निकै प्रभावित भयो, जहाँ टिमोथीले एक सुसाइडल टिनेजरको भूमिकामा अभिनय गरेका थिए । फिल्मको प्रभाव मिस्टर च्यापम्यानमा कतिसम्म पर्‍यो भने उसले जोन लेननको हत्या-योजनालाई मुल्तबीमा राखिदियो । ऊ खाली/रित्तो हात घर फर्क्यो । सरजी ! स्यामुअल बेकेट तपाईंको घर आइपुग्यो ? THE CATCHER IN THE RYE पढ्दै च्यापम्यानले केही काल नष्ट गर्‍यो । सन्दुकको बन्दुक पुरानिँदै गयो । यद्यपि खोपडीको दैत्यले बेलाबेला गुनासो गरिरह्यो, च्यापम्यानसित -हेलो च्याप ! WHY DID YOU POSTPONE THE MURDER OF JOHN LENNON? हेलो सरजी ! स्यामुअल बेकेट आइपुग्या छैन भन्या ? यहाँ तास पनि हतासहतास छ । बेकेट अझै आ'छैन ।

म : छैन छैन ।

घियु : साँच्ची छैन ? विद्या नष्ट ?

म : के आज्ञा गरेको मौसुफ ? मसित विद्या भए पो नष्ट हुनु ?

घियु : अहिलेसम्म त ऊ तपाईंको क्षेत्र आसपास पुगिसक्नुपर्ने थियो ।

म : मेरो FIELD OF CONSCIOUSNESS उर्फ चेतनाको क्षेत्र केही REMOTE खालको छ भन्ने तत्वज्ञान त मौसुफलाई हुनुपर्ने हो, होइन र ?

घियु : त्यो त हो, सरजी ! तैपनि...

म : मलाई लिन आएको भए स्यामुअल बेकेटले मलाई फोन गरिहाल्ला नि !

घियु : गजबको कुरा के भने स्यामुअल बेकेटले फोन बोकेको छैन । मैले उसलाई बालकुमारी मन्दिरमा तपाईंको प्रतीक्षा गर्नु भनेको छु । तपाईं त्यहाँ नभेटिए तपाईंकै घरमा घुस्नु भनेको छु । घरको ठेगाना पनि दिएर पठाएको छु । अझै आइपुग्या छैन ?

म : छैन छैन ।

घियु : तोर्पे मूला काँ गएछ त !

म : चिन्ता किस बात की महाराज ? आउँदै होला । भोलि-पर्सिसम्म त जरूर आइपुग्ला । LET'S WAIT AND SEE . LET'S WAIT LIKE WAITING FOR GODOT । भोलि-पर्सिसम्ममा स्यामुअल बेकेट तपाईंको मोटरसाइकल चढी मलाई लिन कसो नआउला ! ऊ अवश्य पनि आउला । या नआउला । हु केयर्स ?

घियु : तपाईं अहिले पनि चराहरूसितै हो ?

म : हो ! चराहरूसितै हो । अरू कोसित हुन्थें र !

घियु : अहिले कुन हेडलाइनमाथि चर्चा गर्दै हुनुहुन्छ ?

म : JOHN LENNON SHOT DEAD!

घियु : कुन पत्रिकामा कहिले छापिएको थियो ?

म : LIVERPOOL ECHO, 9 DECEMBER 1980

घियु : मलाई पनि सुनाउन मिल्छ कि सरजी !

म : फोनमा ?

घियु : अँ, फोनमा । जोन लेननको हत्या-प्रसङ्‌गबारे मलाई पनि सुन्न मन छ । चरालाई मात्र किन ? म बिचरालाई पनि सुनाउनुस् न, सरजी !

म : मोबाइल फोनको चार्ज बढ्ला नि !

घियु : लक्ष्मी पूजाको दिन पैसाको के कुरा भयो र सरजी ! पैसा थपिथपी सुनुँला ।

म : त्यसो भए सुन्नुस् ।

घियु : भन्नुस् । सुनाउनुस् ।

कुमारजी आज्ञा गर्नुहुन्छ, हे अगत्स्य मुनि !

तहाँउप्रान्त दुई महिनापश्चात् मार्क च्यापम्यानको खप्परमा दैत्य चलमलाउन थाल्यो । दैत्यले च्यापम्यानलाई लेनन-हत्याबारे अनेक कुरा गरी उक्साउन थाल्यो । दैत्य उवाचः

- HELLO CHAP ! HE'S STILL PREACHING THE WORLD WITH HIS SOULFUL SONGS. SEE, HE'S STILL SINGING IMAGINE THERE'S NO HEAVEN AND YOU'RE LIVING IN THIS FUCKING HELL. SHAME ON YOU. WHY DON'T YOU SEND HIM TO HEAVEN OR HELL ? COM'N CHAP ! DO IT. JUST DO IT. WHERE'S YOUR GODDAMN FUCKING REVOLVER ?

मिस्टर च्यापम्यानले एक दिन सन्दुकबाट बन्दुक निकाल्यो । र, लाग्यो, पुनः एकपटक न्युयोर्कतिर ।

यो त्यही समय थियो, जब जोन लेननले भर्खरै आफ्नो नयाँ एल्बम –DOUBLE FANTASY– रिलिज गरेका थिए । ह्वाट अ ब्युटिफुल टाइटल– DOUBLE FANTASY !

सिङ्गल फ्यान्टासी लेख्दा त मलाई नेपाली साहित्यले यस्तो आक्रमण गरेको छ भने DOUBLE FANTASY को कुरा गर्दा त झन् के कसो गर्दो हो !

- हेलो महाराजजी सुन्दै हुनुहुन्छ ?

- सरजी, सुन्दै छु ।

लेनन आफ्नी पत्नी योकोसित मानहाटनको डकोटा बिल्डिङको अपार्टमेन्टमा बस्थे । त्यो FATEFUL DAY मा सदाझैं लेनन र योको आफ्नो अपार्टमेन्टबाट निस्के । गायकलाई सदाझैं प्रशंसकहरूको भीडले घेरिहाल्यो । लेनन आफ्ना फ्यानहरूको घेराउमा परिहाले । यो एक नित्य कर्मजस्तै भइसकेको थियो । सबैलाई उनले अटोग्राफ दिए । त्यही भीडमा च्यापम्यान पनि थियो । उसको खल्तीमा रिभोल्भर थियो ।

खल्तीबाट रिभोल्भर त होइन, बरू उसले भर्खरै खरिद गरेको -DOUBLE FANTASY- निकाल्यो र गायकसामु तेर्सायो । लेननले एलबममा अटोग्राफ भरिदिए । एक दनक सिग्नेचर धस्काइदिए ।

यही एउटा मौका थियो, च्यापम्यानले प्रतीक्षा गरेको । जोन लेननलाई शुट गर्ने । तर, ऊ दच्क्यो ।

- हेलो मौसुफजी सुन्दै हुनुहुन्छ ?

- सरजी, सुन्दै छु ।

आफ्नो प्रिय गायकलाई यति नजिकबाट देख्न, सुँघ्न पाउनु च्यापम्यानका निम्ति एक किसिमको वरदानजस्तै थियो । कुनै नाइँनास्तिबिना लेननले उसको -DOUBLE FANTASY-मा प्रेमपूर्वक अटोग्राफ भरिदिएका थिए । हस्ताक्षर गरिदिएका थिए । जसलाई ऊ आफ्नो जीवनभन्दा बढी प्रेम गर्थ्यो, त्यो मानिस उसैको सामु उभिएको थियो । र, त्यो मानिसलाई ऊ मार्न गइरहेको थियो । तर, गायकको विनम्रताले ऊ हच्क्यो ।

जोन लेननको व्यक्तित्वद्वारा ऊ यति वशीभूत भइदियो कि रिभोल्भरको ट्रिगरमा उसको INDEX FINGER घुस्नै मानेन । ऊ प्रशस्त विचलित, दुबिधाग्रस्त भयो । खप्परभित्र विराजमान दैत्यसित ऊ सङ्घर्ष गरिरह्यो । ट्रिगर दबाऊँ कि नदबाऊँ ? दबाऊँ कि नदबाऊँ ? हत्या गरूँ कि नगरूँ ? यो मौका खेर फालूँ कि नफालूँ ? च्यापम्यान विचलित थियो । आत्मसङ्घर्ष गरिरहेको थियो । य़स्तैमा योको र लेनन कार चढे र नयाँ गीतका लागि रेकर्डिङ स्टुडियोतिर रवाना भए ।

- हेलो, सुन्दै हुनुहुन्छ ?

- सुन्दै छु सरजी !

कुमारजी आज्ञा गर्नुहुन्छ, हे अगत्स्य मुनि ! तहाँ उप्रान्त रातको १०:५० बजे लेनन र योको अपार्टमेन्ट फर्कंदा भया । गाडीबाट ओर्लँदा भया । ऐनमौकामा च्यापम्यानले लेननलाई पछाडिबाट चार राउन्ड गोली फायर गर्दा भया । भुलभुल खुन निकाल्दै गायक, THE JOHN LENNON पाँच पाइला लडखडाउँदै हिंड्दा भया । र, तत्कालै भुइँमा डङ्रङ्ग ढल्दा भया । इतिश्री !

वाचम्यानले प्रहरीलाई फोन गऱ्यो ।

डकोटा बिल्डिङ बाहिर द्वारपालेले च्यापम्यानको हातबाट रिभोल्भर खोस्यो र कुनातिर मिल्काइदियो । च्यापम्यानले कुनै नाइँनास्ती गरेन । उसको खप्परभित्र विराजमान दैत्य अब त शान्त भइसकेको थियो । ऊ पनि शान्तपूर्वक कुर्सीमा बस्यो र आफ्नो मनप्रिय पुस्तक –THE CATCHER IN THE RYE– पढ्न थाल्यो ।

हेलो ? हेलो मौसुफजी ? हेलो महाराजजी ? हेलो ?

हेलो भन्या ? हेलो हेलो हेलो ?

हेलो युवराजजी ?

घिमिरेजी ?

हेलो ?

घिमिरे युवराजको चार्ज सिद्धिएजस्तो छ ।

प्रिय किम्या नानी !

जोन लेननको हत्या हुँदा म डोल्पाको सदरमुकाम दुनैमा थिएँ । मेरो बाल्यकाल चौरीगाईहरूसित घाँस चरिरहेको थियो । छिमेकीको अण्डा चोरिरहेको थियो । बख्खुभरि स्याउ बोकी झ्यालिन्चा र पुतली र फट्याङ्ग्रा समाउन कुदिरहेको थियो । डोकोमा जर्मन लास बोकी आएका हिमाली डाँकुहरूलाई हेर्न मेरो बाल्यकाल सब-इन्स्पेक्टर रत्नबहादुरको प्रहरी चौकीमा पुगेको पो थियो ।

त्यो दिन मार्क च्यापम्यानले मानहाटनको डकोटा बिल्डिङमा 38 Calibre Revolver को ट्रिगरलाई ४ पटक दबाउँदा म शायद बुबाको प्रहरी चौकीमा थिएँ । र, म भुइँमा छरिएका भोटेका दोचा हेरिरहेथें ।

खैर !

जोन लेननको हत्या र मेरो दोचा पुरानो कुरा हो । त्यो दोचा भैरहवाको लजमा छुट्यो, बुबाको सुटकेससितै । जोन लेनन पनि त उतै छुटे, बीसौं शताब्दीको एउटा ठूलो सुटकेसभित्र ।

त्यही ठूलो सुटकेसभित्र बुबा पनि छुट्नुभयो, शताब्दीको अन्त्यतिर । ममात्र लुरूलुरू आइपुगें, २१ औं शताब्दीमा । हिमाली जुत्ताबिना । दोचाबिना ।

प्रिय किम्या नानी !

अब जोन लेननको एउटा पुरानो मेरो मनप्रिय गीत गाऔं । एउटा यस्तो मनप्रिय गीत -जसलाई म सानो छँदा दोचामा छुर्पी, अण्डा, पाइनएप्पल, बिस्कुटका टुक्रा, गट्टा, गुच्चा, चक्लेट सङ्ग्रह गर्दाताका –JOHN LENNON–ले मेरो बाल्यकालको मधुर सम्झनाका निम्ति भनी लेखेका थिए । गाएका थिए ।

कम'न किम्या ! लेट्स सिङ द्याट सङ टुगेदर !

Imagine there's no heaven
It's easy if you try
No hell below us
Above us only sky
Imagine all the people living for today

Imagine there's no countries
It isn't hard to do
Nothing to kill or die for
And no religion too
Imagine all the people living life in Peace

You may say I'm a dreamer
But I'm not the only one
I hope some day you'll join us
and the world will be as one

Imagine no Possessions
I wonder if you can

No need for greed or hunger
A brotherhood of man
Imagine all the people sharing all the world

You may say I'm a dreamer
But I'm not the only one
I hope some day you'll join us
And the world will be as one

My dear lady bird Kimya !
I'm a dreamer, too who dreams about his dreamy dreams...

Shall we end this recitation session now ?

कोही गुफाको द्वार ढकढकाइरहेको छ । को हो त्यो ? JOHN LENNON कि SAMUEL BECKETT ? अब मलाई शायद मोटरसाइकलको पछिल्लो सिटमा बसी कतै जानु छ ।

कोही मलाई कतै पर्खिरहेको छ ।

***

कार्तिक १५ । सोमबार
म्हः पूजा

JANUARY 19 is the 19th day of the year in the Gregorian Calendar. There are 346 days remaining until the end of the year (347 in leap years). This day is slightly more likely to fall on Tuesday, Thursday or Saturday than on Sunday or Monday and slightly less likely to fall on Wednesday or Friday.

-Wikipedia

JANUARY-19

JANUARY 19, 379	BC	THEODOSIUS INSTALLED AS CO-EMPEROR OF EAST ROMAN EMPIRE
JANUARY 19, 973	BC	POPE BENEDICTUS VI ELECTED
JANUARY 19, 1419	AD	HUNDRED YEARS'WAR: FRENCH CITY OF ROUEN SURRENDERS TO HENRY V OF ENGLAND
JANUARY 19, 1607	AD	SAN AUGUSTIN CHURCH IN MANILA OFFICIALLY COMPLETED. CURRENTLY THE OLDEST CHURCH IN THE PHILLIPINES
JANUARY 19, 1736	AD	BIRTH : JAMES WATT
JANUARY 19, 1809	AD	BIRTH : EPGAR ALLAN POE
JANUARY 19, 1817	AD	AN ARMY OF 5,423 SOLDIERS, LED BY GENERAL JOSE DE SAN MARTIN CROSSES THE ANDES FROM ARGENTINA TO LIBERATE CHILE AND THEN PERU
JANUARY 19, 1829	AD	JOHANN WOLFGANG VON GOETHE'S FAUST : THE FIRST PART OF THE TRAGEDY RECEIVES ITS PREMIERE PERFORMANCE
JANUARY 19, 1819	AD	HENRIK IBSEN'S PLAY- THE MASTER BUILDER – PREMIERES IN BERLIN
JANUARY 19, 1915	AD	WORLD WAR I : GERMAN ZEPPELINS BOMB THE TOWN OF GREAT YARMOUTH AND THE KING'S LYNN IN THE UK KILLING ATLEAST 20 PEOPLE, IN THE FIRST MAJOR AERIAL BOMBARDMENT OF A CIVILIAN TARGET
JANUARY 19, 1920	AD	THE US SENATE VOTES AGAINST JOINING THE LEAGUE OF NATIONS

JANUARY 19, 1940	AD	THE VERY FIRST HOLLYWOOD FILM OF ANY KIND TO SATIRIZE ADOLF HITLER AND THE NAZIS – YOU NAZTY SPY ! –PREMIERES
JANUARY 19, 1942	AD	WORLD WAR II : THE JAPANESE CONEUEST OF BURMA BEGINS
JANUARY 19, 1949	AD	CUBA RECOGNIZES ISRAEL
JANUARY 19, 1966	AD	INDIRA GANDHI BECOMES INDIA'S FIRST FEMALE PRIME MINISTER
JANUARY 19, 1977	AD	WORLD'S LARGEST CROWD GATHERING- THE KUMBHA MELA- IN INDIA ATTRACTS A RECORD OF 15 MILLION PEOPLE
JANUARY 19, 1990	AD	DEATH : OSHO
JANUARY 19, 1980	AD	BIRTH : SABITRI KARKI, A LOVELY MOMMY OF GRISHMIL, THE GURU RINPOCHE AND A BELOVED WIFE OF K. NAGARKOTI

19 जनवरी 1980 को अपराह्न रामेछाप जिल्लाको भिरालो जङ्गली पाखामा एउटी बच्चीको जन्म भएको थियो । ऊ चुपचाप मौन जन्मिएकी थिई । कुनै हल्लिखल्लिबिना । आवाजबिना । नो च्याँहा च्याँहा/चिंही चिंही एन्ड नो रोदन क्रन्दन एट अल् ।

कुनै चालचुलबिना । कुनै चलमलाहटबिना ।

उक्त बच्चीलाई जन्मदिने आमा त्यो दिन पनि सदाझैं जङ्गलमा घाँस-दाउरा गर्न गएकी थिइन् । बेथा लाग्यो र आफ्नो देहबाट एउटा आङ जङ्गली पातहरूमा खस्यो । ती आमालाई लाग्यो, आफ्नो कोखबाट एउटी मृत बच्चीको जन्म भयो ।

उनी पनि त्यस्ती आम नेपाली आमाहरूजस्तै थिइन्, जो असीको दशकमा समेत आफ्नो आँत र आङको एक टुक्रा मासुको डल्लो कहिले गोठ, कहिले पँधेरा र कहिले जङ्गली भीरपाखामा 'जन्माउन' अभिशप्त

थिइन् । अस्पताल र प्रसूति स्वास्थ्य त दूरदराजको फगत एक असम्भव कल्पना मात्र थियो । त्यसरी 'फुत्त' जन्मिएका नेपाली बच्चाहरूको लगभग अन्तिम लटमा शायद म पनि पर्छु ।

खैर !

रामेछापकी ती आमाका निम्ति त्यो एक शोकमग्न दिन थियो । किनभने उनले एक मृत बच्चीलाई जन्म दिएकी थिइन् । मृत शिशु जन्माउने आमाको पीडा कस्तो हुन्छ ? के मेरो पुरूष-मन त्यो अपूरणीय शोकको अनुमान मात्र पनि गर्न सक्छ ? त्यो दिन नवजात मृत बच्चीलाई जङ्गलमै छाडी ती आमा आफ्नो भाग्य, नियति र प्रारब्धसित बिलौना गर्दै घर फर्किन् ।

पछि दाउरेनीहरूले अनकन्टार जङ्गलमा त्यो लावारिस बच्चीलाई देखे । कसो त्यसलाई चितुवाले अझै खाइसकेको थिएन । दाउरेनीहरूले बच्चीलाई घर ल्याए ।

प्रिय सावित्री !

त्यो बच्ची तिमी थियौ ।

तिमी यदाकदा मसित भन्ने गर्छौ:

- म जन्मँदा नै मरेकी थिएँ । यो असार संसारमा मेरो जन्मको कुनै महत्त्व छैन ।

तिम्रो जन्म कति महत्त्वपूर्ण थियो भन्नका निम्ति नै मैले माथिका महत्त्वपूर्ण ऐतिहासिक तथ्यहरू जुटाएको हुँ । गुगल भतिजाको सहयोगमा -१९ जनवरी उर्फ माघ ५- खोजेको हुँ । तिमी कति स्पेशल छौ भन्नका निम्ति नै मैले माथिको चार्ट बनाएको हुँ ।

यो जगत्मा हरेक मनुष्यको जन्म महत्त्वपूर्ण हुन्छ, स्पेशल हुन्छ ।

ठीक यकिनका साथ त भन्न सक्दिनँ तर मलाई कहिलेकाहीं के लाग्छ भने जङ्गलको भीरपाखामा तिमी जन्मिएको दिन म डोल्पाको हिउँमा भर्खरै मेरी भोटेनी मित-आमाले ल्याइदिनुभएको दोचा लगाएर भेरी नदीमा गएको हुँदो हुँ, हातमा एउटा मग बोकी ।

त्यो मगमा शायद म नदीबाट दिव्य जल भर्न चाहँदो हुँ, जुन जल तिमीलाई छर्केपछि जङ्गलमा लावारिस छाडिएकी तिमी च्याँहाच्याँहा गर्दै चलमलाउँदी हौ । तर, के गर्नु ! मलाई त चौरीगाईले प्रहार गरी बेहोस पारिदियो नि त ! दुनैको अस्पतालमा म बेहोस भई ढलेको बेला दाउरेनीहरूले तिमीलाई देखेका हुँदा हुन् । मनुष्य एकार्कासित कसरी, कहाँ, किन जोडिन्छ, यु नेभर नो । मग बोकेर नदीतिर जल लिन गएकै बेला मलाई तिम्रो जन्मको साइकिक आभास भएको हुँदो हो ।

सामूहिक अवचेतनाको त्यस्तो अन्तरिम आभास नहुँदो हो त मैले तिमीलाई ३० वर्षपश्चात् कुनै स्कुलको लेडिज टोइलेटमा नभेट्दो हुँ । त्यसो नहुँदो हो त तिमी गुरू रिम्पोचेकी मायालु मम्मी नहुँदी हौ । फिक्सन डिजाइनरकी अर्धाङ्गिनी नहुँदी हौ ।

अनि, तिमी नहुँदी हौ त म उहिल्यै मरिसकेको हुँदो हुँ । अचाक्ली मदिरा-मोह र भीषण अराजक जीवनशैलीले मेरो शरीरलाई लास बनाई उहिल्यै नगरपालिकाको फोहोर कन्टेनरमा मिल्काइसकेको हुँदो हो । मैले बाँचेको दुर्घटनाग्रस्त, सुसाइडल जीवनको उहिल्यै रामनाम सत्य हुँदो हो । कुनै अमूक घाटमा सडेर, गलेर स्याउँस्याउँती कीरा परेर मेरो अन्त्यष्टि भइसकेको हुँदो हो ।

कुन प्रेरणाले तिमी मेरो भताभुङ्ग, लथालिङ्ग जीवन सपार्न आयौ, गड नोज् !

कुनै जरा नभएको वृक्ष थिएँ म ।

भन्थें, एक दिन चरा बनेर आकाश छुन्छु ।

वृक्षमा तिमीले मौसम र ऋतु छर्केर हरियाली पोत्यौ र त्यही वृक्षमा किम्याले झैं गुँड बनायौ । त्यो गुँडमा एउटा बचेरा जन्मायौ ।

प्रिय सावित्री !

मेरो सुनसान घाटलाई तिमीले हराभरा घर बनायौ ।

***

प्रिय स्वास्नी !

बाहिर कतै अबेर हुँदा तिम्रो फोन-कल्स आउँछ र म भन्छु: भन स्वास्नी ! के छ हालचाल ? साथीभाइहरू भन्छन्- तपाईं स्वास्नीलाई स्वास्नी भन्नुहुन्छ ? म उनीहरूलाई भन्छु: हो त ! म स्वास्नीलाई स्वास्नी नै भन्छु । WIFE भनूँ भने WI-FI जस्तो सुनिन्छ ।

खैर ! जे होस् !

जबजब मेरो कुनै किताब निस्कन थाल्छ, तिमी मसित अचम्मको आग्रह गर्छौ । तिमी भन्छ्यौ- लोग्नेजी, मलाई अरू केही चाहिंदैन । केवल तपाईंको किताबमा तपाईंको फोटो छापिएको हेर्न चाहन्छु । तपाईंभन्दा चाँडै मरेछु भने मेरो चितामा ती किताबहरू पनि जलाइदिनू । मेरो चितामा तपाईं पनि हाम फालेर मर्ने होइन क्यारे ! कमसेकम तपाईंको किताबमा छापिएको तपाईंको तस्वीरसित जलेर भष्म हुन पाइयोस् ।

यस्तो ताज्जुप कुरा तिमीले -फोसिल- निस्कँदा भनेकी थियौ। याद छ के ?

किताब फाइनल भएर लखरलखर छापाखानातिर मुन्टिनै लाग्दा तिमीले त्यस्तो भावविह्वल कुरा गरिदिएर ममाथि ठूलै इमोसनल अत्याचार गऱ्यौ ।

तिमीसित बिहे हुनुअघि शङ्खमूलको एउटा कलरल्याबमा खिचाएको फोटो लिएर म त्यसपछि पब्लिकेसन नेपालय पुगेको थिएँ र श्री नारायण वाग्लेसित बिन्ती बिसाएको थिएँ:

- महाराज ! *फोसिल*लाई जगदम्बा प्रेसतिर जानबाट रोक्नुपऱ्यो ।
- किन र भन्तेजी ? - वाग्ले उवाच ।
- किताबमा मेरो फोटो चिप्काउनु पऱ्यो । - मैले फोटो देखाएँ ।
- लास्ट आवरमा फोटो चिप्काउने कुरा काँबाट आयो प्रभु ?
- स्वास्नीको लास्ट आवरको इच्छा यस्तै छ महाराज ! उसलाई किताबमा आफ्नो लोग्नेको फोटो चाहियो रे ! एउटा जिम्मेवार तालुकदार लोग्नेले स्वास्नीको इच्छा पूरा गर्नुपर्छ कि पर्दैन ?
- त्यो त जरूर पर्छ प्रभु । -उनले भने- स्वास्नीको इच्छा पूरा नगर्ने लोग्ने केको लोग्ने ?

तिम्रै इच्छा पूरा गर्न -अक्षरगन्ज-मा सुन्दर बस्नेतले मेरो सुन्दर फोटो खिचेर किताबमा चिप्काइदिए । किताब होइन, बरू फोटो देखेर तिमी गद्‌गद भयौ । शनिबारको 'कोसेली'मा -कुमारजी उवाच- आउँदा तिमीले त्यसलाई कहिल्यै पढिनौ । तर, लेखसितै टाँस्सिएको पासपोर्ट साइजको फोटो गुरू रिम्पोचेलाई देखाउँदै सधैं यस्तो भन्यौः

- हेर त बाबु ! पत्रिकामा पापाको फोटो आ'छ !

'मिस्टिका'का निम्ति फोटोग्राफर कुमार आलेले फोटो खिचिदिए । शिल्पी थिएटरको मञ्चमा । विथ् लाइट एन्ड सेड्स । फोटो-सेसनपछि कुमार आले र कुमार नगरकोटीले बात मारेः

नगरकोटी : एउटा कुरा भन्छु, सुन्नुस् कुमारजी !

आले : भन्नुस् कुमारजी । सुन्छु ।

नगरकोटी : वास्तवमा कुरा यस्तो हो कुमारजी !

आले : वास्तवमा कुरा कस्तो हो कुमारजी ?

नगरकोटी : किताबमा फोटो राख्ने स्वास्नीको रहर हो । यो रहर कस्तो हो कुमारजी ?

आले : यो रहर दामी हो कुमारजी !

नगरकोटी : फोटो सेसनको पैसा मेरो पब्लिसरले दिन्छ । पैसा जरूर लिनु होला कुमारजी ।

आले : फोटो भाउजूको रहर रैं'छ ! रहरको के पैसा लिनु कुमारजी !

'घाटमान्डु'मा त घाटकै फोटो भइहाल्यो । तिमीलाई सबैभन्दा मन परेको फोटो पनि यही नै हो । विकास कार्कीले आर्यघाटमा खिचेको यो फोटो हेर्दै तिमीले भनेकी थियौः

- अहा ! मेरो लोग्नेलाई घाट कति सुहाएको !

फोटोमा त संसारको कुनै पनि गोज्याङ्ग्रे लोग्ने सुहाएकै देखिइन्छ । राम्रै देखिइन्छ । गज्जबको देखिइन्छ । चाहे त्यो स्वाँठ लोग्ने दारूबाज होस् या रण्डीबाज । घुसखोर भ्रष्टचारी होस् या डबल स्ट्यान्डर्ड साधु,

सन्त, सदाचारी । फोटोमा त दुनियाँको कुनै पनि पतित-पति दामी नै देखिइन्छ । सुहाएकै देखिइन्छ ।

लाटी ! खै कुरा बुझेको ?

***

॥ **हरफन-मौलाको फोन-कल्स, सियस्ता नाइटमेर र मनु मञ्जिलको कविता** ॥

दीपक सापकोटाले करिब १० बजेतिर फोनमा भन्यो:

- 'फुर्सद'का लागि तपाईंको नयाँ लेख, कथा चाहियो कुमार सर ! 'सुफियाना'जस्तो फकिर-फिक्सन लेख्नुस् न ! तिहारपछि छापिहाल्नुपर्छ ।
- ल्याङ नगरौं न हौ, माई दोस्त । अर्को वर्षको तिहारपछि छाप्दा हुँदैन ? - मैले भनें ।
- काँ हुन्छ ! त्यस्तो नभन्नुस् न । अनि अर्को कुरा । 'घाटमान्डु'को बुक रिभ्यु लेख्न कसलाई भन्दा उत्तम होला ?
- कसैलाई नभन्दा सर्वोत्तम होला ।
- पुस्तक समीक्षा नलेखाउने ?
- नलेखाउने । किन लेखाउने ? किताबको समीक्षा लेखाउने ठेक्का तपाईंले लिनुभा'छ र ? छ भने भन्नुस् क्यारे !
- त्यो त छैन । तैपनि !
- त्यसो भए रहन दिनुस् । छापिएको प्रत्येक किताबको समीक्षा लेखिइनुपर्छ भन्ने नियम कानून, तोक आदेश त कतै छैन होला । कि नयाँ संविधानमा त्यसको पनि उल्लेख छ ? समीक्षा गर्ने मन नै छ भने बरू संविधानको समीक्षा गर्न लगाउनुस् न ! त्यसका लागि विमल आचार्य उपयुक्त पात्र हुन सक्छन् । छ सय एक धुरन्धर लेखकहरूले मिलिजुली लेखेको चर्चित किताब त आजकाल यही हो क्यारे !
- जे भए पनि एउटा कथा चाहियो सर । मेमोयर भए पनि हुन्छ । फ्रन्ट पेजमै छाप्छु ।

- टु हेल विथ फ्रन्ट पेज, माई फ्रेन्ड !

- कथा लेख्नका लागि तपाईंलाई पूरा एक हप्ताको समय दिन्छु । अरू कुरा भेटमा गरूँला सर । तिहार मुबारक !

दीपक सापकोटा मलाई बेला न कुबेला -लगनको बेला हगनझैं- यसै गरी ताकेता गर्छ । हुँदैन भन्दा ऊ कसै गरी मान्दैन । मान्दै मान्दैन । तपाईंले नलेखे अरू कसले लेख्छ भन्छ । फुर्क्याउँछ । धम्क्याउँछ । फोन डिसकनेक्ट भएपछि मैले यो असन्तोकी प्राणीबारे सोचें, जसलाई म प्रेमपूर्वक हरफन-मौला भन्छु । यो शब्द हरफन-मौला उसैको निबन्ध-सङ्ग्रह 'लोकेसन'मा भूमिका लेख्ने प्रसङ्गमा मैले प्रथमपटक उल्लेख गरेको थिएँ । भूमिका लेख्दै गर्दा उसले एक दिन मलाई सुनाएको थियोः

- कुमार सर ! म पिता भएँ । हिजो छोरीको जन्म भयो ।

यस्तो सुनी म पुलकित भइगएँ । अझै बच्चा नै लाग्छ तर भन्छ कि पिता भइगएँ । यो थियो २८ फेब्रुअरी २०१३ को कुरा । त्यो सन्दर्भलाई मैले उसको किताब -लोकेसन-को भूमिकामा यसरी जोडेको थिएँः

> हरफन-मौला वास्तवमा भाग्यमानी रहेछ । उता पुत्री जन्म्यो ।
>
> यता पुत्र 'पुस्तक' जन्मँदै छ ।
>
> यो नवजात पितालाई म बधाई दिन्छु ।
>
> शिशुमात्र होइन, कहिलेकाहीं, नवजात पिताको पनि जन्म हुने गर्छ ।
>
> संसारमा असम्भव नै के छ र ! आफ्ना सन्तान उर्फ पुत्री प्लस
>
> पुस्तकहरूसितै हरफन-मौला पुनः एकपटक हुर्कँदै जानेछ ।
>
> आफ्ना स-साना सन्तान, रचनाहरूसितै हुर्कनु भनेको संसारको
>
> कुनै पनि पिताका निम्ति एक दुर्लभ अनुभव हो ।

अब त उसको किताब *लोकेसन* र छोरी आरुषी नै चार वर्ष ओल्ड भैसकेका छन् । फोर इअर्स ओल्ड बुक एन्ड डटर ! यो बीचमा उसले मलाई पत्रिकाहरूमा धेरै लेखायो । धेरैपटक मेरा अन्तर्वार्ताहरू छाप्यो ।

बिचरोले मेरो कारण धेरै गालीहरू पनि बक्सिसमा पायो । मेरै खातिर अनेक लान्छना, अपमान र आलोचना सह्यो । झेल्यो ।

हरफन-मौला भन्ने गर्छः

- कुमार सर ! यस्ता मूला गाली र आलोचना हु केयर्स ? सहुँला, झेलुँला । म त डेथ बेडमा हुँदासमेत तपाईंका कथा, किस्साहरू छापुँला ।

जीवनमा कहिल्यै उपन्यास लेखुँला ! यस्तो सोच्दै सोचिनँ । तर, यही हरफन-मौलाको कर, बल, घुर्की तथा ताकेताले 'मिस्टिका' लेख्ने पृष्ठभूमिका पार्श्व-संयोगहरू जुर्न गए । शहरमा, यो जगत्मा भलो चिताउने मानिसहरू ज्यादै कम पाइन्छन् । ती लगभग दुर्लभ जीव तथा लोपोन्मुख प्राणीजस्ता हुन् । तर, हरफन-मौला सबैको भलो चिताउने मानिस हो । मलाई त हरफन-मौलाको कुभलो पनि प्रिय नै लाग्दो हो ।

कु-मारको कु-भलो चिताउनु पनि राम्रै हुँदो हो !

खैर !

'मिस्टिका'को फाइनल रिडिङ गर्न एकपटक धुलिखेलको रिसोर्ट गएका थियौं । हरफन-मौलाका ती दिनहरू फुर्सदमा बितिरहेका थिए । उसको सम्पादनमा निस्कने साहित्यिक पत्रिका -पाण्डुलिपि-को बैंस निखिसकेको थियो र त्यसले मोक्षघाटमा अन्तिम श्वास फेरेर विश्राम लिइसकेको थियो । हरफन-मौला बेरोजगार भएको थियो ।

रिसोर्टमा उसले मलाई एकान्तमा भन्योः

- एउटा पत्रिकामा संवाददाताको नोकरी पाएको छु सर ! खाऊँ कि नखाऊँ ?
- नखानुस् । - मैले भनें ।

बिचरो दीपक ! उसको मुहार खिन्न थियो । कुन IMPULSE मा हो कुन्नि, मैले उसलाई भनेंः

- केही दिन कुर्नुस् । मलाई लाग्छ, चाँडै नै तपाईंका यी फुर्सदका दुखिया दिनहरू हट्नेछन् । योभन्दा निकै राम्रो JOB को OFFER तपाईंलाई आउनेछ । चिन्ता किस बात की !

नभन्दै त्यसको तेस्रो दिन 'अन्नपूर्ण पोस्ट'को फुर्सदमा उसलाई राम्रो JOB को OFFER आइहाल्यो । पत्रिकामा नियुक्तिपत्र पाएकै दिन उसको फोन आयो:

- कुमार सर ! नयाँ कथा चाहियो ।

नोकरी उसले पायो, त्यसको साइड एफेक्टचाहिँ मैले बेहोर्नुपर्ने भयो । मैले उसलाई सम्झाएँ पनि; केही काल मलाई नछाप्नुस् । केही अङ्क मलाई बिर्सनुस् । त्यसै पनि मेरो नामसितै तपाईं बदनाम हुनुहुन्छ । प्लिज लिभ मि अलोन् । आई एम ह्यापि विथ् माई लोन्लिनेस् ।

तर ऊ कहाँ मान्थ्यो र !

धेरै किचकिच गर्न थालेपछि एउटा लामो लेख लेखें । A BOOK MEMOIR: 'किताबसित जोडिएका क्रिम्सन यादहरू' । हरफन-मौलाले त्यो संस्मरणलाई फुर्सद मध्यपृष्ठको दुई पेजमा डङ्रङ्ग छाप्यो ।

केही समयअघि साउन, भदौतिर हो क्यारे दुर्घटनामा हात फ्र्याक्चर्ड भई हरफन-मौला B & B अस्पतालमा भर्ना भयो । एक मनमा लाग्यो, ठीकै भयो । कमसेकम केही काल उसले मसित कथा नमाग्ने भयो । जुस, बिस्कुट, पत्रपत्रिकाहरू र 'मिस्टिका' लिई पेसेन्ट बज्यालाई भेट्न गएँ ।

'मिस्टिका' Re-reading गर्दा उसको दिमाग सन्किन थालेछ । साँझपख त बज्याले फोन नै गर्‍यो:

- कुमार सर ! मेरो मगजमा एउटा आइडिया आयो, 'मिस्टिका'मा तपाईंले अनुप बराललाई किन पात्र बनाउनुभयो भन्ने बारे 'फुर्सद'का लागि एउटा लेख लेख्नुस् न, प्लिज् !

ऊ यस्तो अन्दाजमा आग्रह गरिदिन्छ कि टार्नै सकिन्न । त्यही कातिल-ए-आग्रहलाई मध्यनजर गर्दै एउटा लेख लेखें- *अनुप बरालको मिस्टिका कनेक्सन ।*

कुन कागतालीमा परेर हो कुन्नि ! एक दिन मदनमणि दीक्षितबारे मेरा निजी अनुभूतिहरू सुनाउन पुगेछु, चिया-गफमा । साँझ त फोन आइहाल्यो:

- कुमार सर ! मदनमणि दीक्षितसितको तपाईंको प्रेमभाव गज्जबको रहेछ । संस्मरण लेख्नुस् न ! एक हप्ताको समय दिन्छु ।

मैले 'नीलिमा अफेयर्स' लेखें ।

मलाई फोन गरेर एक हप्ताको समय दिने यो हरफन-मौला मलाई कहिलेकाहीं यमराजजस्तो लाग्छ । फोनकल्स आयो कि तर्सनुपर्छ । डरमर्दो हुन्छ । भयभीत हुनुपर्छ, यमराजको PHONE CALLS सित । कहिलेकाहीं त कस्तो लाग्छ भने कथा लेख तथा संस्मरण होइन कि बरू एउटा गीत लेखूँ र यमराज श्री दीपक सापकोटालाई हस्ते गरूँ। त्यसपछि हेरूँ न बजियाले कुन मुखले छाप्दो रैँछ । फिक्सन डिजाइनरको गीत ! खुच्चिङ् । बडो हाइसञ्चो हुन्थ्यो । गीत पनि अब कस्तो भन्देखिन् यस्तो:

यमराजले भन्यो अरू एक दिन बाँच्
म आराम गर्छु तँ आफ्नो मृत्यु साँच्

यसमा अर्को एक लाइन थप्दा कसो होला ?

म लागेँ चुपचाप घाटबाट घरतिर
तिम्रो ईश्वर मरेको मन्दिर र शहरतिर

यसमा एउटा अन्तरा पनि थपथाप गर्ने हो कि त !

DESIRE त SOMEHOW BIZARRE छन्
ती बस्छन् GOTHIC महलमा
प्रेयसीहरू पनि हजार छन्
जो बस्छन् COSMETIC MALL मा
म लागेँ चुपचाप घाटबाट घरतिर
तिम्रो नवजात ईश्वर मरेको मन्दिर र शहरतिर

नलेख्नु लेखिई नै सकेपछि अर्को एक अन्तरा च्याँखे थाप्दा कसको पूजनीय बाउको के नै पो जाला र ! अर्को एक पेग थपेझैं एक अन्तरा पनि थुपूँ क्यारे !

जन्म एक FICTION हो मृत्यु पनि एक FICTION
बाँच्नु एक DISGUSTING लत हो सारा अस्तित्व एक ADDICTION
तिम्रो मेरो FAIRY TALE एउटै रहेछ मिस्टिका
ब्रह्माण्डले रचेको JUST A PULP FICTION

मृत्युले भन्यो
अरू एक दिन बाँच्
म आराम गर्छु
तँ आफ्नो मृत्यु साँच्

अब, गीत भयो कि भएन हु केयर्स ? देवनागरी गीतमा आङ्ल शब्दहरू –DESIRE / SOMEHOW / BIZARRE / GOTHIC / COSMETIC MALL / FICTION / ADDICTION / PULP FICTION ETC ETC– देख्दा राजेन्द्र थापा, कृष्णहरि बराल तथा भूपेन्द्र खड्काजस्ता धुरन्धर गीतकारहरूले मेरो मजाक उडाउँदै गीतको खिसिटिउरी गर्ने पो हुन् कि ! हु द हेल केयर्स ?

यो गीत बेला न कुबेला मलाई PHONE CALLS गर्दै रचना याचना गर्ने हरफन-मौला उर्फ यमराज श्री दीपक सापकोटाज्यूलाई समर्पित भयो । लौ जा ! यत्रैसित्ति !

खैर !

यही यमराज आजको SIESTA उर्फ दिवा-स्वप्नमा मेरो सपनाभित्र प्रवेश गऱ्यो र मलाई नराम्रोसित विचलित पाऱ्यो । मेरो सपना एवम् मलाई भताभुङ्ग पाऱ्यो । छिन्नभिन्न पाऱ्यो । तहसनहस पाऱ्यो । यमराजले नाइटमेर क्रियट गरिदियो । एक भयावह दुःस्वप्नः

SIESTA-NIGHTMARE

यमराज वास्तवमा लेफ्टिस्ट थियो ।

लेफ्टिस्टका बाबजुद उसको बायाँ होइन कि दायाँ हात फ्र्याक्चर्ड भएको थियो । प्लास्टर अफ पेरिस गरिई श्वैत ब्यान्डेजमा बेरिएको उसको हात काम्रोको आडमा घाँटीमुनि तुर्लुङ्ग झुन्डिएको थियो ।

परेवाको गुँड भएको बरन्डासम्म पुग्ने गरी ठड्याइएको फलामको भऱ्याङमा ऊ उक्लिरहेको थियो । सिँढीमा एकएक पाइला टेक्दै ऊ हस्याङफस्याङ् माथि चढ्दै थियो ।

परेवाको गुँडलाई ताकेर ऊ अघि बढ्दै थियो । ज्याक निकोल्सन उसको टाउको वरपर फनफनी घुम्दै उसलाई ठुँग्ने असफल जमर्को गरिरहेको थियो ।

हेर्दाहेर्दै यमराजले ज्याक निकोल्सनलाई च्याप्प समात्यो ।

यमराजको पन्जाबाट परेवा उम्कन खोज्यो तर यमराजले ज्युँदो पन्छीलाई आफ्नो मुखभित्र हुल्यो र कऱ्यामकुरूम चपाउन थाल्यो । के परेवाको टाउको YUMMY, CRISPY र CRUNCHY थियो ?

परेवाको बाँकी अधकल्चो शरीरलाई यमराजले झ्यालबाट मेरो गुफाभित्र मिल्काइदियो ।

HEADLESS PIGEON भुइँभरि फत्राकफत्राक गरी अन्धाधुन्द फनफनी घुम्यो । घाँटीबाट निस्केको रागतको सिर्काले भुइँ-ओछ्यानमा लम्पसार ढलेको मेरो नग्न आङलाई चस्स घोच्यो ।

सिरिङ सिरिङ ! मन र आङ सिरिङ सिरिङ !

उता क्षणभरमै यमराज सिँढीको टुप्पोमा पुग्यो । गुँडकी किम्यालाई क्रुर आँखाले क्रुरतापूर्वक घुरेर हेऱ्यो । र, लगत्तै टिपेर हातमा अँठ्यायो । हेर्दाहेर्दै उसले किम्याको टाउको पनि कुरूमकुरूम चपाउन थाल्यो । के त्यो टाउको पनि CRUNCHY, CRISPY/YUMMY थियो ?

किम्याको अधकल्चो शरीरलाई पनि यमराजले गुफामा फ्याँकिदियो । रगतको सिर्काले आङलाई पुनः चस्स घोच्यो ।

सिरिङ सिरिङ ! मन र आङ सिरिङ सिरिङ !!

अन्त्यमा यमराजले परेवाको टुहुरो बचेरालाई सर्लक्क हातले टिप्यो । हत्केलामा फर्लक्क राख्यो । बचेरा पर्लक्क ढुनमुनियो । त्यसपछि बचेरालाई खल्तीभित्र कोची यमराज फटाफट भऱ्याङ ओर्लन थाल्यो ।

हठात् ब्युँझें । कस्तो बीभत्स दिवास्वप्न ! सियस्टा नाइटमेर ! परेवासित सम्बन्धित जयपुरपछिको यो दोस्रो दुःस्वप्न थियो । सपना नै किन नहोस्, दीपक सापकोटाले कदापि त्यसो गर्नुहुने थिएन । ज्यादै विचलित भएँ ।

अहिलेसम्म मन तीतो भा'छ । साथी नै यमराज भएसी कसैको केही लाग्दो रैन'छ, बाबै !

***

SIESTA NIGHTMARE पश्चात् मनु मञ्जिलको कवितासङ्ग्रह 'ल्याम्प-पोस्टबाट खसेको जून' निकालेर केही बेर केही कविता पढें ।

उहिल्यै कुन्नि कहिले मनुको उक्त किताबबाट केही विम्ब, प्रतीकहरू टिपी उनैका शब्दहरूलाई कम्पाइल गरीवरी नयाँ कविताको खेस्रा टिपोट गरेको थिएँ ।

एकाएक त्यो खेस्राको याद आयो ।

खेस्रा खोजें ।

खेस्रालाई नयाँ पानामा डिजाइन गरी लेखें । केही प्रिय नेपाली कविहरूको यस्तै खेस्रा टिपोट गरीवरी कम्पाइल गर्ने मन छ । शब्द उनीहरूकै । विम्ब, प्रतीक पनि उनीहरूकै । मेरो कामचाहिं केवल तिनको संयोजन । सङ्कलन । कम्पिलेसन । यसो गरी हेर्दा कविको एउटा मेटाफरिक PORTRAIT बन्दो रहेछ । यस्तो प्रयोग पनि गरी हेर्नुपर्‍यो । छाप्ने त फेरि दीपकले नै होला । केही कविहरूको लिस्ट मनमा छ । हेरूँ, के हुन्छ ।

मनु मञ्जिलको किताबबाट टिप्पनटापन गरिएका शब्द, विम्ब र प्रतीकहरूबाट जुन नयाँ कविता तयार भयो, त्यसलाई मैले पन्छीहरूसित SHARE गरें ।

निकोल्सन परिवारलाई आज त्यही कविता वाचन गरी सुनाएँः

समय !

तिमी हिंड्दै गर

म एक छिन विश्राममा छु ।

सूर्यलाई घाट पुऱ्याएर

फिरेका छन् जूनकीरीहरू

म चाहन्छु

भेटिंदा बालकसँगै भेटियोस् मुस्कान

भेटिंदा

फूलसँगै भेटियोस् वसन्त

मैले यही देश बुझेको छु, यही देश लेख्छु । म यही देशबाट हिंडें, यही देशसम्म पुग्छु । बगर भए यो भूमि कुनै ढुङ्गा भएर बसुँला । बगैंचा भए फूलको थुङ्गा बनेर बसुँला ।

जिन्दगी आफू

मूल सडकैसडक हिंड्छ

उभ्याएर मलाई सडक-किनारामा

मेरो घर आउने प्रत्येक मान्छे/मृत्युसित हात मिलाएर जान्छ ।

मेरो एउटा दुश्मन छ

जो मलाई फोहोरजत्तिकै घृणा गर्छ

तर म उसलाई फूलजत्तिकै मन पराउँछु ।

ऊ

मेरो चिठ्ठी पुग्ने एउटा ठेगाना थियो, हरायो । जीवनका

अ/ने/क

कि. ना. र. ह. रू मा

म

ला

ई

भेट्न आउने

ल

ह

र

थियो, हरायो । सम्बन्धको झ्यालमा उदाउने जून थियो, अस्तायो

समय !
तिमी हिंड्दै गर
म एक छिन विश्राममा छु

हावालाई पछाडि छाडेर दगुर्ने यौटा बलवान् घोडा हेर्छु र सोच्छु- यो मेरो इच्छाजस्तै छ, जो सधैं उफ्रिहिंड्छ तर कहिल्यै जून छुँदैन । मैले नआऊ शहरमा, धेरै दुःखहरू छन् भनें । यहाँ पाइलैपिच्छे सडकहरू बिझ्छन् भनें । खेल्नका निम्ति मैदान, सोच्नका निम्ति एकान्त नभएको शहर जीवनप्रति अनुदार छ भनें ।

तिमीले
मेरो मन चर्कने गरी हकाऱ्यौ/मेरो घरको झ्याल
खस्ने गरी ढुङ्गाले हान्यौ र गयौ

म हिंडी आएको
सडकतिर फर्केको छु

यौटा क्षितिज हेरिरहेछु, जो टाढिएर गयो

म

नभेटिने

खोजतिर फर्केको छु

आज पनि

चुपचाप आयो हावा

रूखहरूमा चढ्यो/निश्चल हाँगाहरू छाम्यो

र

पा. त. ह. रू. को

मौ । न । ता । - सुनेर गयो

आकाशमा रातभर बादलहरू जून बोकेर कुदिरहे

शीतका झुप्पाहरू झुन्डिइरहे, फूलका हाँगाहरूमा

जिन्दगीमा

जिन्दगी पर्खेर

दिनभर उभिन्छु अचेल सडक-किनारामा

यौटा ल्याम्प-पोस्टबाट लगातार जूनको उज्यालो खस्छ

मातेको साँझ उज्यालिएर मवरिपरि बसेर फिस्स हाँस्छ

बटुवा आएर घडी हेर्छ मेरै उज्यालामा

कुनै बेघर बालकले काखझैं सुन्दर

उज्यालो भूमि भेट्छ

पोखिदिन्छु एकान्तमा

म पनि छाती र

कहिलेकाहीं त

साँच्चै

त्यहीं

कोही

आएर बास बस्छ । कमलाई थाहा कि

यदाकदा यो शहरछेउ

एउटा ल्याम्प-पोस्टबाट

ल. गा. ता. र.

जूनको उज्यालो

ख

स-

छ

म धुन हराएको सारङ्गी । एउटा HOLOCAUST SYMPHONY.
चुपचाप, चुपचाप सुनिरहेको छु ।

भर्खरै

समयले एउटा तारा

ASHTRAY मा निभाएर गएको छ

बगैंचाको नौलो एउटा फूल खसेर पत्थर भएको छ

अहिले शून्यले लिएको छ

नदी-किनाराको माझीको ठाउँ

पतझर

अब सुरू भएको छ

आज म (कवितामा क.वि.ता) न । ले । ख । न - ब.से.को (छु)

समय !

तिमी हिंड्दै गर

म एक छिन विश्राममा छु

***

HALLELUJAH !

हो त ! प्रिय मनु, द मञ्जिल ! म पनि विश्राममा छु । सियस्ता नाइटमेरले व्यथित तुल्याएको मन तिम्रो कविताका दिव्य स्पर्शले होलो भएको छ । हल्का भएको छ ।

HALLELUJAH !

यमराजले भन्यो अरू एक, दुई, तीन दिन बाँच् । म आराम गर्छु तँ आफ्नो मृत्यु, बैंस र आयु साँच् । म लागें चुपचाप/चुपचाप HALLELUJAH! -ॐ शान्ति ॐ ए परवरदिगार ओ तथागत अल्लाह-हु-अकबर घाट, चिहान र ग्रेभयार्डबाट घरतिर । ईश्वर मरेको मन्दिर, मोनास्ट्री, सिनेगग, गिर्जाघर, मन्दिर र शहरतिर ।

HALLELUJAH !

प्रिय यमराज !

मलाई बाटो देखाऊ, मेरो कल्याण गर ।

***

कार्तिक १७ । बुधबार

साथीहरूसित म जङ्गल जान्थें । जङ्गलका बुट्यान र स-साना पुड्का रूखहरूमा हामी चराका गुँड फेला पार्थ्यौं । त्यहाँ अण्डा हुन्थे । ती अण्डा हामी पोलेर खान्थ्यौं, जङ्गली च्याउसित । पोलेको अण्डा र काँचो च्याउलाई साथीहरू अर्नी भन्थे ।

यो चौरजहारी, रूकुमको कुरा ।

पोलेको अण्डाबारे आमासित कुरा गर्दा उहाँले सम्झाउनुभएको सम्झन्छु:

- त्यस्तो बिठ्याइँ गर्नुहुन्न बाबु । चराको मन रून्छ । तिमीलाई चराको श्राप लाग्छ । पाप लाग्छ ।

र, मलाई श्रापसित भयङ्कर डर लाग्थ्यो । केही दिनअघि मात्रै त हो नि ! चराको श्रापकै कारणले हुनुपर्छ, एउटा सर्पको अकाल मृत्यु भएको थियो । मेरै कारणले ।

त्यो दिन म डुल्दैडुल्दै नदीको बगरमा पुगेको थिएँ । भेरी नदीको तट । आमा भन्नुहुन्थ्यो- यो नदी डोल्पाबाट बग्दैबग्दै हामीलाई खोज्दै यता आएको हो । यताबाट भारत गई डाइरेक्ट समुन्द्रमा मिसिन्छ ।

बगरदेखि केही पर एउटा रूख थियो । ठिङ्ग उभिएको । एक्लै । नाङ्गो रूख ।

त्यो रूखवरपर केही समयदेखि म एउटा अनौठो दृश्य देखिरहेको थिएँ । त्यहाँ ग्वाला-केटाहरूको कल्याङमल्याङ थियो । उत्सुकताले मलाई त्यतै डोऱ्याएर लग्यो । केटाहरू पालैपालो रूख चढ्थे । रूखको टोड्कामा खोतलखातल, खानतलासी गर्थे । र, भुइँमा झर्दै एकापसमा गुनगुन गर्दै केही गुनासो गर्थे ।

बुझिल्याउँदा चाल पाएँ कि रूखको टोड्कामा चराका पाँचवटा अण्डा रहेछन् । अहिले थिएन । हिजोसम्म त्यहीं भएको अण्डा आज कसरी एकाएक गायब भए ? ग्वाला केटाहरू वाल्ल परेका थिए । मुर्मुराइरहेका थिए । अण्डा पोलेर खाने उनीहरूको धोकोमा जबर्जस्त धोका भएको थियो ।

धोका कसले गरेको थियो ?

केटाहरूमध्ये कसैले धोका दिएको हुनुपर्छ । एक्लै आई सुटुक्क अण्डा झ्याप हानेको हुनुपर्छ । केटाहरू एकापसमा बाझ्दै थिए । गाली गर्दै थिए । म चुपचाप रमिते भई हेर्दै थिएँ । तिनीहरू गाइँगुइँ गर्दै, मुर्मुरिँदै आ-आफ्ना गाईबस्तु धपाउन लाखापाखा लागेपछि रूखमुनि म एक्लै भएँ ।

ग्वाला केटाहरू तितरबितर भई निकै पर पुगेपछि मेरो पालो सुलुलुलु रूख चढें ।

एउटा हाँगामा चाक बिसाएर आरामसित खुट्टा हल्लाउँदै दूरदूर हेर्न थालें । रूखको टोड्काभित्र हात घुसाई छामछुम गरें । खानतलासी गरें । टोड्का खोक्रो थियो । त्यहाँ केही थिएन । खालीखाली थियो । एक छिन चुपचाप बसें । रूखको हाँगामा बसी खुट्टा हल्लाउँदा मलाई ज्याद्रो

मजा आउँथ्यो । मज्जा माने । जाँघेको गोजीभित्र सुन्तले चकलेट थियो । निकालेर खाएँ ।

रूख चढ्न र पौडी खेल्न मलाई मेरा मित शुकदेव शर्माले सिकाइदिनु भएको थियो । मितज्यू सबै कुरामा पोख्त हुनुहुन्थ्यो । भैंसी चढ्दै आहालमा जानुहुन्थ्यो । मादल बजाउनुहुन्थ्यो । कुनै हलचल नगरी सतर्क पोजिसनमा उभिई 'श्रीमान् गम्भीर...' भाका मिलाई गाइदिनुहुन्थ्यो । मलाई उहाँको गुलेली खूप मन पर्थ्यो । बोकी हिंड्ने गर्थे । गुलेलीमा निशाना ताक्न पनि मलाई उहाँले नै सिकाउनुभएको थियो । तर, एक दिन मैले घरपछाडिको ठूलो फाँट/चौरमा एउटा ढुक्कुर मारेपछि जब आमाले गाली गर्नुभयो, त्यसपछि त्यो गुलेली मैले मितज्यूलाई नै फिर्ता गरिदिएको थिएँ । कहिलेकाहीं लाग्छ, मितज्यूको गुलेलीमाथि एउटा बाल-कथा लेखूँ, -शुकदेव शर्माको गुलेली- शीर्षकमा र 'कोपिला'मा छापूँ ।

साँच्ची ! मैले आजसम्म कुनै बाल-कथा किन नलेखेको हुँला ?

वयस्क-कथा लेख्दालेख्दै बैंस नै चिलिम भइगयो ।

खैर !

रूखको हाँगामा खुट्टा हल्लाउँदै बस्दा मलाई बडो मज्जा आइरहेको थियो । मध्याह्नको पारिलो घाममा भुइँमा चलमलाइरहेको आफ्नै डल्ले छायाँ देखेर म हौसिँदै झन् जोडजोडले खुट्टा हल्लाइरहेको थिएँ । यस्तैमा के कारणले हो कुन्नि ! यसो मुन्टो बटार्दा मेरो कन्चटनेरै सर्पले जिब्रो निकालेर मलाई नै ताकिरहेको देखी म खङ्ग्रङ्ग भएँ । होशहवास गुम भयो । रूखबाट गर्ल्यामगुर्लम खसी एकैपटक भुइँमा बद्रङ्ग बजारिएँ । र, ठूलो स्वरमा -साँप साँप- भनी चिच्याएँ । आङ थरथरी कामिरहेको थियो । गोडा गलेर लल्याकलुलुक भएको थियो । मेरो चित्कार सुनी तितरबितर भएका ग्वाला-केटाहरू गुटुटुटु आए । अनि, रूखतिर ढुङ्गा बर्साउन थाले ।

सर्प बिस्तारै रूखबाट सुलुलुलु बग्दै, घस्रँदै झर्न थाल्यो । केटाहरूले ढुङ्गाले हानीहानी त्यसलाई मारे । एउटा कहालीलाग्दो दृश्य मैले देखें । सर्पको पेटभित्र अण्डाहरू अझै सग्लै रहेछन् । रूखको टोड्कामा

त्यो सरिसृपले निलेका अण्डाहरू पेटभित्र फुटिसकेका रहेनछन् । सर्पको पेटमा टुटुल्का उठेझैं ती पाँच दाना अण्डा देख्दा मेरो आङ सिरिङ्ग भएर आयो ।

त्यो दृश्य सम्झी ल्याउँदा अहिले पनि मेरो शरीरमा काँडा उम्रिन्छ । मनभित्र गुजुमुज्ज भई बसेको सर्प चलमलाएझैं लाग्छ । आङ जिरिङ्ग हुन्छ । मन सिरिङ्ग हुन्छ ।

***

त्यो सर्प मेरो मनभित्र आज फेरि चलमलायो ।

मेरो मनलाई डसेर गयो ।

सुनील पोखरेलको घडीमा यस्तै ४ बजेको हुँदो हो । भुइँबेडमा ढली हारुकी मुराकामीको उपन्यास –THE WIND-UP BIRD CHRONICLE–को BOOK थ्रीको १९ औं च्याप्टर –THE SUBTERRANEAN LABYRINTH– पढिरहेको थिएँ । उपन्यासको नायक तोरू ओकादा भुलभुलैयाको संसारमा प्रवेश गर्नका निम्ति कम्प्युटरमा पासवर्ड टाइप गर्दै थियो- ZOO । तर, दुर्भाग्यवश पासवर्ड गलत थियो । कम्प्युटरले निर्देशन दिइरहेको थियो: INCORRECT PASSWORD; ENTER PASSWORD WITHIN TEN SECONDS. ओकादालाई गलत पासवर्ट -ZOO-ले सताउनु सताइरहेको थियो ।

अपन्यासमा एकाग्र भएको मेरो मन एकाएक झसक्क झस्कियो, जब झ्यालबाहिरको ज्याक निकोल्सन प्लस लेडी किम्याको बरन्डामा भत्राकभुत्रुक, फत्राकफुत्रुकजस्तो गह्रुङ्गो आवाज सुनें । हारुकी मुराकामी हातबाट फत्रक्क खस्यो र मेरो मन सनन्न भयो । आङ सिरिङ्ग भयो । मनभित्रको सर्प कताकता सुलुल्ल गरी चलमलाउन थाल्यो । सलबलाउन थाल्यो । पखेटाहरू जोडजोडले फ्याटफ्याट गरेको अमिलो आवाज कानमा ढ्याङ्ग्रो बजेझैं बजिरह्यो ।

SUDDEN IMPULSE ले मलाई भुइँबेडबाट जुरूक्क उचाल्यो ।

हत्त न पत्त झ्यालमा पुगें ।

बरन्डामा गुँड थिएन । तल घरबेटी माँले रक्सी पार्ने टहराको जस्तापाताको छानामा किम्याको गुँड झरेको थियो । दुइटा काग –A PAIR OF CROWS–ले चराको बचेरालाई ठुँडले ठुँगिरहेका थिए । हारालुछ गरिरहेका थिए । ज्याक र किम्या कागहरूलाई झम्टने असफल प्रयास गरिरहेका थिए । मैले हाटहुट गरें । टेबलमा भएको लाइटर र खुक्सको प्याकेट उठाएँ । प्रहार गर्ने लाग्दा ठुँडमा भुत्ले बचेरा च्यापी काग उड्यो । बचेरा घरबेटीको करेसाबारीमा खस्यो । अर्को कागले टिपेर उड्यो । ज्याक निकोल्सन र लेडी किम्या पनि उनीहरूलाई लखेट्दै उडे ।

स्तब्ध, अवाक्, निःशब्द म थर्थर काँप्दै झ्यालमा अडेसिएँ ।

लाइटर र खुक्सको प्याकेटलाई करेसाबारीतिर हुर्राइदिएँ ।

***

अहिले मेरो मन विचलित भइरहेको छ ।

यस्तो लाचारग्रस्त, असहायपना –HELPLESSNESS–को बोध कहिल्यै भएको थिएन । एउटा ट्राजेडीको डर, आशङ्का मनमा लिएर केही महिनादेखि बाँच्दै आएको थिएँ । ATTACHMENT IS THE ULTIMATE SOURCE OF HUMAN PAINS AND SUFFERINGS भन्दै आफूलाई त्यसबाट मुक्त राख्ने प्रयत्न मनभित्र भइरहेकै पनि हो । झरीमा एक दिन लेडी किम्याको गुँडमा एउटा ट्राजेडी छिरेको थियो । दोस्रो ट्राजेडी पनि अवश्यम्भावी छ भन्दै त्यसलाई सामना गर्न तयार भई बस्नुपर्छ भन्ने अन्तरिम भावानुभूति पनि भएकै हो । त्यस्तो नहोस् भन्ने सयौंपटक कामना पनि गरेको हुँ ।

अस्तिको सियस्ता नाइटमेरमा यमराजले सपनामार्फत् त्यसको सङ्केत गरेकै थियो ।

क्षणभरमै सब तहसनहस भयो ।

केही गर्न नसक्नुको लाचारीपनले मन गिजोलिएको छ । चौरजहारीमा आमाले भन्नुभएको थियो- *चराको तिमीलाई श्राप लाग्छ । पाप लाग्छ ।* र, मलाई श्रापसित ज्यादै डर लाग्थ्यो ।

यो लाचारीपन, असहायपना –HELPLESSNESS– आमाले इङ्गित गर्न खोज्नुभएको श्राप हो शायद । चराको श्राप । सर्पको श्राप । किम्याको गुँड र बचेरालाई बचाउन नसक्नु र यस क्षण मनलाई यतिका विषाद, अवसाद र पीडाले ऐंठन पार्नु त्यही श्राप हो शायद ।

अवसादले डसेको मन श्रापित मन हो ।

***

म उदास/उदास छु । उजाड/उजाड छु ।

जसरी किम्याको नष्ट भएको घर उदास/उजाड छ ।

मन शोकाकुल छ । आत्मा पनि व्याकुल छ ।

केही बेरअघि झ्याल खोलेर बरन्डा हेरें । सिमेन्टको चिसो स्ल्याबमा शोकमग्न चराहरू देखेर मन भरिएर आयो । आँखाको डिलबाट आँसुहरू झरे । बिचरा ! अनाथ चराहरू ! आमाबुबा नभएको बच्चा टुहुरो हुन्छ भन्थे तर कहिलेकाहीं आमाबुबा आफैं टुहुरा हुँदा रहेछन् । अनाथ हुँदा रहेछन् ।

प्रिय लेडी किम्या प्लस ज्याक निकोल्सन !

हेर न ! यस्तो शोकको घडीमा तिमीहरूलाई सुनाउनका निम्ति मसित कुनै शोक-काव्य छैन । आइन्दा म अब मर्निङ रिसाइटेसन या आफ्टरनुन-वाचन केही पनि गर्नेछैन । भोलि बिहानै मोहम्मद मुख्तार आलमको केश कर्तनालय जानेछु । केश मुण्डन गर्नेछु । केही दिन तिमीहरूको शोकको बर्खी बार्नेछु ।

मेरो मन म्लान्त र काया क्लान्त भएको छ ।

तिमीहरूको जीवनमा पनि -हे दैब !- अब त एक अपूरणीय एकान्त छाएको छ ।

मात्र एक अपूरणीय एकान्त !

शायद यो एकान्तको अब कुनै अन्त्य छैन ।

***

कार्तिक २३ । मङ्गबार
टाइम-ट्राभल

हेलो डायरी रिडर,

गुड इभनिङ !

गुफामा एक अपूरणीय मौनता छाएको छ । घना सन्नाटा व्याप्त छ । किताब, कलम र कापीहरू चुपचाप छन् । माला, पेन्टिङ र बालाहरू शान्त छन् । भुइँ-ओछ्यान आफैं निदाएको छ । सोफा, कुर्ची र टेबलमा अनअफिसियल एकान्त छाएको छ ।

म मात्र टिकटिक, टिकटिक गरिरा'छु ।

डायरी लेखक कुमार नगरकोटी गायब छ । केही दिन ऊ लापता हुनेछ । जसको यो जगत्मा निश्चित अतापता हुँदैन, ऊ लापता भएकै राम्रो । नगरकोटी -दरअसल- गाउँ गएको छ । सदरमुकाम सिन्धुली । पासपोर्ट बनाउन । उसलाई यो उमेरमा किन राहदानी चाहिएको हो, मलाई थाहा छैन ।

सावित्री कहिलेकाहीं उसलाई भन्छे:

- तपाईंका साथीहरू काँकाँ पुगिसके तपाईंलाई थाहा छ ? कोही जापान, कोही अस्ट्रेलिया, कोही क्यानडा छन् । कोही अमेरिका पुगेर ग्रिनकार्ड लिई बसेका छन् । तपाईं हुनुहुन्छ कि एउटा डिभी भर्नुस् भन्दा पनि मान्नुहुन्न । मलाई पनि भर्न दिनुहुन्न । किताब लेखेर के नै पो भा'छ र ? त्यसमाथि भएको नोकरी छाडेर फुलटाइम लेखक रे ! घर चलाउन मलाई कति हम्मे पर्छ, तपाईंलाई त्यसको कुनै हेक्का छ ? यहाँसम्म कि तपाईं त कुनै राजनीतिक दलको सदस्यसमेत हुनुहुन्न । गारोसारो पर्दा तपाईंलाई कसले हेर्छ ? त्यसमाथि तपाईंको साहित्य मन नपराउने, तपाईंलाई घृणा गर्नेहरूको त्यत्रो जमात छ । तपाईंलाई चाहिं होसै छैन । खाडी मुलुक भए पनि जानुस्, केही पैसा कमाउनुस् । पैसा भएसी जत्ति किताब निकाले पनि भयो । लोग्नेजी, हो कि होइन ?

हो कि त !

एक प्रकारले सावित्री कार्कीको कुरा सही पनि हो । तर, नगरकोटीको समस्याचाहिं के मात्र हो भने स्वास्नीले इङ्गित गरेको धरातलीय यथार्थलाई ऊ ज्यादै सहज किसिमले हु केयर्स भनिदिन्छ । मुसुमुसु हाँसेरै टारिदिन्छ ।

खैर !

यी सब त भए लोग्नेस्वास्नीका कुरा ।

जहाँसम्म मेरो प्रसङ्ग छ, म सुनील पोखरेलको घडी हुँ ।

अ टेबल क्लक, यु सी !

टिकटिक, टिकटिक ।

मलाई कृपया सुक्रिया अदा गर्नुस् किनभने डायरीको यो च्याप्टरलाई -लौ त भने- म नै सविस्तारमा वर्णन गर्न गइरहेको छु । नगरकोटीका केही सेलेक्टेड अन्तरङ्ग -ए- प्रसङ्गहरू तपाईंसमक्ष -इन्साअल्लाह- म प्रस्तुत गर्दै छु । न्यारेसन गर्दै छु ।

खुलस्त भन्नुपर्दा तिनलाई तपाईंसामु रू-ब-रू गराउँदै छु ।

क्या किजिएगा ! घडीके साथ ऐसी घडी भी आएगी, किसे इल्म था ? किसे पता था ? तर, NARRATION गर्नुअघि तपाईंलाई मेरो 'हिस्ट्री'बारे केही बताइहालूँ क्यारे ! यसो गर्दा तपाईं र मबीच जुन असहज दूरी छ, त्यसमा केही कमी आउला कि भन्ने मेरो विचार छ । एकापसमा जति सहज महसुस गऱ्यो, त्यति राम्रो किनभने अबको केही समय तपाईंले मलाई झेल्नु पर्नेछ ।

टिकटिक, टिकटिक, टिकटिक !

मेरो हिस्ट्रीको मिस्ट्री यस्तो छ- एक बिहान नगरकोटी अनामनगरको 'मण्डला थिएटर' आसपास सुनील पोखरेलको अफिसियल च्याम्बर 'ज्ञ'मा आएको थियो । बिल्डिङको टप फ्लोरमा मिस्टर पोखरेल नयाँनयाँ विद्यार्थीहरूलाई नाट्य प्रशिक्षण चलाउँथे/चलाउँछन् । वास्तवमा त्यो नाट्यकेन्द्रको नाम 'ज्ञ' नगरकोटीले सुनील पोखरेलकै फोनाग्रहमा राखिदिएको थियो । 'ज्ञ'मा मिस्टर पोखरेल तीन महिने नाट्यकोर्स चलाउँथे/चलाउँछन् । उनी नगरकोटीलाई अक्सर त्यहाँ निम्तो गरिरहन्छन् ।

नगरकोटी आउँछ । क्लास लिन्छ । र, जान्छ ।

क्लासमा ऊ अनौठो किस्साहरू सुनाउँछ । कहिले कविता वाचन गर्छ, कहिले सिनेमा, साहित्य र सङ्गीतबारे ननस्टप बकबक गर्छ । अध्यात्म, इन्स्टलेसन आर्ट, दर्शनसम्बन्धी विचारहरू व्यक्त गर्छ । आफ्नो लेखन शैलीबारे बताउँछ ।

जीवनका अब्सर्डिटी र कन्ट्राडिक्सनबारे चर्चा गर्छ ।

Spiritual Marxism को सम्भावनाबारे बताउँछः CAN MARX AND MEDITATION GO TOGETHER? MARXISM HAS TALKED ABOUT HUMAN SAMAAJ FOR AGES BUT WHAT ABOUT HUMAN PERSONAS? CAN REVOLUTION AND EVOLUTION FLOWER TOGETHER ?

MARXISM लाई ऊ SOIL भन्न रूचाउँछ र SPIRITUALITY लाई SOUL । अनि थिएटरका नयाँ विद्यार्थीहरूलाई सोधी पढाउँछ :

– CAN SOIL AND SOUL BLOSSOM TOGETHER ?

त्यो बिहान पनि त्यस्तै भयो । अनेक विषयमा दुई घण्टा ननस्टप बकबक गरेर, अन्ट न सन्ट बोलेर नगरकोटीले विद्यार्थीको समय नष्ट गरिदियो । क्लास सकिएपछि सुनील पोखरेललाई के लागेछ कुन्नि खल्तीबाट हजारको एउटा नोट निकालेर नगरकोटीलाई दिंदै भने :

- कुमार यार, यो राख । तिमी दारू त खाँदैनौ, कफी खान हुन्छ । पैसा राख ।

नगरकोटीले भन्योः

- नोट दिएर यसरी तपाईं मेरो खुलेआम किन खिल्ली उडाउनु हुन्छ ? तपाईं र मबीच यो पैसा काँबाट आयो ? राख्नुस् । कुनै किताब किन्नुस् । आइन्दा यस्तो मजाक नगर्नुस् । पैसा होइन, म यहाँ तपाईंको प्रेमले आएको हुँ । जान्छु ।

मिस्टर पोखरेलले नगरकोटीलाई घप्लक्क अँगालो मारे । उनी यति भावुक भइगए कि उनका आँखा नै रसाए । उनका आँखाबाट बर्बर्ती आँसु

झरे । विद्यार्थीहरू वाल्ल परे । नगरकोटीले आफ्नो नाडीबाट ग्रिन स्टोनको बाला निकाल्यो र मिस्टर पोखरेलको नाडीमा लगाइदियो । उनी झन् भावुक भए । यताउति पल्याक-पुलुक हेरे ।

कफी-टेबलमा म थिएँ, एकनासले टिकटिक टिकटिक गरी बसेको । उनले मलाई उठाए र नगरकोटीको झोलामा जतनका साथ राखिदिँदै भनेः

- कुमार ! यार तिमी ज्यादै असामयिक छौ । घडी लैजाऊ र समसामयिक बन । ओके ?

नगरकोटीले ओके गऱ्यो ।

त्यही दिनदेखि म नगरकोटीको गुफामा छु । किताबहरूमाझ । उसलाई समय बताउँछु- टिकटिक, टिकटिक । उसलाई समसामयिक बनाउनु छ- टिकटिक, टिकटिक । तर, ऊ समयको आवाज- टिकटिक, टिकटिक- सुन्दैन शायद । मेरो वास्तै गर्दैन । म रोकिएँ भने मात्र ब्याट्री फेर्छ । के गर्ने, दुःख लाग्छ । यो मान्छे असामयिक थियो, छ र सदा असामयिक नै रहनेछ ।

खैर !

मेरो हिस्ट्री, रामकहानी या मिस्ट्री -तपाई जे भन्नुस्- यस्तै हो । बरू तपाई मलाई कृपया बताउनुस् -टाइम ट्राभलिङ्-मा तपाईको कत्तिको रूचि छ ?

ARE YOU INTERESTED IN TIME TRAVELLING?

OH-YES ! THANK YOU.

आउनुस्, अब टाइम-ट्राभल गरौं । घडीमा समयको सुईलाई म अब उल्टो घुमाउँछु । अतीतका अनेक DATES एवम् TIMELINE तिर भ्रमण गर्दै हामी यात्रा गरौं । अतीत-यात्रा । काल-यात्रा । विभिन्न काल-खण्डमा रोकिँदै, विश्राम गर्दै हामी यात्रा गर्नेछौं, है त ! नगरकोटीको LOST TIME तिर काल-यात्रा गर्नेछौं, A REVERSE JOURNEY ओके ? आर यु रेडी ? काउन्ट डाउन सुरू गरौं, है त ! फाइभ, फोर, थ्रि, टु, वान ! छप्लाङ !

काल : २०६० साल

स्थान : काठमान्डु

कुमार नगरकोटी भर्खरै लेडिज-टोइलेटभित्र छिरेको छ ।

हामी अहिले शङ्खमूलस्थित 'इनोभेटिभ इङ्लिस स्कुल'को पेरिफेरीमा छौं । यो स्कुलमा ऊ अङ्ग्रेजी पढाउन नियुक्त भएको छ ।

आज उसको पहिलो दिन हो । र, पहिलो दिनमै ऊबाट गम्भीर त्रुटि भएको छ । ऊबिना कुनै सोची सम्झी लेडिज टोइलेटभित्र लुसुक्क छिरेको छ ।

तपाईंलाई कुनै आपत्ति हुँदैन भने आउनुस् हामी पनि छिरौं । तपाईंलाई पिसाब त लाग्या छैन नि ! मुतूँमुतूँ त भा'छैन नि ! छ भने भन्नुस् है । मुतिहाल्नुस् किनभने हामीलाई अझै लामो काल-यात्रा तय गर्नुछ । यो त हाम्रो पहिलो जक्सनमात्र हो ।

लौ जा ! अनर्थ भयो ।

एउटी महिला भित्र छिरी । उसको मुहार गोलो छ । केही गोधूलि वर्णकी छे । नाकमा स्वर्ण-टप लगाएकी छे । कपाल थाई-कट छ । कद आम नेपाली स्त्रीसरह छ । ५ फुट ३,४,५ इन्च ! यो राष्ट्रिय उचाइ हो ।

छातीमा सल या दुपट्टा होइन, एप्रोन झुन्डिएको छ । बुट्टेदार कुर्ता लगाएकी छे । ऊ स्कुलको भान्सामा काम गर्ने किचनवाली हो । उसको नाम, थरचाहिँ सावित्री कार्की हो । रामेछापतिरकी ।

जनाना टोइलेटमा एउटा भुसतिघ्रेले मुतिरहेको देखी ऊ आश्चर्यचकित भएकी छे । झस्किएकी छे । भुसतिघ्रेले टाउको

फर्काएर पुलुक्क हेऱ्यो । महिलालाई देखी ऊ पनि आश्चर्यचकित भएको छ । झस्केको छ ।

प्रिय डायरी रिडर !

अब एक छिनका निम्ति म समयलाई PAUSE गर्छु ल !

कुरा-दरअसल-के भन्देखिन् नि ! यो नै उनीहरूको प्रथम भेट थियो । पहिलो मुलाकात थियो । गुरू रिम्पोचेको पापा र मम्मीको पहिलो शिष्टाचार भेट -तौबातौबा- लेडिज टोइलेटमा यसरी भएको थियो । अ थिङ् टु रिमेम्बर, यु सी !

खुदाका लाख लाख शुक्र है ।

तपाईंलाई थाहा भएकै कुरा हो -म के भनुम्- कि खुदाको अदा SOMETIME/SOMEHOW ज्यादै जुदा हुन्छ । कहिलेकाहीं खुदाले प्रेमीहरूलाई लेडिज-टोइलेटमा भेट गराइदिन्छन् ।

त्यो एक विशेष परिस्थिति थियो, जसलाई फिक्सन डिजाइनर विशेष परिस्थितिहरूमा आजकल पनि स्मरण गर्न रूचाउँछ । विशेषतः तब-जब ऊ झुक्किएर लेडिज-टोइलेटभित्र छिर्छ । त्यो दिन जनाना शौचालयबाहिर सावित्री कार्की र कुमार नगरकोटीबीच सङ्क्षिप्त कुराकानी भएको थियो ।

सावित्री : सर तपाईं नयाँ हो ?

कुमार : हो । म यो स्कुलको नयाँ इङ्लिस टिचर हुँ ।

टिकटिक, टिकटिक, टिकटिक !

टिकटिक, टिकटिक !

टिकटिक !

यो घटनालाई अब हामी यतैकतै -टोइलेट जोन-तिर छोडनेछौं । अर्को दिक्-कालमा जाऔं, है त ! आर यु रेडी ? काउन्ट डाउन सुरू गरूँ ? फाइभ, फोर, थ्रि, टु, वान ! छप्लाङ !

काल : २०५३

स्थान : सिन्धुली

हामी अहिले गेस्ट हाउसमा छौं ।

GUEST HOUSE, OK?

NOT A GHOST HOUSE !

नगरकोटीको क्यान्सरग्रस्त पिता LOW-BED मा निदाइरहेको छ । उसलाई पाकिस्तानी डाक्टरहरूले मृत्युको अल्टिमेटम दिइसकेका छन् । आगामी वसन्त-कालमा उसको देहान्त अवश्यम्भावी छ । त्यतिन्जेल मृत्युलाई पर्खी कष्टपूर्ण समय व्यतीत गर्न ऊ अभिशप्त छ ।

उसको जीवनको नियतिमा अब कुनै वैकल्पिक अप्सन बाँकी छैन । मृत्युको काउन्टडाउन सुरू भइसकेको छ ।

पाकिस्तानी डाक्टरहरूले चलाएको स्वास्थ्य शिविरमा जाँच गराउन नगरकोटीले पितालाई डोकोमा बोकाएर जिल्लाको सदरमुकाम ल्याइपुर्‍याएको हो । दुई दिनअघि । पिता र पुत्र अरू केही दिन यही गेस्ट हाउसमा बस्नेछन् ।

DEATH-BED मा निदाइरहेको यो त्यही ASSISTANT SUB INSPECTOR रत्नबहादुर हो, जसले कुनै दिन हिमाली डाँकुहरूलाई जर्मन पर्यटकहरूको लास डोकोमा बोकाई डोल्पाको सदरमुकाम दुनै ल्याइपुर्‍याएको थियो ।

कर्म-चक्रको विधान हेर्नुस् । आज ऊ आफैं अर्ध लास बनी डोकोमा कोचिई DEATH-BED मा आइपुगेको छ ।

समय कटनी गर्न कुमारसित कुनै किताब छैन ।

घरबाट यता आउँदा आफूसितै ल्याएका सबै किताबहरू बाटोमा रात पर्दा अस्ति नै उसले जलाइदिएको थियो । तिनै किताबबाट निस्केको अग्निले उसको अन्धकारलाई चिरेको थियो ।

आफ्ना प्रिय किताबहरू जलाउँदै र पितालाई डोऱ्याउँदै मनमा 'तमसोमा ज्योतिर्गमय' को मन्त्रोच्चारण गर्दै अँधेरी रातमा ऊ पहाडबाट झरेको थियो ।

ऊ विचलित छ ।

उसको दिमागमा यस बेला अनेक अब्सर्ड विचारहरूले झुत्ती खेलिरहेका छन् । ती विचारलाई ऊ कुरूवा-BED मा घोप्टो परी एकनासले नोट-बुकमा उतारिरहेको छ ।

ऊ METAPHYSICS नामक कथा लेखिरा'छ ।

एउटा बेडमा बाउ मरिरहेको छ । अर्को बेडमा छोरा कथा लेखिरहेको छ । लाग्छ, तिनीहरूको जीवनमा नियतिले भयानक छल गरिरहेको छ ।

टिकटिक, टिकटिक, टिकटिक !

टिकटिक, टिकटिक !

टिकटिक !

यो दारूण दृश्यमा हामी धेरै बेर नअल्झिऔं क्यारे ! मलाई के बोध भइरहेको छ भने हामी शायद गलत टाइम एन्ड स्पेसमा आयौं ।

आओ प्यारे दोस्त ! चलो, चल्ते है । समयकी किसी दुसरी मोड पर । जहाँ कोई –GUEST HOUSE– न हो । जहाँ कोई DEATH-BED न हो ।

फाइभ, फोर, थ्रि, टु, वान ! छप्लाङ !

काल : २०४७ साल

स्थान : नेपालगन्ज

ढोका

सूर्यास्तको बेला छ । कुमार एउटा ढावामा छ ।

यो राँझा चोक हो । पसलमा ऊ एक्लै छ । आलु पराठाका निम्ति यो ढावा प्रसिद्ध छ । त्यसो त छोला-समोसा पनि यहाँ

स्वादिलो पाइन्छ । उसको हिरो साइकल ढावाको अघिल्तिर AT EASE पोजिसनमा छ ।

सूर्यास्तको समय कोहलपुर जाने राजमार्गमा साइकल चलाउँदै SUNSET हेर्न उसलाई निकै मन पर्छ । पहाड, उपत्यका र हिमालतिरका SUNSET उसलाई उतिसारो मन पर्दैन ।

SUNSET का लागि विस्तीर्ण क्षितिज चाहिन्छ । धर्ती र आकाशको जहाँ सन्धी हुन्छ । मिलन हुन्छ । पहाड, उपत्यका, हिमालतिर क्षितिज हुँदैन । कुमारलाई क्षितिजको SUNSET अद्‍भुत लाग्छ ।

तराईतिर सूर्यास्त SLOW MOTION मा, बिस्तारै-बिस्तारै हुन्छ । सुदूर क्षितिजमा विस्तारै-विस्तारै डुब्दै गरेको सूर्यास्त हेर्न कुमारलाई निकै आनन्द लाग्छ ।

तर आज उसको आनन्द अलि बेग्लै चरित्रको छ । ढावामा ऊ निर्मला चौलागाईंलाई पर्खिरहेको छ ।

निर्मला चौलागाईं ?

बोले ते, कुमारको न्यु-फाउन्ड-गर्लफ्रेन्ड ।

आज WINTER HOLIDAY को अन्तिम दिन । भोलिको नाइटबस चढी उसलाई काठमान्डु फर्कनु छ । साझाको नीलो बसको टिकट काटिइसकिएको छ । भोलि-पर्सि यस बेलासम्ममा त ऊ स्कुल नै पुगिहाल्नेछ ।

स्कुल ?

बोले तो, दीपेन्द्र प्रहरी विद्यालय, साँगा ।

गजबको कुराचाहिं के भने उसको गोजीमा एउटा प्रेम-पत्र छ । ऊ केही उत्सुक छ । र, केही उदास पनि ।

उदास यसकारण कि उसको जाडो-बिदा समाप्तिँदै छ । उत्सुक यसकारण कि गोजीको प्रेम-पत्र ऊ गर्लफ्रेन्डलाई दिन गइरहेको

छ । स्कुलमा उसले साथीहरूका निम्ति धेरै प्रेम-पत्रहरू लेखिसकेको थियो । आफ्नै लागि लेखेको यो पहिलो लभ-लेटर थियो ।

केही दिन अघिमात्र निर्मलाले उसलाई प्रीति-पत्र दिएकी थिई । यही ढावामा । यस्तै सूर्यास्तको बेला ।

उनीहरू रूपैडिहाबाट मालसामान किनी घर फर्किरहेका थिए । साइकलमा । वास्तवमा कुमारलाई साइकल चलाउन निर्मलाले नै सिकाइदिएकी थिई । यो पसलमा उनीहरू आलु-पराठा खान रोकिए । त्यसै बखत निर्मलाले उसलाई एउटा चिठी दिंदै भनेकी थिईः

- कुमार, यसलाई घर गई पढ्नू !

खामभित्र प्रीति-पत्र त थियो नै । निर्मलाको एउटा फोटो पनि थियो । ब्ल्याक एन्ड ह्वाइट ।

त्यो श्यामश्वैत तस्वीर, जो कुनै स्टुडियोमा खिचिएको हुनुपर्छ, हेरेर कुमार मुग्ध भएको थियो । गर्लफ्रेन्डको स्वप्निल मुहारमा फिदा भएको थियो । यो त्यही मुहार थियो, जसको सम्झनामा उसले जीवनमा पहिलोपटक कविता कोरेको थियो ।

कुमारको POETRY-प्रेमको स्रोत -दरअसल- त्यही मुहार थियो । जो आज पर्यन्त जारी छ ।

उक्त प्रीति-पत्रको प्रत्युत्तरमा उसले पनि एउटा प्रेम-पत्र लेख्यो । खेदजनक बातचाहिं के मात्र थियो भने ऊसित आफ्नो कुनै फोटो थिएन । स्टुडियोमा गई पोजका साथ फोटो खिचाउने समय पनि त घर्किसकेको थियो । यस्तैमा उसलाई उद्धार गरिदिएकी थिई, माधुरी दीक्षितले ।

माधुरी दीक्षित ?

बोले तो, बलिबुडकी कल्कलाउँदी अभिनेत्री !

त्यो वर्ष माधुरी दीक्षितले कुमार नगरकोटीलाई पत्र पठाएकी थिई।

पत्र अर्थात् फोटो। त्यस बेला भारतीय हिरो, हिरोनीहरूलाई पत्र लेखी पठाउने एक प्रकारको चलन/फेसन नै चलेको थियो।

बदलामा मिथुन चक्रवर्ती, श्रीदेवी, गोविन्दा, किमी काटकार, सदाशिव अमरापुरकर, कादर खानहरू पनि आफ्ना फ्यान/शुभचिन्तकहरूलाई पत्र पठाउने गर्थे। फोटोमा अटोग्राफसहित। गोल्डन हस्ताक्षरमा।

खुदा खैर करे ! वो क्या जमाना था ?

कुमारलाई पठाइएको फोटोमा पनि गोल्डेन हस्ताक्षर थियो- विथ लभ फ्रम माधुरी दीक्षित।

कुमारको गोजीमा अहिले जुन प्रेम-पत्र छ, त्यसमा माधुरी दीक्षितको फोटो पनि सिलबन्दी गरिएको छ। त्यही प्रेम-पत्र निर्मला चौलागाईंलाई दिन भनी ऊ यसरी यो ढावामा पर्खी बसेको छ।

के हामी उसकी गर्लफ्रेन्ड नआउन्जेल यहीं पर्खी बस्नेछौं ? या टाइम-ट्राभल गर्दै कुनै अर्को कालतिर यात्रा गर्नेगर्छौं ? कृपया, बताउनुहुन्छ कि !

के रे, के रे ?

लौ, तपाईंकै इच्छा सदर भयो। टाइम-ट्राभल बदर भयो। कुमारकी प्रेमिका हेर्ने तपाईंकै रहरलाई मैले सदर गरें। ओके गरें। ओके ?

निर्मला चौलागाईं ढावामा आउन केही समय लाग्ने छाँटकाँट देखियो। त्यतिन्जेल तपाईंको अधीर मन बहलाउन म यताउतिका कुरा गरूँ कि !

अगर आप चाहें तो !

तो फिर ठीक है।

कितनी अजीवकी बात है कि कुमारले आफ्नो जीवनको पहिलो प्रेमिका भेट्नुमा उसको पिता उर्फ भूतपूर्व ASSISTANT SUB INSPECTOR रत्नबहादुरको ठूलो हात थियो । भूतपूर्व किन भनिएको हो भने निजले २७ वर्ष जागिर खाएर हालसालै नेपाल प्रहरीबाट राजीनामा दिएको थियो ।

एक साँझ निजले एउटा IMPULSIVE निर्णय नगरिदिएको भए उसको छोराले शायदै निर्मलाजस्ती निर्मल प्रेमिका पाउने थियो । निजको एउटा निर्णयले सारा चिज परिवर्तन भयो । निजको पुत्र प्रेमी बन्यो । युवतीलाई प्रेम गऱ्यो ।

र, जीवनको प्रथम सम्भोग गऱ्यो, एउटी वेश्यासित । त्यही वेश्यालाई उसले जीवनपर्यन्त सम्भोगकी देवी मान्यो । सम्भोग देहको पूजा एवम् प्रार्थना हो भन्ने जान्यो । सिक्यो । बोध गऱ्यो ।

हो, वेश्यालाई उसले सम्भोगकी देवी ठान्यो ।

A GODDESS OF SEX ! A PROSTITUTE OF GAGAN GANJ !

खैर !

जागिरबाट राजीनामा दिएर रत्नबहादुर साँझ एयरपोर्ट आएको थियो । उसको परिवार रूकुमको चौरजहारीमा बस्थ्यो । चौरजहारीमै घर किनेर बस्ने र आफ्नो अवकासको जीवन सुखपूर्वक त्यतै बिताउने उसको बुढ्यौली रहर थियो । किन्न लागेको घरको बैनाबट्टा पनि गरिसकिएको थियो । एयरपोर्टको एउटा होटलमा ऊ त्यो साँझ दारूपानी खाइरहेको थियो । भोलि उसको प्लेन-फ्लाइट थियो ।

होटलको साहूसित के कुरामा किचलो पऱ्यो कुन्नि रत्नबहादुरले फ्याट्टै भनिदियोः

- तेरो यो होटल मै किनिदिन्छु । कति पैसा हो, भन् ।

भोलिपल्ट उसले प्लेनको टिकट क्यान्सिल गऱ्यो । होटलको मालिक आफैं बन्यो । चौरजहारीको बैनाबट्टालाई -गो टु हेल- भन्दै परिवारलाई नेपालगन्ज नै बोलायो ।

निजकी जहान सरिता गुरुङले होटल चलाउन थाली । निजले होटलमा एउटा साइनबोर्ड पनि झुन्ड्यायो- *होटल सरिता । यहाँ खाना र बस्नको उचित प्रबन्ध छ । एकपटक अवश्य पाल्नुस् । प्रोप्राइटर रत्नबहादुर ।*

यसरी एउटै impulsive निर्णयले भूतभूर्व ASSISTANT SUB INSPECTOR रत्नबहादुर 'होटल सरिता'को PROPRIETOR बन्यो ।

एक दिन स्कुलमा कुमारले PROPRIETOR को चिठी प्राप्त गऱ्यो । चिठीमा लेखिएको थियो- *नाथे कुमार ! यसपालिको दशैं-बिदामा चौरजहारी होइन, नेपालगन्ज आउनू । तेरो घर चेन्ज भयो । मैले अर्कै ठाउँमा गुँड बनाएँ ।*

त्यो गुँडको नाम थियो- होटल सरिता ।

त्यही होटलको समीपमा अर्को होटल थियो । निर्मला चौलागाईं त्यही होटल-साहूकी साहिंली छोरी थिई । टोलकै सुन्दरी । सबै केटाहरूले साइड हान्ने । आँखा मार्ने । मनमा सजाउने ।

तर निर्मलाको मन चोरेको थियो कुमारले । किनभने ऊ काठमान्डुको बोर्डिङ स्कुलमा पढ्थ्यो । बिदामा कुनै लाहुरेझैं शानका साथ घर आउँथ्यो । टाँगा होइन, सिङ्गो रिक्सा भाडा लिई बजारमा फिल्म हेर्न जान्थ्यो ।

अङ्ग्रेजी किताबहरू पढ्थ्यो ।

लौ ! निर्मला ढावामा आइपुगी ।

तपाईंको इन्तजार अब समाप्त भएको छ ।

हेर्नुस् न ! कति सुन्दर ? कति राम्री ? कस्तो हिस्सी परेकी ! उसले आफ्नो साइकल कुमारको 'हिरो' साइकलसितै अड्याएकी

छे । दुवै चिया खाइरहेका छन् । तर, निर्मला आज किन उदास छे ? ऊ किन यति दुःखी छे । कुमारको प्रेम-पत्र पाएर पनि ऊ किन यसरी अँध्यारो मुख लाएर बसेकी छे ? उसको मनमा के कुरा खेलिरहेको छ ? कुमारले भर्खरै भनेको छः

- भोलि म स्कुल फर्कंदै छु । बिदा पनि कति चाँडै सकिएछ !

निर्मला किन केही बोलिरहेकी छैन ? ऊ किन यति चुपचाप, गुमसुम छे ? उसलाई चिया यति खल्लो किन लागिरहेको छ ?

लामो मौनतापश्चात् निर्मला बोलेकी छेः

- कुमार ! अब हाम्रो भेट हुँदैनजस्तो छ । नेपालगन्ज छाडेर हामी नारायणघाट जाँदै छौं । बुबाले होटल बेच्दै हुनुहुन्छ । मैले उतैबाट एसएलसी दिने रे ! तिमी पनि राम्रोसित पढ ल ! पढेर ठूलो मान्छे बन । ठूलो नाम कमाऊ ल ! मलाई कहिल्यै पनि नबिर्स, ल !

कुमार र निर्मलाको त्यो नै अन्तिम भेट थियो ।

क्षितिजमा सूर्यसितै उनीहरूको माया अस्त भएको थियो । निर्मला उसको जीवनबाट सदाका निम्ति गई । तर, प्रथम प्रेमको निर्मल याद उसको मुटुमै कतै बल्झिरह्यो । फुटबल, भलिबल, क्रिकेट, बेसबलहरूमा मेडल जित्ने केटो खेलमैदानमा होइन, स्कुलको लाइब्रेरीमा देखा पर्न थाल्यो ।

कविता लेख्न थाल्यो । कथा लेख्न थाल्यो ।

टिकटिक, टिकटिक, टिकटिक !

टिकटिक, टिकटिक !

टिकटिक !

प्रथम-प्रेमको यो उदास कथालाई अब हामीले यहीं विसर्जन गर्नुपर्छ । यो कलिलो प्रेम-कथालाई नेपालगन्जको त्यै ढावामा छाडी आउनुस्, अब हामी अर्को काल-यात्रातर्फ लागौं । टाइम-ट्राभल गरौं । आर यु रेडी ? फाइभ, फोर, थ्रि, टु, वान । छप्लाङ ।

काल : २०४१ साल

स्थान : चौरजहारी

कुमारको घरमा आज निकै चहलपहल छ ।

घरको सबैभन्दा ठूलो भाले काटिएको छ । रत्नबहादुर त्यसलाई भकभक उम्लिरहेको पानीमा चोपल्दै छ । भुत्ल्याउँदै छ । आफ्नो फेभरेट रातो लडाकु भाले काटिएकोमा कुमार केही दुःखी अवश्य छ तर त्यो दुःख बडो क्षणभङ्गुर टाइपको छ ।

उसको दुःखलाई क्षणभरमै उत्साह, उमङ्ग र हर्षले परास्त गरिहालेको छ । लगत्तै ऊ खुशी भा'छ । र, बुबाले चुल्होको कोइलामा पोलेर दिनुभएको कलेजो स्वाद मानी चपाइरहेको छ । ऊ ज्यादै रमाएको छ ।

किनभने, उसको घरमा आज मित-आमा आउनुभा'छ ।

घरपछाडिको फाँटमा च्याङ्ग्राहरूको बथान छ । तिनलाई रखवारी गर्ने यँमानका दुइटा जङ्गी भोटे कुकुरहरू छन् । धारापानी माइली डोल्पाबाट च्याङ्ग्रा धपाउँदै झरेकी छे । भाइबन्धुहरूसित ।

च्याङ्ग्राको ढाडमा ढिक्के नुनको बोरा लादेर उनीहरू यात्रामा हिंडेका हुन् । च्याङ्ग्रासितै उनीहरू सुर्खेत, नेपालगन्ज जान्छन् र नुन बेच्छन् ।

त्यसको साटो चामल किन्छन् र च्याङग्राहरूको CARAVAN धपाउँदै फेरि हिमालतिर फर्कन्छन् ।

दैवसन्जोगले आज सरिता गुरूङको भेट -वर्षौंपश्चात्- भोटेनी मितिनीसित भएको हो । दुनैमा बिछडिएका सङ्गिनीहरूको आज पुनर्मिलन भएको छ । उनीहरूको मनमा खुशी उम्लिएर पोखिएको छ, आँखाबाट ।

मित-आमाले दिएको छुर्पी चपाउँदै कुमार अहिले च्याङ्ग्राहरूको बथानमा मिसिएको छ । ऊ पनि हो न हो, च्याङ्ग्राजस्तै देखिएको छ ।

दिउँसो ११, १२, १ बजेतिर दुई मितिनीहरूको अप्रत्याशित तथा अकल्पनीय भेट भएको हो । नाखिरा गाउँको पुछारमा । सरिता गुरूङ कुमारलाई लिई बजारतिर गइरहेकी थिई ।

एयरपोर्टबाट बजार यस्तै आधा घण्टाजतिको सोझो बाटो हो । कुमार दङ्ग थियो किनभने आमाले उसलाई बजारमा जुत्ता, जालीदार क्याप र एक जोर प्यान्ट/सर्ट किनिदिनु हुँदै थियो ।

गाउँलेहरूको मेवाघारी हुँदै आमा छोरा हिंड्दै गर्दा पीपलथाननेर च्याङ्ग्राहरूको एक हूलले उनीहरूको बाटो छेके । क्याराभानलाई बाटो दिई उनीहरू पीपलमुनिको सिँयालमा उभिए ।

यस्तैमा सरिता गुरूङले च्याङ्ग्रावालीलाई देखी ।

च्याङ्ग्रावालीले सरिता गुरूङलाई देखी ।

देखादेख भयो । हेराहेर भयो ।

चिने-चिनेजस्तो । कतै भेट्या-भेट्याजस्तो । च्याङ्ग्रावाली पीपल थाननेर आई । दुवै अवाक् भए । बकै फुटेन । घाँटीमा के-के अड्केजस्तो । घप्लक्क अँगालो मारे । दुवैका आँखाबाट बर्बर्ती आँसु झरे । हे दैव ! यसरी भेट्नु लेख्या रैछ !

फुच्चे कुमार ट्वाल्ल परी हेरिबस्यो । मित-आमाले भन्नुभयोः
- कुमार हो ? छोरा हो ?

सरिताले हो भनी । मित-आमाले भन्नुभयो- *मान्ठ भइगएछ । कत्रो बडा !* सरिताले कुमारलाई भनीः
- चिनिस् कुमार ? मित-आमालाई चिनिस् ? तँलाई डोल्पामा दोचा ल्याइदिने मित-आमा । लौ गोडा ढोग् ।

मित-आमाको गोडा ढोग्न कुमार कुप्रियो ।

मित-आमाले त दोचा पो लाउनुभा रैछ । उसलाई हठात् आफ्नो दोचाको याद आयो । मित-आमाको दोचालाई उसले औंलाहरूले बिस्तारै सुमसुम्यायो ।

मित-आमाको गोडामा सजिएको दोचालाई उसले निधारले ढोग्यो ।

नजर डुलाउँदा पछि उसले देख्यो- दोचा त मित-आमासित आएका अरू च्याङ्ग्रावालाहरूले पनि लगाएका रैछन् ।

आमाछोरा त्यसपछि बजार नगई बीच बाटोबाटै दोचावालहरूसितै घर फर्के । च्याङ्ग्रा धपाउँदै ।

अब त साँझ परेको छ ।

कस्तो अचम्म ! भान्साबाट पुरानो चिरपरिचित बास्ना बतासमा उड्दैउड्दै कुमारको नाकसम्म आइपुगेको छ । दाल झान्दा निस्कने त्यो सुगन्ध उसले डोल्पामा सुँघेको थियो । भान्सामा आज त्यो सुगन्ध फर्केको छ ।

आमाले मासको कालो दाललाई घिउसितै जिम्बुले झान्नुभएको छ ।

कस्तो अचम्म ! मित-आमाले डोल्पाबाट जिम्बु ल्याउनुभा'छ ।

अनि हिमाली जुत्ता नि !

मित-छोरालाई दोचाचाहिँ ल्याउनु पर्दैन ?

मित-आमा र मित-छोराको कुराकानी सरिता गुरूङ ध्यानपूर्वक सुनिरहेकी छे । हामी पनि सुन्ने हो कि !

मित-आमा : अर्कोपटक आउँदा तिमीलाई दोचा ल्याइदिन्छु ।

मित-छोरा : हस् ।

मित-आमा : राम्रो दोचा ल्याइदिन्छु ।

मित-छोरा : हस् ।

मित-आमा : काँ पढ्छौ ? कतिमा पढ्छौ ?

मित-छोरा : याँ पाँचमा पढ्थें । ऐले दाङको पुलिस बोर्डिङमा तीनमा पढ्छु । स्कुलमा गर्मीको बिदा छ । त्यसैले घर आ'को हुँ । पाँच पास भएपछि बुवाले मलाई काठमान्डुको ठूलो बोर्डिङमा पढाउने रे !

मित-आमा	:	राम्रोसित पढ्नुपर्छ हस् ?
मित-छोरा	:	हस् । मलाई त आजकल कुमार श्रेष्ठ भन्दैनन् ।
मित-आमा	:	के भन्छन् त ?
मित-छोरा	:	कुमार नगरकोटी भन्छन् । बुवाले स्कुलमा मेरो नाम कुमार नगरकोटी लेखाइदिनुभयो ।
मित-आमा	:	नगरकोटी भन्या के रै'छ ?
मित-छोरा	:	कुन्नि ! नेवार होला नि !
मित-आमा	:	श्रेष्ठ भए नि नगरकोटी भए नि, राम्रोसित पढ्नुपर्छ ।
मित-छोरा	:	हस् ।
मित-आमा	:	अर्कोपटक आउँदा तिमीलाई पहिलेको भन्दा बलियो, राम्रो दोचा ल्याइदिन्छु ।
मित-छोरा	:	हस् । त्यो दोचा म स्कुल लैजान्छु । साथीहरूलाई देखाउँछु । दोचा लाएर फुटबल खेल्छु ।

रात -अब त- निकै पो बितिसकेछ । एउटा खाटमा आमा र मित-आमा अझै गुनगुन गरिरा'छन् । अर्को खाटमा कुमार बुबासितै निदाइरहेको छ । र, शायद सपना देखिरहेको छ ।

सपनामा उसले आफ्नो गोडामा दोचा लगाएको छ । फुटबल ग्राउन्डमा ऊ बल छलाउँदै गोलपोस्टतिर कुदिरहेको छ र उसका साथीहरू बल छोप्न नभई उसको दोचा हेर्न तँछाडमछाड गर्दै दौडिरहेका छन् ।

टिकटिक, टिकटिक, टिकटिक !

टिकटिक, टिकटिक !

टिकटिक !

मलाई लाग्छ, अब हाम्रो यहाँ कुनै काम छैन । सारा घर सुनसान छ । सबै मस्तसित निदाइरहेका छन् । धारापानी माइली भोलि बिहानै च्याङ्ग्रा धपाउँदै आफ्नो बाटो लाग्नेछिन् । अरू च्याङ्ग्रावालाहरूसितै । बाटोभरि बतासमा जिम्बुको बास्ना छर्दै ।

पन्ध्र दिनपछि नाथे कुमार पनि स्कुल जानेछ, प्लेन चढी ।

उसको स्कुल टाढा छ नि त ! प्लेनमा ऊ बुवाले साथ लगाएर पठाइदिने कुनै सिपाहीसित नेपालगन्ज झर्नेछ । नेपालगन्जबाट दिवा-बस चढी दाङ पुग्नेछ । उसलाई केही दिन HOME SICKNESS हुनेछ । होस्टलमा उसले मित-आमाको वाचा सम्झनेछ- *अर्कोपटक आउँदा तिमीलाई म दोचा ल्याइदिनेछु ।*

उसले साथीहरूसित धाक लगाउनेछः

- अर्को साल म तिमीहरूसित दोचा लगाएर फुटबल खेल्नेछु । अर्को सालको प्यारेन्ट्स-डेमा म दोचा लगाएर भोटे-डान्स गर्नेछु ।

अर्को साल ! आयो/गयो ।

अर्को एक साल पनि आयो/गयो ।

सालहरू आए चुपचाप र चुपचाप गए ।

कुमारको दोचाचाहिं कहिल्यै आएन । बरू एक साल च्याङ्ग्राहरूको CARAVAN सितै एउटा खबर आयो- उसकी मित-आमालाई भेरी नदीले बगाएर लग्यो । धारापानी माइलीको लास कहिल्यै पाइएन । दोचा लगाएर फुटबल खेल्ने र भोटे-डान्स गर्ने कुमारको सपना मित-आमाको मृत देहसितै बग्दैबग्दै शायद गङ्गामा पुग्यो ।

टिकटिक, टिकटिक, टिकटिक !

टिकटिक, टिकटिक !

टिकटिक !

प्यारे दोस्त ! अब त मध्यरात भा'छ । ASSISTANT SUB INSPECTOR रत्नबहादुर किन यति साह्रो घुरिरा'छ ?

यो वीभत्स खर्राटालाई कमसेकम म त अब झेल्न सक्दिनँ । जाऔं, हिंड्नुस् । हामी अब यहाँ एक मिनेट पनि नबसौं । काल-यात्रा जारी राखौं । आर यु रेडी ? फाइभ, फोर, थ्रि, टु, वान ! छप्लाङ !

काल : अज्ञात

स्थान : अज्ञात

हामी यो कहाँ आइपुग्यौं ?

प्यारे दोस्त ! ये कहाँ आ गए हम, युँ हि साथ साथ चल्ते ? ये क्या जगह है दोस्तो, ये कौन सा दयार है ? हद-ए-निगाह तक जहाँ, गुबार हि गुबार है ।

आशा भोसलेको गीत कहाँ गुञ्जिरहेछ यसरीः

SSS

तमाम उम्रका हिसाब मांगती है जिन्दगी
ये मेरा दिल कहे तो क्या के खुदसे शर्मसार है
बुला रहा है कौन मुझको, चिलमनों के उस तरफ
मेरे लिए भी क्या कोई, उदास बेकरार है
ये क्या जगह है दोस्तो, ये कौन सा दयार है
हद-ए-निगाह तक जहाँ, गुबार ही गुबार है

SSS

कोठाभित्र तपाई र म बन्द छौं ।

यो कुनै लजको कोठाजस्तो छ । भर्खरै बाहिरबाट कसैले ढोकामा ताल्चा लगाइदिएजस्तो छ । यो कतै भैरहवाको लज त होइन ? जहाँ ASSISTANT SUB INSPECTOR रत्नबहादुरको सामान छुटेको थियो ।

सामान ?

हो, सामान ।

ब्ल्याक सुटकेस र सुटकेसभित्र कुमारको दोचा ! के हामी यहाँ त्यही छुटेको सामान लिन आएका हौं ? वो सामान, जो यहीं कहीं पडा है ।

कहाँ है सामान ? त्यो सामान खोजौं कि ! तर, प्यारे दोस्त !
गुलजारको गाना यसरी सुरबेसुरमा को गुनगुनाइरहेछ ?

मेरा कुछ सामान
तुम्हारे पास पडा है
सावन के कुछ भीगे-भीगे दिन रखे है
और मेरे एक खत में लिपटी रात पडी है
वो रात बुझा दो मेरा वो सामान लौटा दो

पतझड है कुछ ! है न !

पतझड मे कुछ पत्तो के
गिरने की आहट
कानों मे एक बार पहन के लौट आयी थी
पतझड की वो शाख अभी तक काँप रही है
वो शाख गिरा दो
मेरा वो सामान लौटा दो

एक अकेली छतरी में जब
आधे-आधे भीग रहे थे
आधे सूखे, आधे गीले
सुखा तो मैं ले आयी थी
गीला मन शायद बिस्तर के पास पडा हो
वो भिजवा दो
मेरा वो सामान लौटा दो

एक सौ सोला चाँद की रातें
एक तुम्हारे काँधे का तिल
गीली मेहँदी की खुश्बू

झूठ-मुठ के शिकवे कुछ

झूठ-मुठ के वादे भी सब, याद करा दूँ

सब भिजवा दो

मेरा वो सामान लौटा दो

टिकटिक, टिकटिक, टिकटिक !

टिकटिक, टिकटिक !

टिकटिक !

शायद यो कोठामा स्वर्गीय ASSISTANT SUB INSPECTOR को आत्मा भट्किरा'छ । त्यही प्रेतात्मा गुलजारको यो गीत गाइरा'छ । आफ्नो सामान खोजिरा'छ ।

हामी पनि लौ, खोजी हेरौं ।

सामान कतै फेला परि पो हाल्छ कि !

कालो सुटकेसलाई तपाईं पलङमुनि खोज्नुस । म यता दराजतिर छाँट मार्छु ।

अरे वाह ! कस्तो गज्जब !

हो, हो । त्यही हो । सुटकेस त्यही हो । खै, यता ल्याउनुस् । द्याट्स भेरी काइन्ड अफ यु । थ्याङ्क यु !

सुटकेस पुरानो मोडलको रहेछ । MADE IN GERMANY. डोल्पामा हत्या गरिएका पर्यटक दम्पती पनि जर्मनीका थिए, होइन र ? जसको लासलाई हिमाली डाँकुहरूले डोकोमा बोकी सदरमुकाम ल्याएका थिए ।

अब, यो कालो सुटकेसलाई खोल्नेचाहिँ कसरी होला ?

यो सुटकेसले मलाई अहिले कताकता -अनायास- टर्किस लेखक ओह्रान पामुकको याद दिलाइरहेको छ । डु यु नो ओह्रान, द पामुक ?

नोबेल प्राइज विनर अथर । IN 2006 । २०६३ मा ।

THE AUTHOR OF – SNOW

THE AUTHOR OF – ISTANBUL

THE AUTHOR OF – MY NAME IS RED

THE AUTHOR OF – A STRANGENESS IN MY MIND

THE AUTHOR OF – THE MUSEUM OF INNOCENCE

DO YOU KNOW HIM ?

OH, YES !

राम्रो/अति उत्तम । मलाई अहिले तिनै लेखकले स्वेडिश एकेडेमीको पुरस्कार ग्रहण समारोहमा दिएका आत्मस्पर्शी मन्तव्य -MY FATHER'S SUITCASE- स्मरण भइरहेको छ । आफू मर्नु दुई वर्षअघि पामुकका पिताले उनलाई एउटा सुटकेस दिएका थिए । ओह्रान पामुकले आफ्नो प्रिय शहर इस्तानबुललाई लेखेरै IMMORTAL बनाए, जसरी जेम्स जोयसले DUBLIN लाई साहित्यको तीर्थ बनाए । मलाई दुवैको शहर प्रिय लाग्छ -ALTHOUGH I'VE NOT GONE THERE- जसरी प्रिय लाग्छ, मिलान कुन्देरा प्लस निर्मल वर्माहरूले स्केच गरेको PRAGUE शहर ।

जसरी प्रिय लाग्छ, साल्भादोर दालीको पेरिस, म्याक्सिम गोर्कीको MOSCOW, सर अर्थर कोन्यान डोयलको SHERLOCK HOLMES बस्ने लन्डनको BAKER STREET र नगरकोटीको तान्त्रिक शहर पाटन । प्लस काठमान्डु ।

खैर !

यो त म अर्थात् सुनील पोखरेलको घडीको शहर-प्रेमको कुरा भयो । हामी सुटकेसमै केन्द्रित होऔं क्यारे ! त्यसो गर्दा नै उपयुक्त र प्रासङ्गिक होला भन्ने हाम्रो ठहर छ ।

ओह्रान पामुकले भनेका थिएः TWO YEARS BEFORE HIS DEATH, MY FATHER GAVE ME A SMALL SUITCASE FILLED WITH HIS WRITINGS, MANUSCRIPT, AND NOTE BOOKS.

ASSUMING HIS USUAL JOKING, MOCKING AIR, HE TOLD ME (THAT) HE WANTED ME TO READ THEM AFTER HE WAS GONE, BY WHICH HE MEANT AFTER HE DIED.

टिकटिक, टिकटिक, टिकटिक !

टिकटिक, टिकटिक !

टिकटिक !

लेख, पाण्डुलिपि तथा नोटबुकहरूले भरिएको पिताको सुटकेसबारे पुत्र-पामुकको नोबल मन्तव्य मलाई मुखाग्र छ । पूरै कण्ठ छ । केही अंश भन्छु, सुन्नुस् । ओह्रानले भनेका थिए: SO THIS WAS WHAT WAS DRIVING ME WHEN I FIRST OPENED MY FATHER'S SUITCASE-

Did my father have a secret, an unhappiness in his life about which I knew nothing, something he could only endure by pouring it into his writing ? As soon as I opened the suitcase, I recalled its scent of travel, recognized several notebooks, and noted that my father had shown them to me years earlier but without dwelling on them very long. Most of the notebooks I now took into my hands he had filled when he had left us and gone to Paris as a young man. WHEREAS I, AS WITH SO MANY WRITERS I ADMIRED -*Writers whose biographies I had read-* WISHED TO KNOW WHAT MY FATHER HAD WRITTEN AND WHAT HE HAD THOUGHT, WHEN HE WAS THE AGE I WAS NOW.

टिकटिक, टिकटिक, टिकटिक !

टिकटिक, टिकटिक !

टिकटिक !

पामुक-पिताको सुटकेसमा पाण्डुलिपिहरू भएझैं के यो ब्ल्याक सुटकेसभित्र कुमार-पिताका गुप्त स्मृतिहरूको पाण्डुलिपि होला ? त्यस्तो पाण्डुलिपि, जसलाई लेखेको होस्, ASSISTANT SUB INSPECTOR रत्नबहादुरका स्वर्णिम यादहरूले । के ती स्वर्ण-यादहरूको मनुस्क्रिप्ट यो कालो सुटकेसभित्र कैद होला ? त्यस्तो स्वर्ण यादहरूको मनुस्क्रिप्ट, जो गट्टा, CHEWING GUM र छुर्पीहरूसितै –ONCE UPON A TIME– छुटेको थियो, कुमारको दोचाभित्र ।

अनि कुमारको दोचा नि ?

दोचा कालो सुटकेसभित्र छ । A BLACK SUITCASE- MADE IN GERMANY.

अब, यो सुटकेसलाई खोल्न नम्बरहरू घुमाउनुपर्छ । के तपाईंलाई यसको कोड नम्बर थाहा छ ?

के यसको कोड नम्बर -007- हो ?

या, यसको कोड नम्बर -७८६- पो हो कि त !

ह्याम्मर/स्याम्मर भए सुटकेसलाई ब्रेक गर्नु हुन्थ्यो । फोर्नु हुन्थ्यो । कोठामा मार्तोल/सार्तोल कतै भेटिइ पो हाल्छ कि ! प्लिज खोज्नुस् न ! यसलाई त जसरी भए पनि खोल्नैपर्ने भयो । नत्र !

नत्र नगरकोटीको भोटे जुत्ता उर्फ दोचा हामीले हेर्ने नै कसरी ? यत्रो टाइम ट्राभल गरी बडो कष्टका साथ यसरी हामी यहाँ त्यही दोचा हेर्न आएका छौं । अब, दोचा नै नहेरी कसरी फर्कने ?

भला क्यौं फर्कने ?

भला किस लिए फर्कने ?

प्यारे दोस्त !

इस तरह मै कुछ परेशान हुँ ।

पता नहीं मै इस तरह क्यों हैरान हुँ !

परेशान इस लिए कि हम ये क्या कर रहे है ! हैरान इस लिए की ये हम क्यों कर रहे है !

दरअसल बात कुछ इस तरह की है कि सुटकेसलाई हामीले किन फोर्ने ? यसलाई हामीले फोर्न नै कसरी सक्छौं र ! जब कि हामी त केवल यस बखत निस्क्रिय द्रष्टा मात्र न हौं । साक्षी हौं । मात्र साक्षी त्यो अतीतको जो गुज्रिसक्यो । HOW CAN WE CHANGE THE COURSE OF HISTORY ? इतिहासमा घटिसकेको घटनालाई हामी कसरी आफू अनुकूल बदल्न, सच्याउन सक्छौं र ! हामी त घटनाबाट केवल गुज्रन मात्र सक्छौं ।

टिकटिक, टिकटिक, टिकटिक !

टिकटिक, टिकटिक !

टिकटिक !

ओके, लेट्स बी प्राक्टिकल ।

कृपया, यो सुटकेसलाई तपाईं त्यहीं राखिदिनुस्, जहाँबाट अघि तपाईंले निकाल्नुभएको थियो । पलङमुनि । यस्, द्याट्स गुड । सो काइन्ड अफ् यु । थ्याङ्क यु !

यद्यपि, किन्नु/परन्तु मलाई जस्तो तपाईंलाई पनि लाग्दो हो, कस्तो गज्जब र मज्जा, काइदा र झकास इत्यादि हुन्थ्यो, यदि हामीले यो सुटकेसलाई आफूसितै भविष्यमा लग्न पाए । है ! नगरकोटीको गुफामा यो सुटकेसलाई सुटुक्क र थपक्क राखिदिन पाए ! है ?

बालापनको एउटा मोडमा छुटेको दोचा उसले पाउने थियो ।

दोचा - जसलाई ऊ बाल्यकालको सङ्ग्रहालय/MUSEUM OF CHILOHOOD DAYS भन्छ - यही दोचा नगरकोटीलाई बकाइदाका साथ उपहार दिन पाए !

दोचालाई ऊ मायाले सुमसुम्याउँदो हो । औंलाहरूले छामी हेर्दो हो । त्यसरी सुम्सुम्याउँदा, त्यसरी छाम्दा उसलाई आफ्नो स्वर्गवासी मित-आमा -धारापानी माइली-को मुलायम गाला सुम्सुम्याएझैं लाग्दो हो ।

त्यस्तो हुँदो हो त कस्तो गज्जब र मज्जा, काइदा र झकास इत्यादि हुँदो हो !

टिकटिक, टिकटिक, टिकटिक !

टिकटिक, टिकटिक !

टिकटिक !

तपाईंलाई थाहै होला । लेडी किम्या र ज्याक निकोल्सनको जीवनमा घटेको दुःखद घटनाले नगरकोटी कति शोकमग्न भएको थियो ! ऊ उदास/उदास थियो । उजाड/उजाड थियो । उसको मन शोकाकुल थियो ।

आत्मा व्याकुल थियो ।

त्यो ट्राजिक दिनको भोलिपल्ट ऊ मोहम्मद मुख्तार आलमको केश कर्तनालय पुगेको थियो । केश मुण्डन गरेको थियो । लेडी किम्या र ज्याक निकोल्सन अनाथ भएको शोकमा बर्खी बारेको थियो ।

हारूकी मुराकामीको –THE WIND-UP BIRD CHRONICLE– उसले त्यसयता छुँदा पनि छोएको छैन । पासपोर्ट बनाउन बरू गाउँ गएको थियो ।

भुर्र उडी आकाश छुन्छु भन्थ्यो । पासपोर्ट बोकी अब कता जाने हो, थाहा छैन ।

टिकटिक, टिकटिक, टिकटिक !

टिकटिक, टिकटिक !

टिकटिक !

यस्तो बेला यो सुटकेस लगी उसको हातमा थमाइदिन पाए क्या दामी हुन्थ्यो ! क्या काइदाको हुन्थ्यो ! क्या गज्जब हुन्थ्यो ! आफ्नो दोचा हेर्दो हो । बालापनको सङ्ग्रहालयबाट प्रेमिल यादका छुर्पी, अण्डा, चुइङ्गमहरू निकाल्दो हो ।

दोचा देखाउँदै गुरू रिम्पोचेसित भन्दो होः *ग्रिश्मिल, यो दोचा तिम्रो पापाको सङ्ग्रहालय हो । म्युजियम हो । तिमीलाई हस्तान्तरण गरें । यसलाई तिमी कालो सुटकेसमा जतनका साथ राख्नू । कुनै लजमा नछुटाउनू । नछोड्नू ।*

खैर !

यो त एक कल्पनामात्र न हो । हामी अब यो कल्पनाबाट मुक्त हुनु पर्नेछ । यो सुटकेसलाई -खुदा खैर करे- यहीं छाड्नु पर्नेछ । तपाईँ -तौबा तौबा- किन यतिसारो भावुक भएको ?

इतिहासमा भावुकताका निम्ति कुनै ठाउँ छैन ।

टिकटिक, टिकटिक, टिकटिक !

टिकटिक, टिकटिक !

टिकटिक !

भावुकतालाई नगरकोटीको दोचासितै सुटकेसमा बन्द गरी पलङमुनि घुसार्दै आउनुस्, अब हामी आफ्नो कालयात्रासित पुनः CONNECT होऔं ।

टाइम ट्राभल जारी राखौं ।

बरू ब्याट्रीचाहिं सिद्धिएजस्तो छ । टिकटिक । योभन्दा अतीततिर जान ब्याट्रीले धान्दैनजस्तो छ । टिकटिक । बित्यास पऱ्यो । यहीं कतै अलपत्र पर्ने छाँटकाँट देखियो। तैपनि, प्रयास गर्छु है त! ब्याट्रीले धानेसम्म जहाँसम्म पुगिएला, पुगिएला ।

नाउ, हु केयर्स !

आर यु रेडी ? फाइभ, फोर, थ्रि, टु, वान ! छप्लाङ !

FAREWELL TO MANUSCRIPT

साउन १८, २०७४ । बुधबार

'दोचा'को प्रि-प्रेस फाइनल कपी बोकेर भोलि भूपेन्द्र खड्का नयाँ दिल्ली उड्दै छन् । केही बेर अधिमात्र कृष्ण मन्दिरको ब्याकयार्ड-क्याफेमा प्रि-प्रेस फाइनल ड्राफ्ट देखाउँदै उनले मसित भनेका थिएः

- कुमार दाइ ! तपाईंको मनुस्क्रिप्टलाई डिजाइनमा सजाई लिएर जाँदै छु । आशीर्वाद या शुभकामना, जे दिन मन लाग्छ, दिनुस् !

म भावुक भइगएँ । पाण्डुलिपिलाई यसरी बिदाइ गरूँला, सोचिएको थिएन । भूपेन्द्रको हातमा पाण्डुलिपि थमाइदिंदा यस्तो आभास भएको थियो कि म कुनै अभागी पिता हुँ, जो विवाह मण्डपमा छोरी अन्माउँदै छ । भूपेन्द्रलाई मैले शायद भन्नुपर्ने थियोः

- पाण्डुलिपि तपाईंलाई सुम्पेको छु । फाले पाप, पाले पुण्य !

मिस्टर खड्कालाई सुखद् यात्राको कामना गर्दै पाटनका ओसिला गल्लीहरूमा केही बेर भट्किएपछि म गुफा फर्कें । र, दोचाबारे सोचें । डोल्पाकी मेरी भोटेनी मित-आमाको बाचा उनको देहसितै फूलको थुङ्गाझैं गङ्गाको पानीमा बगेर गयो । र, दोचा लगाउने मेरो बाँकी अतृप्त चाहना पनि आफ्नै मनको सुदूर चिहानमा सदासदाका निम्ति गाडियो । चाहनाको चक्र अधुरै रह्यो ।

स्मृतिको समाधिमा लीन थिएँ ।

अकस्मात् बाल्यकालीन साथी अक्षय अधिकारीको फोनले झस्कें । उसले फोनमा जे भन्यो, त्यो ज्यादै अप्रत्यासित एवम् अकल्पनीय थियो । अक्षयको कुरा सुनेर म सुन्यासुन्यै -शून्य- भएँ । उसले भनेको थियोः

- कुमार ! तँलाई दोचा ल्याइदिएको छु । तँ दोचाको चाहना-चक्रबारे कुरा गरी बस्थिस् । अब तँ दोचाको –CYCLE OF DESIRE–बाट मुक्त भइस् । दोचाबारे उहिल्यै मेमोयर लेख्छु भन्थिस्, लेखिस् त ?

- लेखें, अक्षय लेखें ! - मैले भनें । - प्रि-प्रेस फाइनल कपी भोलि दिल्ली जाँदै छ । तर, मलाई भन् अक्षय, मेरो दोचा आयोचाहिँ काँबाट ?

- डोल्पाबाट ! - अक्षयले भन्यो ।

अब त साँझ परेको छ ।

WRAP–UP गरिसकिएको प्रि-प्रेस फाइनल कपीमा थप्न यो हस्तलिखित टेक्स्ट –FAREWELL TO MANUSCRIPT-लाई सामसुङको क्यामेराले फोटो खिची भूपेन्द्रको मेसेन्जर बक्समा पठाउनु छ । र, उनलाई भन्नु छः

- मिस्टर खड्का ! यो टेक्स्टलाई प्लीज मनुस्क्रिप्टको अन्तिम पेजमा चिप्काइदिनू !

प्रिय अक्षय !

यो मेमोयर 'दोचा'को अन्त्य गर्न डायरीमा कतै उल्लेख नभएको तँ यसरी टुप्लुक्क आउलास् भन्ने कसलाई पो थाहा थियो र ! अस्तित्वले आफ्नो कोखमा कति रहस्यहरू लुकाएर राखेको छ, कसैलाई थाहा छैन !

BOOK HILL

www.ingramcontent.com/pod-product-compliance
Lightning Source LLC
La Vergne TN
LVHW060222051026
849517LV00005B/1488

* 9 7 8 9 9 3 7 9 1 0 1 6 3 *